지방도시
도시공감

소멸과 재생의 갈림길,
위기의 지방도시 읽기

지방도시
도시공감

김주일 지음

한국학술정보

막연하게 예상하던 지방도시의 위기가 최근 3년 사이에 갑자기 완연한 현실의 문제로 다가온 느낌이다. 인구감소 본격화, 집값 하락, 수도권-지방 간의 인구 역전, 지방대학 정원미달 등의 뉴스가 틈도 두지 않고 연달아 지역신문 일면에 올라왔다. 이런 와중에 팬데믹까지 겹치면서 위기는 순식간에 심각한 단계로까지 격상되어 버렸다. 막연하게 두려워만 하던 악몽이 갑자기 찾아와 노크도 없이 문을 열어젖히고 있는 느낌이다.

하지만 위기 상황 중 팬데믹을 빼면 과거부터 예측되지 않은 것은 하나도 없다. 충격이라는 인구감소도 따지고 보면 이미 30여 년 전부터 예측한 바 아닌가. 사실, 위기란 건 아예 몰랐기에 문제가 되는 경우는 없다. 알고 있다 해도 야금야금 똬리를 트는 동안에는 누구도 의식하지 못하기에 무서운 것이다. 그렇게 진행되다 어느새 구조적으로 뿌리내려 버린 것, 그것이 지금 지방도시 위기의 본질이 아닐까.

위기의 지방도시들로서도 변명은 있다. 모든 것이 성장하고, 감소나 쇠락이라는 단어조차 희박하던 시기, 그때 지방도시의 가야 할 길이 어떤 것인지, 누가 제대로 제시한 적이 있었나 말이다. 그러다 보니 그저 '서울을 따라가는 것', '서울처럼 되어가는 것'을 성장과 발전으로 받아들였을 뿐이다. 자연히 많은 지방도시들이 서울을 따라가는 레이스의 대열에 뛰어들었다. 그리고 눈부시게 발전해가는 서울과 수도권의 변화를 따라가 보려 애를 쓴다. 하지만 신기루같이 닿지 않는 목표를 향한 달음질에 시간이 갈수록 목마름만 더해간다.

그러던 중, 갑작스러운 비보가 날아든다. 이제 성장 레이스는 끝이 났으니 가던 길을 멈추라는 것이다. 그러니 이제 개발보다는 재생을, 확장보다는 유지에 신경을 쓰라는 것이다. 심지어 이제부터는 축소와 소멸을 대비하라는 말까지 나온다. 지방도시로서는 이런 현실을 쉽게 받아들일 수가 없다. 그동안 레이스에 들인 공도 공이지만, 못다 이룬 성장에 대한 목마름이 전혀 가시지 않았기 때문이다. 휴전을 앞둔 군대가 더 치열하게 전투를 벌이는 것처럼, 지방도시들의 발걸음은 더욱 빨라진다. 예타 면제, 혁신도시, 첨단산업, 고속철도, 신공항, 대교, 신항만⋯ 시기에 어울리지 않게. 그리고 지방 위기라는 말이 무색할 정도로 여기저기 개발사업이 진행 중이다. 하지만 그런 움직임들은 지금이 정말로 위기임을 알려주는 신호가 아닐까.

이런 시점에 우리가 서 있다. 성장의 수레바퀴는 느려져만 가는데, 서울과 지방의 차이는 최대로 벌어지고 있는, 한 번밖에 없을 이 변곡점의 시대를 목도하고 있는 것이다. 그리고 마침 그 시기에 나는 지방도시에서 도시를 연구하는 일을 하고 있다. 성장과 발전을 이야기할 수 있으면 좋으련만, 이제 소멸과 재생의 갈림길을 다룰 수밖에 없게 되었다. 그러던 중 마침 지역 일간지에 칼럼을 연재할 기회를 얻게 되었다. '도시공감'이라는 타이틀로 지역민들이 공감하는 도시의 일상을 다루려 했지만, 결국은 시대의 영향으로 지방도시의 위기 상황에 대한 단상들로 주로 채워간 것 같다. 그리고 어느덧 3년, 빠르게 지나가는 현실 속에서 한 번 정도는 배출(?)할 때도 되었다는 생각이 들었다. 그리고 그 결과가 바로 이 책으로 이어졌다.

도시계획, 도시설계를 전공하면서 내 연구의 대상은 늘 서울이었었다. 결국, 박사 논문도 서울의 도시구조를 주제로 썼다. 내 전공의 세계관도 결국 서울을 중심으로 형성되어 갔고, 그때만 해도 지방도시의 존재는 머릿속에서 그리 분명하지 않았다. 그런데 아이러니하게도, 박사 이후 나의 경력은 지방에서 시작해 지방으로 이어져갔다. 옥수수밭으로 둘러싸인 미국 어바나-샴페인의 연구원 생활에서 그런 기미가 보이더니, 첫 직장을 연고도 없던 대전광역시에서 시작하게 된다. 하지만 그것도 다가올 지방시대(?)의 서막에 불과했다. 희한하게도 내 일터는 계속 서울로부터 멀어지는 방향으로만 움직여 갔다. 그러더니 결국은 멀어지려야 더 멀어질 수도 없는, 남동해안의 끄트머리인 영일만까지 와서야 겨우 멈추었다. 이제는 행정구역으로 봐도 '동'은 물론 '읍'도 아닌, '리'로 끝나는 조그만 마을에 살고 있으니, 그야말로 '도시를 전공하는 시골 사람'이 되었다고나 할까.

이런 여정을 거치다 보니, 내 전공의 세계관도 강력히 교정받지 않을 수 없었다. 희미한 변방으로 인식되던 지방이 십수 년의 시간을 지나면서 이제는 내 삶터 자체가 되어갔고, 수많은 사람의 인생이 담긴, 함부로 다루어서는 안 될 소중한 그릇이라는 점도 깨닫게 되었기 때문이다. 다행히 포항은 많은 외지인이 찾아와 얽히곤 하는 용광로 같은 도시였고, 내 전공과 생활에 모두에 있어 새로운 중심부요 우주로 삼기에 그리 불편하지 않았다. 그러던 중 지방자치이양위원회나 균형발전위원회같이 지방발전과 관련된 정부 조직에도 참여할 기회를 얻으면서 어느덧 나는 '지방도시 연구자'이자 '지방도시 옹호자'가 되어 있었다.

하지만 지방도시 연구자는 그리 쉽지 않은 직업이었다. 연구가 무르익기도 전에 말을 해야만 하는 경우가 많았다. 또 그렇게 한 말은 너무 빠르게 현실로 들어가곤 했다. 지역 미디어나 행사를 통해 말한 내용에 항의하기 위해 찾아오는 지역민이 있는가 하면, 반대로 유리한 말을 해주어서 고맙다는 전화가 걸려오기도 했다. 지역의 개발을 놓고 수시로 벌어지는 진영 싸움에서, 연구자라고 가운데 두고 놔주는 법은 별로 없었다. 이른바 '숙원사업'과 관련된 경우는 더 심했다. 아무리 객관적인 견해라 해도, 숙원사업에 누를 끼치는(?) 발언을 했다간 언젠가 어디선가는 꼭 문제가 되곤 했다. 좋게 보면 활발한 '현실 참여'일지 모르지만, 자칫하다가는 지역 현실에 따라 그저 흘러가는 존재가 되기 십상인 분위기이기도 했다. 지역이 듣고 싶은 말을 그저 전문가스럽게(?) 포장해주는 역할만 충실히 한다면 별문제 없겠지만, 그렇지 않으려면 어떻게든 현실과 이상 사이에서 외줄타기 하는 법을 배워야만 했다.

어쨌든, 지방위기의 시대를 다루고 말할 수 있으려면 지방에 살면서 그 생생한 현실을 볼 수 있어야 한다. 그런 점에서 포항에 자리 잡을 수 있었던 것은 생각해 보면 여러모로 의미가 있었다. 포항은 수도권을 제외한 다른 모든 도시와 같이 산업 성장을 통해 만들어진 지방도시이다. 또 대도시와 직결되는 위성도시나 도청소재지를 제외하고 나면 거의 유일하다시피 한 50만 인구의 도시이기도 하다. 우리나라 지방도시의 명과 암을 모두 잘 보여주는, 가장 대표적인 지방도시라고나 할까. 소멸과 재생의 갈림길에 선 지방도시를 연구하자면, 이보다 더 좋은 테스트베드가 있기는 어려울 것 같다. 서울을 연구하려면 서울에 살아야 하듯, 지방도시를 연구하자면 포항에 자리 잡아야 했던 것이 아닐까 생각한다.

실린 칼럼들은 지역 현실을 느끼면서 그때그때 기록해 온 단상들이라, 정해진 주제의식이 있는 것은 아니다. 그래도 무언가 의도에 가까운 것을 찾는다면, 제목처럼 지방도시의 사정을 더 많은 사람과 '공감'하고자 하는 것이라 하겠다. 공감이라는 뻔한 클리셰를 쓸 수밖에 없는 것은 칼럼을 쓰는 3년여의 기간 동안 어쩌면 평생 경험하기 어려울 모든 형태의 위기를 포항에서 지켜볼 수 있었기 때문이다. 2017년 말, 꿈에도 예상치 못했던 지진피해가 포항을 콕 찍어 찾아오더니, 이를 전후해 지역 인구감소, 지역 산업 쇠락, 대학 정원 미달과 같은 지방위기상황들이 연달아 몰아닥친 것이다. 거기에 알다시피 팬데믹까지 겹치면서 사회적, 물리적, 생물학적 위기가 연속적으로 지역을 누르고 가는 시간들이었다.

사람의 인생이 그렇다지만, 지역과 도시도 남들이 알 수 없는, 각자만의 답답하고 속상한 사정들을 가지고 있다. 수도권과 지방이 제대로 양극화 되고 있는 시기이다. 같은 나라라도 사는 도시에 따라 여건과 사람들의 생각도 너무나 달라지고 있다. 이런 시기에 지역의 사정에 대한 이해와 공감이라는 바탕이 없이 그저 법조문과 계획도면만으로 제대로 된 정책을 만들 수 있을까? 이런 점에서 여기서 공감이란 표현은 단지 정서적인 의미만은 아닐 것이다. 정책적이고 실무적이며 학문적인 함의도 포함하는 것이다. 아무쪼록 여기 실린 글들이 오늘날 지방도시의 사정을 공감하는 데 조금이라도 도움이 될 수 있었으면 한다. 위기의 지방도시를 일거에 살려 버리는 비법이란 것은 애초에 있을 리 없다. 중앙과 변방으로 나뉜 이분법의 골을 갑자기 메꿔 버릴 수 있는 묘수도 없다. 하지만 그 골을 넘어 이쪽과 저쪽을 오갈 수 있는 공감의 분위기가 있다면 지방도시의 그 어떤 위기라도 회복 가능한 범위를 넘어갈 수는 없을 것이다.

끝으로, 귀한 지면을 나누어 주셔서 매듭 없이 지나가는 교수생활 중에 그래도 글을 남길 수 있도록 해 주신 경북도민일보 관계자분들에게 감사하다는 마음을 전하고자 한다.

목 차 ------------------------------------

제3장 도시사회, 도시문화

제4장   주택, 그리고 주택시장

제5장 발등의 불, 지방위기

제6장 지방도시, 그 답답한 속사정

제1장

도시개발, 그때 그리고 지금

도시개발의 패러다임이 이제 달라졌다.
헌 집을 내주면 알아서 새집으로 돌아오던 그런 시절도 있었다.
하지만 이제 그런 두꺼비의 마법 같은 재개발의 시대는 저물어가고 있다.
도시를 형광등 갈아 끼우듯 그렇게 개발할 수 있는 시절도 끝나가고 있다.
이제 도시를 진단하고 증상에 따라 치료하듯
섬세하게 다루어야 하는 그런 때가 되었다.
재개발(Redevelopment)이 아닌
재생(Regeneration)이라는 말이 잘 어울리기 시작한 것이다.
하지만 여전히 우리는 개발, 재개발의 시대를 그리워하면서
아직도 그때와 지금을 혼동하고 있는 것은 아닐까.

두꺼비의 마법이 사라진 시대

도시재생 뉴딜 사업이 시작되던 시기에

도시재생에 대한 대중 강연을 하면서도 막상 도시재생이 무어냐는 질문을 맞닥뜨리면 대답하기가 쉽지 않다. 여러 이유가 있지만, 보통 질문자들이 원하는 건 재생사업으로 당장 우리 동네, 우리 집이 어떻게 달라지는가 하는 것이기 때문이다. 사실 재생은 과거와 같은 개발사업이 아니다. 그러기에 정해진 조감도가 나오는 사업과는 거리가 멀다. 도시재생은 특별한 정책인 것도 아니다. 재생이라는 말 자체가 굉장히 일상적으로도 해석될 수 있는 말이기 때문이다.

우리 자신들의 삶을 생각해 보자. 힘든 일과시간이 끝나면 가족과 식사를 하고 담소를 나누며 운동을 하기도 한다. 가끔 휴가를 얻고 여행을 떠나 복잡한 삶의 고뇌에서 떨어져 있기도 한다. 이 모든 것은 우리 스스로를 '재생'하기 위한 활동이다. 이것이 없이 우리는 삶을 유지해갈 수 없다.

도시 또한 그러하다. 계속되는 재생이 없다면 도시는 사람들의 삶터가 될 수 없다. 불안하고 불편하며 더러운 곳으로 낙후되어 결국 소멸하고 말 것이다. 근본적으로 재생은 이처럼 자연스러운 유지관리의 과정이다. 그럼에도 불구하고 특별한 도시개발사업의 한 유형처럼 인식되고 있는 이유는 무엇일까? 이는 우리가 두꺼비의 마법에서 아직 벗어나지 못했기 때문이리라.

우리나라 옛날이야기에서 두꺼비는 항상 마법의 존재이다. 콩쥐가 밑 빠진 독에 물을 넣을 때 구멍을 메워주는가 하면, 전래 동요에서처럼 '헌 집을 받아 새집으로' 돌려주기도 한다. 이 동요는 마치 수백 년 후에 한국의 재개발 시대를 예언이라도 한 것 같다. 재개발, 재건축 시대가 무엇인가? 헌 집 하나가 마법처럼 새집으로 변모하던 시기였다. 목 좋은 헌 집이라면 새집 두 채에 덤으로 상가 분양권까지도 얻게 해주곤 했다. 그야말로 두꺼비의 마법과 같던 재개발 시대의 모습이다. 이 마법에 우리는 모두 매료되었고 정신을 잃었다. 으레 헌 집은 알아서 새집으로 재개발되는 것으로 알곤 했다.

마법의 본질은 사실 우리나라의 급속한 지가 상승이다. 좁은 나라에 갑자기 산업이 흥왕하면서 무역수지가 0을 하나씩 늘려가는 속도로 성장한다. 작은 면적에서 많은 생산이 이루어지면 당연히 토지의 가치는 올라간다. 토지 위에 올린 집들이 아무리 낡았다 하더라도 이를 다 뒤집고도 남을 만큼의 가치가 토지에 새로이 부여된 것이다. 헌 집을 공짜로 새집으로 바꾸어주던 것은 사실 마법이 아니라 토지 가치의 상승일 뿐이다.

문제는 이제 두꺼비의 마법은 사라지고 있다는 것이다. 헌 집을 내놓으면 새집은 언감생심이고 건축비, 리모델링비 청구서가 날아올 뿐이다. 지방 곳곳에는 이미 빈집, 빈 건물이 차곡차곡 쌓이고 있다. 하지만 우리의 인식은 아직도 이전 시대에 머무르는 것 같다. 재생사업을 앞둔 지역에는 '경축, 재생지구 선정'과 같은 플래카드가 붙는데, 이는 과거 재개발 승인을 받은 지역의 모습과도 너무 유사하다. 혹시 우리는 아직도 두꺼비의 마법을 기대하고 있는 것은 아닐까. 도시재생을 또 다른 재개발 사업으로 이해하고 있는 것은 아닐까.

　새로운 시기에는 새로운 태도가 필요하다. 헌 집을 공짜로 새집으로 바꿔주는 재개발의 마법은 긴 역사 속에서 잠시 반짝했던 현상에 불과하다. 이제는 마법에 대한 기대를 접고 빨리 현실로, 일상으로 돌아와야 한다. 도시재생은 마법이 아니다. 땀을 흘린 만큼만 나아지는 사업이다. 도시재생 사업에 특별한 것이 없다. 주민공동체 재건, 상권 활성화, 청년 경제활동 지원, 도시 예술문화 증진, 도시재생에 흔히 등장하는 사업들이지만, 어느 것 하나 특별하다고 할 만한 것은 없다. 다만 마법이 횡횡하던 시대에는 우리가 그 가치를 제대로 찾지 못하던 그런 사업들이다.

　우리는 이제야 제대로 일상으로 돌아왔다. 마법에 의지하지 않고 스스로 삶터를 만들어가야 할 시기를 맞이한 것이다. 도시재생은 그래서 개발기법이라기보다는 오늘날을 살아가는 사람들이 받아들여야 할 일종의 시대정신이어야 한다. 하지만 도시재생 시대에도 두꺼비의 다른 마법은 필요하다. 새집을 내주는 마법이 아닌, 애타는 콩쥐를 위해 밑 빠진 독의 구멍을 메워주던 그 따뜻한 마법 말이다. 도시재생 정책이 바로 이런 두꺼비의 역할을 해 주었으면 한다. 어려운 여건 가운데에서도 활로를 찾기 위해 분투하는 지역민들을 늘 관찰하면서, 필요한 경우에는 기가 막히게 나타나서 돕고 문제를 해결하는 두꺼비가 있으면 좋겠다. 터무니없는 개발 계획보다는 지역민들과 비전을 공유하며 조금씩 나아가는 사업이 되면 좋겠다. 그것이 오늘날 도시재생이 지향해야 할 모형이 아닌가 한다.

채우는 도시계획 vs 비우는 도시계획

지역의 지지부진한 도시개발사업 지구를 돌아보며

매일 출퇴근길에 지켜보게 되는 도시개발사업 지역이 있다. 원래는 울창한 숲이었던 곳이다. 지형도 굴곡이 심해, 개발될 거라고는 생각하지 못했었다. 그런데 어느 날 나무가 다 사라지고 트럭이 드나들며 골짜기가 메워지기 시작한다. 도시개발사업 지역으로 지정된 것이다. 숲 대신 들어설 아파트를 생각하며 얼굴이 찌푸려졌다. 그런데 언젠가부터 모든 작업이 멈추어 버렸다. 수많은 트럭이 드나들며 메워놓은 지반은 다시금 잡초밭으로 변해가고 있다. 아마도 개발과정에 문제가 생겼나 보다. 개발사가 부도났던가.

구획정리사업, 신도시, 재개발, 재건축 – 우리나라 도시개발의 역사는 그야말로 쉴 없이 달려온 과정이었다. 인구는 많고 주택은 부족하다 보니 국가정책이나 대통령의 공약 1순위는 늘 주택공급 정책이었다. 택지를 늘리기 위해 도시 내부의 구릉지는 물론 주변의 녹지, 농지까지도 다 개발하였다. 엄격하게 지켜오던 그린벨트도 택지개발을 위해 열기 시작한 지 오래다. 마치 얼마 안 남은 치약을 짜내듯, 개발 가능한 토지를 모두 짜낸 것 같은 우리나라의 현실이다.

그런데, 영원히 부족할 것 같은 택지가 이제는 꼭 그렇지만도 않은 것 같다. 주택공급률도 어느덧 103%를 넘고 있다. 지방 도시를 가보면 이곳저곳에 빈집이 늘어나고 있다. 도심부의 상가도 태반이 비어있는 상황이다. 모든 경제지표보다도 무서운 지표라는 인구증가율이 이미 정체 상태로 돌입하고 있다. 맹렬하게 진행된 도시개발 시대와 거의 간격도 두지 않고 인구 정체의 시대가 다가오고 있다. 도시개발의 경착륙 시대를 맞고 있다고나 할까.

독일 통일 이후 베를린을 재건하기 위한 재정비계획이 유명 건축가인 렘 콜하스에게 맡겨졌다. 그런데 그는 여기서 기상천외한 접근을 시도한다. 도시를 어떻게 개발할까가 아닌 어떻게 공백을 둘까에 초점을 두고 계획한 것이다. 도시 내부에도 널찍한 땅을 빈 곳으로 남겨놓는가 하면, 개발될 곳은 최소한으로 지정해 '콤팩트'한 개발을 유도한 것이다. 공백이 있는 도시계획? 낯설지만 의미 있는 접근이다. 도시는 한 시점에 완성되는 것이 아니기 때문이다. 후손 대대로 물려줄 가장 큰 유산이며, 시대에 따라 계속 변화해가야 할 대상인 것이다. 그래서 쓸 만큼만 쓰는 접근이 필요하다. 개발을 위한 개발이 있어서는 안 되는 것이다. 공백을 허용하는 도시계획, 바로 오늘날 우리나라에 필요한 접근이 아닐까.

지방 위기의 시대라고는 하지만 아직 도시마다 진행하는 개발사업은 결코 적지 않은 형편이다. 내가 사는 포항의 경우도 이미 진행되고 있는 각종 도시개발사업만 10곳이 넘는다. 다른 지방도시를 다녀보아도 그렇다. 신공항 건설, 항만재개발, 철도역사부지 개발, 케이블카 설치, 민간공원개발 등, 오히려 어느 때보다도 더 많은 개발이 동시다발적으로 진행되고 있는 것 같다.

여기서 우리는 질문해볼 필요가 있다. 첫째, 이 많은 개발들이 우리에게만 주어진 것일까? 도시는 후손 대대로 물려줄 유산이다. 후손들이 물려받은 도시에도 여전히 공백이 있고, 그들이 활용할 가용지가 남아 있어야 한다. 그들이 겪을 미래는 지금보다 더 불안정하다. 최소한의 토지자원이라도 그들에게 남겨주어 예측하기 어려운 미래를 준비할 수 있게 해야 한다.

둘째로, 도시를 바르게 완성할 만한 능력이 지금 우리에게 있는가? 재정적 능력도, 아이디어도 부족하다면 차라리 공백으로 두는 것이 옳은 대안이다. 공백은 실패가 아니다. 미래의 가능성이다. 언젠가 능력이 충족될 때 공백은 오히려 좋은 자원이 된다.

공백이 필요한 또 하나 무시하기 어려운 이유는 유지관리 비용이다. 일단 개발된 도시의 유지관리 비용은 고스란히 이후 세대들에게 돌아가게 된다. 수요가 불분명한 사업들로 과도하게 개발된 도시, 과연 후손들은 어떻게 느끼게 될까. 인구 정체라는 초유의 상황 속에서, 후속 세대는 도시의 유지관리비라는 부담까지 어깨에 올려놓게 되는 것이다. 마치 몸에 맞지도 않고 유행도 지난 허름한 교복을 물려받은 동생과 같다. 교복이야 버리면 그만이겠지만, 도시는 싫다고 버릴 수도 없다.

도시개발의 패러다임이 이제는 빨리 바뀌어야 한다. 개발하는 것만이 도시계획은 아니다. 미래를 위해 때로 개발을 유보하는 것도 도시계획의 역할이다. 공백을 두는 것이 오히려 지혜로운 결정일 수 있다. 역사상 최초로 '성장한계' 시대를 맞이할 다음 세대들에게 '낡고 허술한 완성품'을 남겨주어서는 안 된다. 무리한 개발의 뒤처리를 맡겨서도 안 된다. 공백은 미래를 위한 가능성이기도 하다. 비워두는 것, 그것이 오히려 좋은 도시계획일 수 있는 것이다.

청계천과 포항 운하

포항 운하 활성화에 대한 시민 강연 이후

많은 지방 도시들이 인구감소와 쇠락을 걱정하는 처지가 되다 보니, 지역을 단번에 살려줄 소위 '게임체인저'와 같은 프로젝트에 더욱더 집착하게 되는 것 같다. 그러다 보니 무슨 공항이나 의과대학 하나 정도를 유치할 수만 있다면 영혼이라도 빼줄 기세로 덤벼들고 있는 것 같다. 하지만 큰 프로젝트 하나가 기대처럼 큰 성공을 가져다준 경우는 사실 별로 없다. 큰 기대로 만들고도 지금은 놀고 있는 공항, 대학, 경기장이 한두 개가 아닌 것만 보아도 알 수 있다.

이런 걸 보면 사실 청계천만큼 게임체인저에 가까운 역할을 했던 프로젝트도 드물 것 같다. 정치적 호불호 관계는 일단 제쳐두고. 프로젝트가 가져온 효과만 순수하게 바라볼 때 이만한 영향을 끼친 것이 근래에 있었을까? 1년에 100억 가까운 유지비가 들어가는 사업임을 아느냐고 여전히 비판하는 분들도 있겠다. 하지만, 발길 드문 공항이며, 철 지난 월드컵경기장들이 해마다 내는 적자가 얼마인가를 안다면 그런 말은 쉽게 하기 어렵다. 일단 청계천은 쇠락해가던 서울 도심부를 살리는 데 성공했다. 음습하던 청계천로를 밝은 웃음이 넘치는 곳으로 바꾸었고, 나아가 외국인도 한번 들러야 하는 명소로 만들었다. 강남에 밀려 종갓집 체면을 구기던 종로가 다시 살아나는 전환점이 되기도 했다. 이후 청계천식 프로젝트는 각 지역으로 유행처럼 번져갔다. 내가 사는 포항에서도 거대한 '포항 운하 복원 사업'으로 이어졌다.

그럼 과연 포항 운하는 게임체인저가 되어주었을까? 굳이 실패라고까지 말하고 싶지는 않다. 하지만 좋은 날씨에 가보아도 채 다섯 명을 찾아보기 어려운 장소가 되어버렸다. 수천 억의 비용이 들어간, 일대의 프로젝트가 5년 만에 이처럼 잊히고 있는 것일까? 이쯤에서 지방 도시의 프로젝트를 실패로 이끄는 두 가지 구조에 대해 말해보고 싶다.

첫째는 지역이 가지는 '활력의 한계'를 너무 쉽게 무시하는 습관이다. 활력이란 시설이 아니라 결국은 '사람의 흐름'이다. 무얼 만들건 간에 사람들이 찾아와서 시간과 비용을 소모할 때 비로소 활력이 생긴다. 하지만 사람의 숫자나 그들이 쓰는 시간, 비용은 모두 양이 정해져 있다. 한 지역에서의 '인구×시간×소비'의 값이 한없이 늘어날 수는 없다는 것이다. 다른 지역에서 성공한 시설을 모방하는 것은 얼마든지 가능하다. 하지만 활력은 그렇게 쉽게 모방되지 않는다. 활력의 한계에 대한 인식도, 이를 극복할 전략도 없는 모방이 성공하기는 어렵다.

둘째는 지방 도시의 프로젝트에서 으레 발생하는 '부동산 장벽'이다. 어떤 프로젝트가 진행되면 주변의 부동산 가격은 올라가기 마련이다. 문제는, 지방 도시의 경우에는 올라간 부동산 가격이 주변의 변화를 아예 막아버리곤 한다는 것이다. 포항 운하의 경우도 그러하다. 긍정적 영향이 채 나타나기도 전에 부동산 가격부터 올라가 버린다. 그러다 보니 포항 운하와 어울려야 할 창조적인 변화들이 나타나지 못하게 된다. 올라간 임대료 때문에 사람들을 끌 만한 상업, 위락기능이나 편의시설이 주변에 제대로 못 들어선다는 것이다. 이것이 부동산 장벽의 의미이다.

포항 운하 주변을 가보면 실제로 이런 분위기를 느낄 수 있다. 운하와 접한 부분의 건물들이 의외로 1층부터 비어 있다. 기대심리로 임대료는 한껏 높아져 있는데, 이를 감수하고 들어오려는 임차인은 없는 상황이기 때문이다. 활성화에 대한 과도한 기대심리가 오히려 실제 활성화를 막고 있는 것이다. 이렇게 운하 주변에 장벽이 서버리고 나면, 그 파급효과는 맥을 못 추고 소멸해버린다.

결국, 포항 운하의 부진함도 새로 생긴 활력에 비해 턱없이 높은 부동산 장벽 때문인 것으로 요약할 수 있을 것이다. 한때 주목받던 프로젝트는 결국 그렇게 잊히고, 지자체는 '이 산이 아닌가 보다'를 되뇌며 다시금 새로운 게임체인저를 찾아 그렇게 헤매곤 한다. 이것이 내가 보는 우리나라 지방 도시들의 공통적인 문제점들이다.

그러면 지방 도시들이 활력의 한계, 부동산 장벽을 돌파할 방법은 없는 것일까? 그렇지 않다. 한 방에 전세를 바꿔 줄 게임체인저에 대한 믿음은 버리고, 보다 현실적이고 전략적인 마인드를 가진다면 얼마든지 가능하지 않을까. 변화에 대한 예측도 없이 그저 기반시설을 가져다 놓는 것만으로 끝난다는 생각은 버려야 한다. 미국의 월트디즈니사가 한창 성장하고 있을 때, 그들은 자신들이 계획하는 프로젝트 부지의 주변 지역부터 먼저 매입했다는 이야기가 있다. 자신들이 가져올 변화와 그로 인한 기회가 어떤 것인지 알았고, 그에 미리 전략적으로 대응했다는 것이다. 그저 민간기업의 일로 치부할 것이 아니다. 오늘날 지방정부야말로 재생의 시대에 살아남기 위해서 이런 정도의 예측과 전략을 가져야 할 게 아닌가. 재생의 시대, 지방 도시에 있어서 한 방으로 끝내는 정책이나 사업은 없다고 해도 과언이 아니다. 게임체인저를 꿈꾸지 말고, 게임을 스스로 만들어가는 전략적 마인드가 지방정부에 필요한 시기이다.

이 사업은 타당합니까

예비타당성 면제 논란과 관련하여

인터넷으로 작은 물건 하나 살 때도 꼼꼼히 따지다 보면 어느새 밤을 새우기도 한다. 주택 같은 큰 자산은 심지어 장차 물려줄 후손까지 고려해 신중하게 결정하기 마련이다. 하물며 엄청난 국가재정이 들어가는 정책사업이야 말할 것도 없다. 여러 측면을 고려해 합리적으로 판단하려는 노력이 필요하다. 그래서 나타난 것이 이른바 '타당성 조사'이다. 사업의 성과를 미리 분석해서 애초에 필요한 사업인가 아닌가를 판단하고 가려내기 위한 과정이다. 그런데 최근 타당성 조사에 대한 인식이 전반적으로 무너지고 있다. 에너지 정책이나 공항건설과 같이 국가 미래를 좌지우지할 큰 정책사업들도 정치적 판단 대상이 되어버린 듯하다. 그런가 하면 '예타 면제'라고 하여, 타당성 조사 자체를 생략할 수 있는 분위기도 형성되고 있다.

타당성 조사의 개념 자체는 사실 매우 단순하다. 사업으로 인한 이익이 비용보다 큰지를 계산하는 것에 불과하다. 타당성 조사에 가장 일반적으로 사용되는 '편익-비용 분석'이 그러하다. 정책사업으로 인해 발생할 편익과 들어갈 비용 중 어느 것이 더 큰가를 비교하는 것이다. 사업이 실행되고 나서 2~30년 후의 시점을 가정해서 그때까지 나타날 편익과 비용을 미리 계산해보는 식이다. 당연하게도, 편익을 비용으로 나눈 값이 1보다 높다면 그 사업은 할 만한 사업으로 볼 수 있다. 하나의 숫자로 사업을 결정할 수 있다니, 얼마나 깔끔한가.

그런데 현실은 그렇게 깔끔하지 못하다. 이 단 하나의 숫자가 눈치와 분위기에 따라 오락가락한다. 4대강 사업처럼 정치적으로 민감한 사업에서 더욱 심했다. 찬성 입장의 학자가 계산한 결과는 2를 상회하는가 하면, 반대 입장의 학자는 0점대의 결과가 나오기도 했다. 한 사업을 놓고 이쪽은 엄청난 성공을, 저쪽은 크나큰 실패를 예상한다는 것이다. 문학작품도 아니건만 저자(?)에 따라 결말이 완전히 달라진다니 어처구니없는 상황이다. 이쯤 되면 우리나라에서 타당성 분석은 대단히 오염되어 있다는 말도 부인하기 어렵다.

사실, 사업을 시행하는 측에서 타당성도 조사한다는 것이 모순이다. 그래서 보다 객관적인 조사를 위해 만든 것이 이른바 '예비 타당성 조사', 즉 '예타'인 것이다. 사업 주체가 아닌 기획재정부가 나서서 타당성을 보다 객관적으로 분석하라고 만든 제도이다. 그런데 이제 이마저도 '면제'가 가능한 과정이 되어가고 있다는 것이다. 한마디로 타당성의 위기이다. 타당성 조사를 이렇게 무력화하고 버려도 문제없는 것일까.

타당성 조사가 의미를 잃게 되면 발생할 수 있는 문제 두 가지를 지적하고 싶다. 첫째, 이른바 '지역 숙원사업'이 무분별하게 진행될 우려이다. 각 지역마다 기대에 마지않는 숙원사업들을 한두 개씩 가지고 있다. 대부분 큰 개발을 지역에 유치하는 사업이고, 중앙정부의 대규모 투자가 필요한 사업이다. 솔직히 말하자면, 지역민들은 사업 자체의 효율에는 큰 관심이 없을 수 있다. 지역 부동산 상승과 같은 부가적인 효과들이 더 큰 떡밥이기 때문이다. 결과적으로 숙원사업이란 것들은 지역으로는 플러스가 될지 몰라도 국가 전체로는 마이너스가 될 것들이 대부분이다. 타당성 조사가 면제될 수 있는 분위기에서, 어떤 지자체가 사업성 따지며 꼼꼼한 살림살이에 집중하겠는가 말이다.

둘째로, 인구감소와 성장 정체라는 지금의 상황에 심각한 위협이 될 수 있다는 것이다. 지금은 8~90년대가 아니지만, 여전히 우리 사회는 개발과 성장의 시대에 형성된 관성으로 움직이는 경향이 있다. 무슨 사업이건 벌이기만 하면 수요는 알아서 채워지는 것으로 착각한다는 것이다. 하지만 현실은 이제 다르다. 팬데믹이 안 그래도 꺾이기 시작한 곡선에 망치질을 해대는 바람에 작년부로 이미 인구감소가 시작되었다. 100의 노령인구를 20도 채 안 되는 젊은 세대들이 떠받쳐야 하는 시대가 이미 문 앞에 와 있다 못해 거세게 노크까지 하고 있는 형국이다. 그럴듯한 사업도 당장 20년 후의 수요를 기약할 수 없는 마당에, 타당성이라는 개념을 거추장스러운 것으로 취급하기 시작하면 대체 어쩌자는 것인가.

타당성 조사의 잊고 있었던 의미를 다시 인식해야 할 때이다. 타당성 조사의 진정한 의미는 '미래세대를 위한 배려'이다. 미래세대가 감당해야 할 비용을 미리 계산해보는 과정에 다름 아니기 때문이다. 타당성 없는 사업을 무분별하게 추진하면 후손에게 빚을 남겨주는 것이다. 현재의 기분에 취해 불꽃놀이를 벌였다가 당장 이삼십 년 후의 세대들에게 무슨 소리를 듣게 될지 두렵다. 더구나 지금은 거품은 절제하고 실속을 중심으로 국토와 도시를 탄탄하게 다져가야 할 시점이 아닌가. 죽어가던 타당성 조사라도 오히려 다시 살려내서 그 의미를 회복시켜야 할 때이다. 타당성 조사를 다시 제대로 정립해야 한다. 이를 거추장스러운 제약요인으로 보는 분위기도 일소해야 한다. 타당성 조사를 후손을 위한 배려로, 또 혁신과 창조를 북돋우기 위한 기준대로 볼 수 있는 관점의 전환이 필요한 시점이다.

건설과 개발, 구시대의 유산인가?

전 국토부 장관의 강연을 듣고 나서

사회 전반에 편만하던 표현이나 단어들이 어느 사이엔가 사라져가는 경우들이 있다. 효력을 다해서 자연스럽게 사라지는 게 아니라 의도적·정책적으로 퇴출되어간다는 느낌이다. 그리고 '건설', '개발'과 같은 단어들이 이처럼 퇴출되어가는 표현들의 대표적 사례들이다.

우리나라의 정책이나 법률, 공공사업에서는 거의 빠지지 않다시피 쓰이던 이런 표현들은 언젠가부터 아예 사라져버렸다. 흔하디흔했던 표현들이었지만 이제는 어디에서도 찾아보기 어려운 지경이다. '건설'이란 단어는 이제 적어도 공공부문에서는 금기어가 된 듯하다. 정부 기관의 명칭은 물론 각종 법령이나 정책에서도 모두 퇴출되었다. 대표적인 것이 '국토건설종합계획'이다. 우리나라 국토계획을 총괄하는 최상위의 정책이다. 과거 '경제개발5개년계획'과 쌍두마차처럼 국가 발전을 이끌었던 제도이다. 그런데 언젠가부터 건설이란 말은 쏙 빠진 채 '국토종합계획법'으로 바뀌었고, 지금은 다시 '국토기본법'이라는 모호한 명칭이 되어버렸다.

'개발'의 경우도 그렇다. 특히 공공 연구기관의 명칭에 많이 들어가던 이 표현은 언젠가부터 아예 종적을 감춰 버렸다. 국토개발연구원이 국토연구원으로, 시정개발연구원이 시정연구원으로 바뀌는 식이다. 비슷한 사례로 '재개발'도 있다. 재개발사업이라 하면 으레 영화 속 조폭들이 이권을 다투는 사업처럼 인식되고 말았다. 그러다 보니 지금은 재개발이라는 명칭 자체가 일종의 혐오 대상처럼 된 것 같다. 역시 퇴출 수순을 밟는다. 그래서 재개발법은 지금은 '도시환경정비법'이란 예쁜(?) 이름으로 갈아타게 된다. 명칭만 봐서는 재개발이 아닌 도시 환경을 꾸미기 위한 제도로 오해하기 십상이다.

문제는, 이러한 현상들이 단지 표현의 문제가 아니라 건설 부문에 대한 사회적 거부감과 무관하지 않다는 점이다. 건설이나 개발이란 뉘앙스가 들어가면 구시대의 폐해와 관련된 것처럼 보는 경향마저 있는 듯하다.

물론, 그런 경향이 이해되지 않는 것만은 아니다. 유례없이 빠르게 성장하던 시절, 여기저기 마구잡이로 펼쳐지던 건설현장의 모습에 국민들은 지쳐왔던 것도 사실이다. 건설 부문이 여러 재벌기업들을 탄생시킬 정도로 부의 원천이 되었다지만, 그럼에도 여전히 서민들로서는 수많은 건물 중 자신의 주택 한 채도 마련하기 어려운 척박한 현실이다. 피해의식과 박탈감이 없을 수 없다.

하지만 건설과 개발과정에 나타난 부작용, 난맥상이 과연 건설 부문만의 책임일까. 그렇지 않을 것이다. 이러한 문제들은 숨 고르는 시간도 갖지 않고 전진해야 했던 과거 우리나라의 사정과 무관하지 않다. 문제가 있었다면, 그렇게 무리한 건설을 통해서라도 전진, 또 전진해야만 했던 한국 사회 전반이 나눠야 할 책임이지, 특정 분야가 홀로 뒤집어써야 할 책임은 아닐 것이다.

그럼에도 불구하고 건설과 개발에 대한 편견은 공공 정책 부문에서 더욱 완연해지고 있는 것 같다. 건설에 해당하는 내용이 조금이라도 포함되면 '저건 토목사업이다'라는 식의 비판(?)에 직면하기 일쑤이다. 건설과 개발의 냄새가 들어가는 것만으로도 마치 구시대적 산물인 것처럼 취급받는 것이 현실이다.

건설과 개발이 '땅을 마구 파내고 콘크리트를 때려 붓는 사업'이라는 식의 인식은 사실 고정관념과 편견 그 이상도 이하도 아니다. 우리 삶터의 어떤 부분도 건설과 개발이 없이 이루어지는 것은 없다. 가정의 보금자리인 주택에서부터 주말 한때를 한가로이 보내는 작은 공원까지, 따지고 보면 모두가 건설과 개발의 산물이다. 크고 작고 때로는 섬세한, 우리 삶터의 모든 조각들이 결국 건설과 개발로 이루어진다.

건설과 개발이 과거 특정 시기만의 산물일 수도 없다. 과거, 현재 그리고 미래의 어떤 부문이라도, 그 기초는 건설과 개발을 통해서 닦일 수밖에 없다. 농업이건, 공업이건 또는 IT나 그 어떤 미래적인 산업부문이라 해도 마찬가지이다. 더욱이 한국처럼 높은 인구밀도를 가진 나라에서 국토를 보다 입체적이고도 집약적으로 이용하기 위해서라도 건설과 개발의 역할은 앞으로도 생략되기 어렵다.

물론, 지금은 중동 열사의 땅에서 건설로 국부를 창출하던 1970년대가 아니다. 다시 '건설 공화국'으로 돌아갈 필요는 없다. 건설 외에도 부가가치가 많고 희망적인 산업부문이 얼마든지 있기 때문이다. 하지만 건설과 개발은 여전히 삶의 바탕을 만드는 분야이고, 국토와 도시라는 기반을 형성해가는 중요한 부문이다. 그릇이 없이는 어떤 좋은 음식도 존재할 수 없듯이, 건설과 개발부문의 기반이 없이 지속적인 성장을 기대할 수는 없다. 과거의 잘못된 흐름은 바로 잡되, 그것이 편견과 고정관념으로 자리 잡지 않게 하는 균형이 필요한 시점이 아닐까 한다.

대장동 바비큐

대선 시기 용도변경 논란과 관련하여

요새 미국식 바비큐에 취미가 생겨 가끔 앞마당에서 연기를 피우곤 한다. 상상 이상으로 시간이 많이 들어가는 요리이다. 화덕 안에 고기와 불을 세팅해 놓고 기본 대여섯 시간은 기다려야 한다. 심지어 12시간이 넘게 걸리는 경우도 있다. 인내심이 필요한 요리이지만, 충분한 보상은 있다. 질기고 퍽퍽해 먹기 어렵던 부위가 은은한 열기와 참나무 연기 속에 오래 숙성되면 부드럽고도 육즙 넘치는 고기로 변하곤 하는 것이다. 잘 설계해 놓고 기다리면 퍽퍽한 고기도 맛난 결과물로 바뀌어 나오는 것, 그게 바비큐의 진짜 매력이다.

대선을 앞두고 대장동 개발에 대한 뉴스가 한창이다. 불법, 편법을 떠나 일단은 너무나 기가 막힐 '대박'이다. 천 배 이상의 수익이 났다는데, 정작 당사자들은 우연히 큰돈이 되었을 뿐, 처음부터 그럴 의도는 없었다고 강변한다. 하지만 바비큐 선수들의 냄새가 풀풀 난다. 잘 세팅해 놓고 오래오래 기다린, 그런 설계된 사업의 냄새. 기다린 만큼 먹기 좋은 결과물이 나왔음도 분명하다. 바비큐의 장인들이 울고 갈 지경이다.

토지개발로 큰돈을 벌어들이는 설계자(?)들에게 기민한 움직임은 필수이다. 본능적으로 돈 되는 땅의 냄새를 맡고 먼저 움직인다. 일반인들이 소문을 듣고 뒤따라 가보았자 먹을 것이 남아 있지도 않을 정도다. 그런데 요새 설계자들은 거기에다 '인내심'이라는 덕목 하나가 더 필요하다고 한다. 이제 개발될 만한 토지들은 다 개발되었기 때문이다. 고기로 치자면 부드럽고 맛난 부위는 다 나가고 퍽퍽한 살코기 정도가 남은 셈이랄까. 그래서 요새 설계에는 바비큐와 같은 오랜 기다림이 필요하다. 확실한 결과를 만들기 위해서 잘 세팅해 놓고 그들은 심지어는 몇 년씩이라도 아무 일 없다는 듯 기다릴 수 있다.

대장동이라는 땅이 바로 이렇게 인내심이 필요한 퍽퍽한 고기였다. '천당 밑에 분당'이 개발되었을 때에도 이곳은 여전히 산골짜기 보전녹지에 불과했다. 분당과 3킬로나 떨어진 데다 경부고속도로가 사이를 가르고 있기 때문이다. 하지만 판교지구가 개발된다는 소문에 설계자들의 눈빛은 이미 번뜩였을 것이다. 판교는 분당과 대장동을 연결해주는 다리와 같은 형국이었기 때문이다. 여기에 터널 하나 정도까지 뚫려준다면 그야말로 화룡정점. 대장동은 결국 분당의 일부가 되고 어마어마한 수익을 약속한다는 걸 그들은 미리 다 읽었을 것이다. 그리고는 바비큐 세팅을 시작했을 것이다. 서두르지 않고 은밀하게, 그러나 확실하게 말이다.

설계된 내용을 보면 경탄이 나올 지경이다. 용도변경이나 인허가 과정이야 지자체가 지원군인 마당에 약간의 언론플레이만으로 쉽게 끝났고, 터널 착공도 늦지도 빠르지도 않은 절묘한 시간에 잘 마무리된다. 최고로 예술적인 설계는 박쥐처럼 민간사업과 공공사업 사이를 오간 부분이다. 민간사업으로 진행하면 분양가상한제를 피해 큰 이윤을 올릴 수 있다. 하지만 거주민들이 땅을 팔지 않는, 소위 '알박기'의 위험이 다분하다. 반면 공공사업으로 시행하면 토지를 강제로 사들일 수 있지만, 분양가상한제는 피할 수가 없다. 그런데 도시개발공사가 이 경험도 없는 시행사의 사업에 들어와 토지수용 단계에서는 공영개발의 면피를 만들어주더니, 시행단계에서는 또 손을 떼 민간개발로 바꾸어준다. 토지는 강제 수용하고, 분양가상한제는 피하는, 그야말로 최대 이윤 사업이 이래서 만들어진다.

여기까지도 설계의 냄새를 맡지 못한 둔한 분들이라면 이 민간시행사의 인력 구성까지 들여다봐야 한다. 일개 시행사의 자문, 고문이 대법관급인 것은 물론, 말단 사원도 알고 보면 여야를 넘나드는 무시무시한 집안 자제들이다. 어디 대한민국 어벤져스라도 출동한 느낌이다. 누군가 시비를 걸려다가도 명단을 보고는 줄행랑칠 정도이다.

으레 돈은 가져가는 사람들이 따로 있다고 치자. 결과물이라도 잘 나와 좋은 주거지가 되면 그나마 좋으련만, 그런 것도 아닌 것 같다. 서민을 위한 임대주택이 석연찮게 축소되면서 그만큼이 시행사 이윤으로 또 돌아갔다고 한다. 주민센터 같은 공공부지를 지자체가 미리 확보하지 않는 바람에 뒤늦게 시행사에 원가의 몇 배를 지불했다는데, 이건 또 우연일까. 이래저래 천문학적 수익을 올린 시행사가 푼돈이 들어갈 뿐인 송전탑 지중화도 제대로 이행하지 않고 있다는데, 이건 또 무슨 사태인가. 대체 어떤 우주의 기운이 돕고 있길래 개발과정의 모든 부분들이 일사불란하게도 한 민간시행사의 이익을 이처럼 알뜰하게 챙겨주고 있는 것인지.

제발, 이 모든 것이 우연이고 기가 막힌 천운이었다고 말하지는 말아 달라. 차라리 잘 설계하고 오래 참아서 큰돈 벌게 되었다고 당당하게 말해 달라. 합법, 불법, 편법, 어느 것이 사실인지 아직은 잘 모르겠다. 하지만 어떻게 판정 난다 해도 사회적 자본을 다시금 1980년대 수준으로 후퇴시킬 스캔들이라는 생각을 피하기는 어렵다.

스마트도시는 과연 스마트한가

시내 스마트도시 조성사업을 돌아본 후

얼마 전 홍콩의 반중국시위 관련 뉴스에서 시위대가 가로등 하나를 넘어뜨리는 장면을 보고 놀란 적이 있다. 그 가로등은 그냥 조명용이 아니었다고 한다. 사람들의 얼굴을 인식하고 전송할 수 있는 이른바 '스마트 가로등'이었다는 것이다. 문제는, 이러한 설비는 언제라도 감시와 통제를 위해 사용될 수 있다는 것이다. 시위대로서는 이런 장치를 거리에 둘 수가 없었다는 것이다. 바로 그즈음, 국내 뉴스에서도 '스마트 가로등'이란 말이 흘러나왔다. 스마트도시 관련 인프라 사업이 달아오르고 있는 가운데, 법무부 장관 후보자가 투자한 펀드가 바로 스마트 가로등 회사에 투자되었다는 내용이었다. 뉴스 내용도 심각했지만, 스마트 가로등이란 것이 벌써 우리 주변까지 와 있다는 사실도 놀라웠다. 스마트도시가 어느덧 대세가 되다 보니 일확천금 노림수의 대상이 되는 지경이다. 우리도 모르는 사이에 이미 우리 주변에 성큼 다가온 스마트도시, 과연 그것의 실체가 무엇이고 우리 사회를 어떻게 바꾸어 가고 있는 것일까.

하기야, 오늘날 의미도 모르고 따라가야 하는 '대세'는 스마트도시뿐만이 아니다. 이른바 4차 산업은 더욱 그러하다. 때로는 이런 의구심이 생긴다. 4차 산업이라는 것이 우리가 이를 필요로 하기에 나타난 개념인가, 아니면 이미 정해진 대세이기에 우리는 그저 따라야 할 뿐인 것인가. 대세 앞에서 무슨 의문의 여지는 사실 있을 수 없다. 그냥 적응해야 할 뿐이다. 시대에 뒤처지지 않고 무식하다는 소리 듣지 않으려면 그 개념 한두 문장 정도는 외우고 다녀야 할 지경이다. 그것이 가져오는 변화와 우려되는 문제는 조용히 숨겨져 있어야 한다. 이쯤 되면 필요 때문에 기술이 개발되는지, 기술이 있으니까 필요가 개발되는지도 헷갈릴 지경이다.

스마트도시에 대한 의구심은 더욱 크다. 미래 선도 산업으로 대통령 연설에도 자주 언급되는 지경이지만 그 실체에 대해 과연 누가 얼마나 이해하고 있을까. 노무현 정부 때 이미 '유비쿼터스 도시'라는 이름으로 나타난 이 패러다임은 궁극적으로는 도시 전역을 IT 기기화하고 도시의 여러 정보들이 실시간으로 파악될 수 있게 한다는 개념이다. 장차 가로등은 물론 건물이나 도로에도 컴퓨터 칩이 심어지고 웹에 연결되면서 도시 전체가 하나의 거대한 네트워크가 될 것이라 한다. 스마트도시가 최근 우리나라에서 확산되는 과정을 보면 마치 열차에 너도나도 모두 달려들어 경쟁적으로 올라타는 것 같은 양상이다. 그런데 문제는 방향에 대한 고민은 보이지 않는다는 것이다. 고민도 점검도 없이 기차에 올라탔는데, 알고 보니 전혀 다른 방향으로 달리고 있다면 어떻게 할 것인가.

물론 스마트도시가 가져다줄 편의를 부정할 필요는 없다. 한적한 시골길 버스정거장에서도 버스가 도착하는 시간을 전광판에서 실시간으로 볼 수 있는 것, 그것이 스마트도시의 힘이다. 하지만 도시의 각 부분이 칩과 센서로 작동하게 될 때, 거기서 나타날 수 있는 부작용은 상상 이상일 수 있다. 사생활·정보 침해는 물론이고 나아가 감시·통제사회의 수단이 되지 않으란 법도 없다. 지금도 소셜미디어를 들어가 보면, 어떻게 알고 있는지, 내가 필요한 물건 광고를 알아서 띄워주고 있지 않은가. 내 모든 행동과 선택이 웹상에서 이미 읽히고 분석되고 있는 것이다. 편리한 동시에 오싹하기도 하다.

정보통신 사회에서 나타날 부작용에 대해서는 이미 많은 우려의 예언들이 있어왔다. 빅브라더, 감옥도시, 빗장도시 등이 대표적이다. 그리고 이런 우려가 망상만은 아니라는 것을 홍콩 시위 현장 뉴스를 보면서 느낄 수밖에 없었다.

새로운 패러다임일수록 더 진지한 검토, 그리고 비판적 고찰을 필요로 한다. 스마트도시도 그러하다. 정부의 역점 사업이기에 대세가 되고, 대세이기에 무조건 진행되어야 한다는 식의 진행은 곤란하다. 모든 돌다리를 다 두들겨 보는 것은 그리 현명하지 않다. 하지만 반드시 두들겨 보고 건너야 할 돌다리도 분명 있다. 시민들의 정보와 관련된 사업들이 바로 그것이다. 그곳에 사는 시민들이 서로 어우러지고, 의미를 찾고, 도전할 수 있는 여건을 제공하는 도시야말로 스마트한 도시이다. 여기저기 용도가 불분명한 기기를 장착한다고 해서 도시가 스마트해지지는 않는다는 것이다.

제2장

지방에서 바라본 국토정책

국토정책은 중앙–지방을 가리지 않는 전체에 대한 구상이어야 한다.
하지만 그럼에도 기준은 늘 수도권일 수밖에 없는 현실이기도 하다.
중앙과 지방의 격차가 어느 때보다도 큰 상황에서
수도권을 겨냥한 국토정책은 지방도시에는 예상치 못한 위협으로 작용하곤 한다.
수도권을 풀어주면 지방에서는 유출이 일어날까 우려되고,
수도권을 규제하면 지방도 덩달아 경색되어버릴까 염려된다.
너무나 '특별'해진 수도권을 다루는 전쟁이다 보니,
지방도시는 늘 콜래트럴 데미지를 걱정해야 하는 형국이다.

개발제한구역, 바람 앞의 등불인가

개발제한구역 추가 해제 논란에 대해

널뛰기하듯 변하는 한국사회의 이슈를 따라잡기는 참으로 어렵다. 불과 3, 4주 전만 해도 개발제한구역에 대한 논쟁이 뜨거웠다. 정부와 정치권에서 부동산값 폭등에 대한 대안으로 '그린벨트 해제'의 군불을 피우기 시작한 것이다. 이런 논란이 처음은 아니다. 주택·부동산 문제가 불거질 때마다 한번 건드리고 가야 하는 주제가 되어버렸다. 그러면 개발제한구역 또는 그린벨트는 과연 우리에게 어떤 의미일까. 종갓집의 사당처럼 시대가 변해가도 계속 유지해야 할 자산인가, 아니면 당장이라도 땅 고픈 국민들에게 돌려줘야 할 토지인가.

역사적으로 그린벨트의 시초는 1580년 엘리자베스 1세 시기의 영국으로 본다. 전염병 창궐을 막기 위해 도시 사이에 녹지를 두고 보전함으로써 옮아가는 길을 막고자 한 것이다. 1800년대 중반 미국에서는 진짜 '녹색'

에 중점을 둔 그린벨트 개념이 나타난다. 녹지와 하천 등을 연결한 거대한 자연의 띠로 도시를 둘러싸려는 운동이 나타난 것이다. 그 결과 시카고 등 미국 대도시 주변에는 지금도 거대한 녹지의 띠가 남아 도시를 숨 쉬게 하고 있다. 오늘날과 같이 과도한 도시개발을 막는 수단으로서의 그린벨트는 다시 1940년의 영국, 런던에서 나타났다. 계획가 아버크롬비가 수도권의 과도한 팽창과 난개발을 막기 위해 대규모의 그린벨트로 런던을 둘러싸는 정책을 제안한 것이다.

우리나라의 개발제한구역이 제정된 것은 1971년이다. 수시로 변하는 국토정책 가운데 아직까지도 명칭이나 내용이 변하지 않은 거의 유일무이한 정책이다. 돌이켜보면 성장과 개발이 우선하던 시기에 이런 정책이 수립될 수 있었다는 것이 믿기 어려울 지경이다. 수도권의 모든 토지가 들썩이며 금싸라기로 변해가도 꿋꿋이 버티던 개발제한구역은 2000년 대선에서 거세게 흔들리기 시작한다. 당시 김대중 후보는 터부를 깨고 '개발제한구역 해제'를 공약으로 내세운 것이다. 전부는 아니었지만 결국 상당 부분의 구역이 해제되기에 이른다. 한번 물꼬가 트였고, 이후에는 수도권 주택문제가 제기될 때마다 논쟁이 되는 대상이 되고 말았다.

문제는, 이러한 논쟁들이 개발제한구역에 대한 지나치게 편협한 이해에서 이루어지고 있다는 점이다. 개발제한구역 또는 그린벨트는 여러 맥락에서 다양한 의미로 활용되어 온 정책이다. 난개발을 막는 항생제이며, 암세포처럼 과도하게 증식해가는 도시의 한계를 정하는 세포막과 같은 것이기도 하다. 또한, 도시를 감싸는 거대한 자연의 띠가 되어 도시민이 다가

갈 수 있는 자연환경이 되기도 한다.

하지만 이 시점에서 우리가 잊지 말아야 할 가장 중요한 사실이 있다. 그것은 개발제한구역이야말로 지방도시를 지키는 마지노선의 역할을 하고 있다는 점이다. 수도권의 개발제한구역이 대체 지방과 무슨 상관이 있다는 것인가? 그렇지 않다. 개발제한구역은 단지 수도권을 다루기 위한 정책이 아니다. 국토 전체의 균형을 위해 만들어진 정책이다. 70년대부터 시작된 모든 균형발전 정책 중에서도 선두에 세웠을 만큼 핵심적인 정책이다. 그 토대 위에 비로소 도시계획권 이양, 지방기업 육성정책, 수도권 정비계획과 같은 일련의 균형발전 정책이 놓일 수 있었다. 균형발전이 '밑 빠진 독에 물 붓기'가 되지 않기 위해서는 먼저 독의 구멍을 막는 '두꺼비'와 같은 개발제한구역이 있어야 하는 것을 당시 정책가들은 알고 있었다.

하지만 지금의 논쟁은 그저 '수도권 내부' 논리이다. 개발제한구역을 수도권의 전유물처럼 보고 있다. 수도권과 지방은 유기적으로 연결된 하나의 국토라는 사실은 안중에도 없다. 개발제한구역은 수도권에 땅이 모자랄 때 퍼다 쓰라고 준비한 곳간이 아니다. 서울과 지방 간의 균형을 위해 만든 절묘한 경계요, 지방으로도 물이 흘러가라고 세워놓은 둑이다. 수도권 인구가 절반을 넘어가고 지방도시마다 소멸을 걱정하는 시기에 이를 걱정하는 논쟁에는 아무 열기도 없다. 그저 수도권 부동산만이 국가적 쟁점이 되는 그런 현실이 안타까울 뿐이다.

개발제한구역이 수도권과 지방 사이의 경계요 둑이라는 비유가 잘 와

닿지 않는 분들을 위해 다음과 같은 계산 결과를 제시하면서 글을 마치려한다. 수도권의 개발제한구역 중 딱 삼분의 일 정도만이 해제되었다고 가정하자. 넘치는 수도권의 개발압력은 불과 몇 년 안에 이곳을 서울 수준의 인구밀도로 바꾸어 갈 것이다. 그러고 나면 그 결과는 과연 어떤 것일까? 무려 인구 870만 규모의 새로운 도시권역이 발생한다. 부산, 대구, 대전, 광주 인구를 모두 합한 정도라고 하면 감이 잡힐까. 홍수에 둑이 한번 터져나가면 복구가 어렵다. 균형발전의 둑도 그러하고, 그 결과는 더욱 두려운 것이 될 수 있다.

지방도시, 도시재생의 가야 할 길

원도심 활성화 관련 시민강연 이후

도시를 이해하는 방식 중 '유기체론'이라는 것이 있다. 도시를 하나의 살아 있는 생명체로 바라보면서 해석하려는 관점이다. 그에 따르면 도시도 생명체처럼 태어나서 성장하고 쇠퇴하며, 심지어는 소멸하기도 한다는 것이다. 물론 도시라는 공간 자체가 사라지지는 않는다. 하지만 그 위에 자리 잡고 발전했던 도시적인 체계는 분명 소멸해간다는 사실은 역사를 통해 알 수 있다. 물론 소멸의 양상은 다르다. 고대 제국의 찬란했던 수도들처럼 진짜로 '사망'하여 땅속에 묻히는 경우도 있다. 하지만 인구밀도가 높은 오늘날의 도시는 아예 땅속으로 사라지지는 않되, 기존과는 다른 도시구조가 되어가는 방식으로 소멸해간다. 즉 도심이 비어가고 그 활력이 외곽지역으로 옮겨가는 현상이다. 행정구역으로서의 도시는 살아 있기에 우리는 도시가 죽었다고 생각하지는 않는다. 하지만 도시 성장의 단계라는 측면에서 보면 기존 도시는 이미 소멸한 것이 된다.

도시재생이라는 말이 너무도 흔하게 언급되고 있지만 유기체론적인 관점에서 보자면 이는 그리 간단한 문제가 아니다. 도시가 소멸하는 흐름을 다시 되돌이키고 죽은 몸을 다시 부활시키겠다는 말이다. 서구에서는 도시재생을 '부활'을 의미하는 표현을 써 도시 르네상스(Urban Renaissance)라고 부르기도 하니, 어쩌면 이것이 적절한 표현인지도 모르겠다. 그럼에도 도시재생이란 말은 너무 흔하고 가볍게 다루어지고 있는 게 아닐까? 그저 지역 상권을 살리기 위해 몇 개의 축제, 문화프로그램을 도입하거나 거리의 낡은 보도를 새로 깔고 간판을 손봐주는 정도의 정비사업으로 이해되고 있지는 않은 것인지?

강조하고 싶은 바는, 도시재생은 결코 몇 개의 정책 프로그램으로 다룰 수 있는 간편한 주제가 아니라는 점이다. 사실 지금의 도시재생 과제는 인류 역사상 최초로 우리가 직면한, 인류의 문명사적 차원에서의 도전이다. 과거의 도시들은 어떤 부귀영화를 누렸건 간에 성장, 쇠퇴한 이후에는 어김없이 소멸해갔다. 그런데 우리는 이러한 흐름을 반전시키고 다시 도시를 원래의 활력에 찬 상태로 올려놓겠다는 어마어마한 목표를 너무나 쉽게 말하곤 하는 것은 아닌가. 그렇다면 우리는 도시재생을 어떻게 바라봐야 하며, 특히 포항이 가야 할 도시재생의 방향은 어떤 것인가? 유기체론을 언급한 김에, 도시재생을 인체의 건강에 빗대어서 한번 이야기해보고 싶다.

화장 이전에 건강이 먼저

다소 엉뚱한 비유 같지만, 지금의 도심 살리기 정책 중 상당 부분은 마치 할머니를 꾸며서 결혼 시장에 보내려는 시도와 같이 느껴진다. 한때는 너무도 잘 나가던 할머니가 한 분 계시다. 젊었을 때야 꽃 같아서 수많은 총각들이 눈길을 주던 분이다. 하지만 나이가 들어 온몸 골격은 여기저기 성한 곳이 없을 정도로 삐걱거리고 피부는 더 이상 혈액을 원활히 받지 못해 주름지고 푸석하기만 하다. 할머니의 주름진 얼굴에 두꺼운 화장을 하고 온갖 좋은 재료를 써서 꾸며드린다지만, 모두 덧없는 일이다. 아무리 비싼 화장품으로 감싸드린다 해도 심지어는 쌩얼(?)의 젊은 아가씨들과도 경쟁이 될 리 없다. 문제는 화장술 이전에 젊음과 건강의 차이이기 때문에.

어떤 도시재생 사업들은 마치 혈액을 제대로 공급받지 못해 푸석푸석하고 주름져가는 도시 공간에 겉보기의 메이크업만을 칠하려 한다. 한순간 반짝할 수는 있지만, 도심이 쇠퇴해가는 근본 이유에 대한 치유와 도시적 건강성 회복이 없이 다만 예쁘게 꾸미려는 것은 결국은 의미가 없다. 외곽으로 나가면 얼마든지 젊고 활기 있는 경쟁지역이 있고, 그들이라고 화장을 안 하는 것도 아니기 때문이다. 오히려 어색한 화장을 마친 할머니의 모습이 오히려 초라해 보이기까지 하는 것은 그 때문이다. 건강 쇠퇴의 원인을 돌아보고 이를 치료해서 건강을 회복하는 것이 아름다워지는 근본적인 방안이다.

체면보다는 체질이 먼저

그래서 기존 도심부를 재생하려면 도시의 약화된 체질을 다시 구성하려는 노력에서부터 시작해야 한다. 산업화로 급격히 성장한 지방도시들의 경우 더 취약한 도시구조를 가지고 있기 쉽다. 모든 토지이용에 있어 산업

단지의 효율을 우선으로 계획하다 보니 그럴 수밖에 없기도 하다. 내가 사는 포항의 경우가 대표적이다. 국가적인 목표하에 급속히 생성된 도시이기에 도시의 각 지역의 가로 형태가 이질적이고 규모도 다르며 서로 분리된 모습을 하고 있다. 그러다 보니 포항 원도심부는 가로체계나 교통 순환상 근본적인 어려움을 가지고 있다. 그뿐만 아니라 포항 원도심부는 제철산업에 경제의 절반을 의지해 온 포항의 특성상, 도심의 핵심기능인 업무기능이나 각종 경제기반 기능도 매우 취약하다. 이런 상황에서 외곽지역의 개발이 지속되어 온 가운데 신항만 개발, KTX 역사와 관련하여 건설된 외곽순환도로(31번 도로-신항만도로)가 신개발지들을 통과하게 된다. 결과적으로 원도심은 지리적으로만 중심에 있을 뿐, 실제 교통체계나 도시 구조상으로는 변방 지역에 불과한 처지가 되어버린 것이다. 그뿐만 아니라 지금도 외곽순환도로권을 따라 총인구 규모가 10만에 육박하는 개발사업이 진행 중인 상황이다.

  이처럼, 상당수의 지방도시의 경우 이미 체질적으로 도심이 쇠퇴할 수밖에 없는 상황으로 달려온 것이다. 그러기에 기존 도심부가 재생되기 위해서는 결국 이러한 체질상의 문제를 인식하고 고치려는 그런 진지한 노력이 함께 가야 한다. 하지만 체질이란 것은 쉽게 고칠 수 있는 것이 아니다. 오랜 시간의 진지한 노력이 필요한 작업이다. 그리고 가장 먼저는 자신의 체질적 약점에 대해 스스로 인식하는 과정이 필요하다. 원도심부가 너무나 취약한 변방이 되어 왔음에 대한 인식이 필요하고, 여기서부터 출발해서 공간구조를 장기적으로 변화시키면서 도시의 체질을 개선해나가려는 결심이 있어야 하는 것이다.

원도심에 대한 지나친 자부심이나 욕심, 현실을 파악하지 않고 아직 명목과 체면에 머무르는 접근은 시정과 시민 모두에게 바람직하지 않다. "그래도 원도심인데"라는 생각에서 출발하는 지역이기주의, 공공에 대한 일방적인 요구 등도 그러하다. 다 내려놓고 새로 지역을 일구어 간다는 마음가짐이 필요하다.

재생은 재활이다

어쩌다 보니 도시를 인체와 그 건강 차원에 비유해 계속 말하고 있는 듯하다. 하지만 도시재생은 실제로도 인체의 재활과도 유사한 측면이 많다. 건강 회복의 많은 부분이 한 번의 치료나 약으로 해결되는 것이 아니라 때로는 지루하고 고통스러운 과정을 거쳐야만 하기 때문이다. 특히 우리의 골격구조에 대한 문제는 재활이라는 장기간의 치료과정을 감수해야만 회복이 가능한 경우가 많다. 포항의 도시재생 문제도 이처럼 도시의 공간구조와 체질에서부터 발생한 문제이기에, 그 치료 역시 단 한 방의 만병통치약에 기댈 수 없으며, 어쩌면 기한을 정할 수 없는 긴 재활이 필요한 문제일 수 있다. 그러기에, 단기간에 걸친 가시적인 치료 효과에만 의존하거나 일종의 '대박'을 노리는 정책 내지 시민 요구는 지양되어야 한다.

해외 도시재생 사례 중에 한동안 성공사례로 많이 언급되어 온 스페인 빌바오시의 사례와 같은 경우에도 상당히 많은 오해가 뒤따른다. 구겐하임 박물관 건설을 통해 한 방에 모든 것을 뒤집은 사례로 인식하고, 우리가 모델로 따라야 할 사업으로 인식하려는 경향이 있다. 하지만 우리가 놓치지 말아야 할 부분들이 있다. 이 프로젝트는 이미 1980년대부터 오랜 기간의 고민을 통해 구상되어 온 계획의 결과물이란 것, 그리고 구겐하임 박물관의 건립 하나만도 2조 원에 가까운 돈이 들어간 사업이라는 것이다. 단번에 소위 '대박'이 난 프로젝트도 아닐뿐더러, 포항 도심부 주민 전체를 부자로 만들어주고도 남는 정도의 엄청난 액수가 투자된 사업이란 것이다. 어디에나 적용 가능한 현실적인 대안이라 볼 수 없다는 말이다. 세기적인 특수한 사례를 가져와서 마치 도시재생을 이처럼 단번에 모든 것을 뒤집을 만루 홈런처럼 생각하게 만든다면 이처럼 왜곡된 것도 없는 것이다.

재활은 점진적이고 장기적인 과정이다. 그래서 지루하고 고통스럽다. 가시적인 결과가 마구 드러나지도 않는다. 하지만 오랜 시간 이후에 돌아볼 때, 비로소 조금씩 나아지고 달라져 왔음을 깨닫게 된다. 도시재생의 성공도 이와 같다. 주민과 상인은 물론, 시민과 정책가 모두가 이처럼 '재생은 긴 재활과정'이라는 인식을 공유하면 가시적인 성과가 당장 드러나지 않아도 결국에는 꾸준히 조금씩 변해가는 도시의 모습을 관찰하게 될 것이다. 수십 년에 걸쳐 쇠락한 도시가 단번의 사업으로 변할 것을 기대하는 것은 옳지 않다.

도시재생 3.0으로 가기 위해서는?

도시재생 관련 시민 강연회 내용에서

가끔 도시재생을 한 시기로 지나가는 사업 정도로 생각하시는 분들도 있다. 그도 그럴 것이, 과거에도 각종 재개발, 도시 정비, 마을 만들기 등 비슷한 사업들이 계속되어 왔기 때문이다. 하지만 도시재생은 다르다. 기간이 따로 없는, 앞으로도 계속 진행해야 할 사업 개념이다. 재생은 말 그대로 되살리는 작업이다. 재생 없는 도시는 낡고 쇠락하여 결국은 버려지고 만다. 특히 지금처럼 인구감소 위기가 몰아닥치는 시기에는 더욱 그렇다. 그러기에 재생은 일회성일 수가 없다. 오늘을 살아가는 시민들에게 도시재생은 피할 수 없는 현실이고, 앞으로도 계속 해결해가야 할 숙제와 같은 것이다.

지난 정부에서 시작된 도시재생 뉴딜 사업이 반환점을 돌아 이제 마무리를 향해 달려가고 있다. 포항의 경우도 크고 작은 3개 사업을 진행했고 이제는 그 결과를 바라보는 단계이다. 지역민들로서도 이 사업이 지역에 미치는 영향을 살펴보고, 앞으로 진행되어야 할 도시재생의 방향성에 대해 의견을 나누어볼 때가 되었다.

따지고 보면 재생사업은 오늘날에만 있었던 것은 아니다. 과거 불량주택지를 아파트단지로 단숨에 바꿔 버리던 재개발 사업도 따지고 보면 주택 수요가 여전히 증가하던 시대에 필요한 재생 방안이었다고도 할 수 있다. 하지만 주택보급률이 백 퍼센트를 넘어가고 한정 없이 늘어갈 줄만 알았던 인구도 감소하기 시작한 지금 상황에서 과거 재개발 방식은 더 이상 도시를 살리는 방법이 될 수 없었다. 결국, 한 지역을 지워버리고 통으로 개발하는 방식이 아닌, 기존 지역 여건을 존중하면서 부분부분 단점을 고쳐가는 방식의 정책이 필요하게 된다. 바로 우리가 아는 도시재생 정책이다. 서구 도시 사례를 생각하면 다소 늦은 감도 없지 않지만, 우리나라는 2013년 "도시재생 지원에 관한 법"을 통해 본격적인 재생 시대로 돌입한다. 도시재생 버전 1.0이 나타난 것이다. 하지만 모든 초기 버전이 그러듯, 도시재생 1.0 역시 여러 오류를 남기면서 진행된다.

그리고 지난 정부가 출범하던 2017년, 도시재생은 5년간 50조 원이라는 파격적인 투자 규모와 함께 다시 돌아온다. 이번에는 '뉴딜'이라는 꼬리표까지 달고 말이다. 뉴딜은 정부가 팔을 걷어붙이고 직접 큰일을 도모하려 할 때 쓰는 표현 아닌가. 예산 부족이 문제가 된 도시재생 1.0에서 다분히 큰 걸음을 나아간 버전 2.0이라고 할 수 있었다. 많은 지자체가 앞다투어 사업에 뛰어들면서 전국적인 도시재생 붐을 만들게 된다. 하지만 기대가 너무 컸던 것인지. 반환점을 지난 지금 사업의 효과에 대한 의문이 적지 않다. 큰 힘을 들였다지만, 세부적인 부분들에서 여전히 아쉬운 점이 많다. 그중에서도 도시재생 3.0으로의 전환을 위해서는 꼭 짚어봐야 할 부분은 '주민공동체'에 관한 부분이다.

도시재생 2.0의 키워드는 단연 '주민공동체'라 할 수 있다. 재생 지역의 주민공동체를 발굴하고 이들을 지원하여 사업 진행의 주체로 발전시키자는 것이다. 여기서 한 걸음 더 나아가, 이들이 재생지구의 시설을 기반 삼아 조합 등을 형성하여 경제활동을 할 수 있게 하는 것을 최고의 목표로하고 있다. 공간 개발 자체가 아닌, 그 속에 살아가는 사람들을 중심으로 놓고 있다는 점에서 일단 바람직한 방향성이기는 하다.

그러나 정책의 이상과는 다른 현실적인 문제들이 현장에서 드러나곤 했다. 우선 주민공동체가 건전한 사업참여가 아닌 터줏대감, 더 나아가 기득권으로 나타나는 경우들이다. 재생사업은 사업구역의 주민들만을 위한 사업이 아니다. 도시민 전체를 위한 공공사업이다. 그럼에도 사업지구 주민들이 도시재생을 지역 내 숙원사업, 민원사업을 해결하는 수단으로 이해하는 경우들이 있다. 도시재생이 배타적인 이익을 위한 사업으로 이해된 것이다. 그러다 보니 도시재생 사업이 지역이기주의로 변질되면서 그 방향성을 잃게 되는 문제가 나타난다.

그런가 하면 이와는 반대로 사업의 주체가 될 주민공동체를 형성하기조차 어려운 경우도 많다. 특히 인구감소, 노령화가 심한 지방 도시, 특히 주거지 재생사업에서 이런 문제가 나타난다. 고령화로 주민들의 연령대가 너무 높고 빈집도 많아, 주민공동체 자체가 이미 붕괴한 지역들이 많기 때문이다. 그러다 보니 사업 진행에 필수적인 주민공동체를 구성하는 것 자체가 어렵다. 도시재생 뉴딜 사업에서 주민공동체는 사업 진행 중에는 물론 사업 후에도 사회적 경제조직으로 남아 활동하도록 규정하고 있다. 하지만 현장의 현실이 이렇다 보니, 그런 보기 좋은 목표가 허상에 그치고 말 우려가 크다.

더 나은 재생정책, 도시재생 버전 3.0이라면 가장 먼저 이러한 현장의 현실을 인식하고 개선하는 내용을 담고 있어야 할 것이다. 주민공동체는 과거 재개발 시대에 나타났던 부작용을 치료하기 위해서라도 꼭 필요한 패러다임이다. 하지만 도시가 쇠락하고 공동화되어가는 과정에서 주민공동체 자체도 쇠락하고 경우에 따라 왜곡되기도 함을 인식할 필요가 있다. 주민공동체를 존중하고 그들을 지원하는 정책 방향은 물론 필요하다. 하지만 주민공동체가 당초 취지를 넘어 지역 이권단체로 오해되지 않게 하는 장치가 마련되어야 한다. 주민공동체를 좀 더 개방적이고 미래적인 의미로 전환하는 작업도 필요하다. 단지 그곳에 사는 사람들의 조직을 넘어, 그 지역과 여러 방식으로 관련된 시민들 모두를 포함할 수 있는 주민공동체가 되어야 한다. 세대 간의 연결을 통해 주민공동체를 지속 가능하게 만드는 작업도 필요하다. 추진 단계에서부터 청년 창업가 등 새로운 세대와 주민들이 협력할 수 있게 함으로써 노령화를 넘어서는 재생사업으로 이끌 필요가 있다. 공동체는 과거의 유산이 아니라 미래를 향해 열려 있는 것이어야 하기 때문이다.

재생사업의 주인공은 시민들 자신이다. 정부는 바뀌고 정책도 결국은 흘러간다. 하지만 그 결과로 나타난 도시를 온몸으로 겪으면서 살아가는 것은 결국 시민들이기 때문이다. 주인 없는 집은 급격히 쓰러져간다. 마찬가지로 시민들의 인식이 없는 도시가 쇠락을 면할 수는 없다. 그래서 재생이 정부에만 맡겨놓고 안심하는 사업이어서는 안 된다. 내 삶터와 그 미래에 직접 영향을 주는 사업이라는 점을 인식하고 시민들이 직접 선두에 서는 사업이어야 한다. 새로운 도시재생 3.0은 기다리는 것이 아니라 시민들이 참여와 감시, 그리고 제안을 통해서 지금부터 만들어가는 것이어야 한다.

사회주의 도시, 우리의 미래일까?

사회주의 도시 논란에 대해

얼마 전 통일부 사이트에 올린 홍익대 모 교수의 글이 화제가 되었다. 사회주의 도시계획, 특히 평양을 본받을 필요가 있다는 제목의 글이었다. 이미 삭제된 글이라 전체를 볼 수는 없었지만 '동네에서 만든 고추장, 운동화를 사용하는 소규모 생산구조가 우리 미래 모습이 되어야 하지 않은가'라는 부분은 아직도 인터넷에 회자되고 있다. 북한식의 소규모 지역생산체계를 예찬하는 내용이다. 남북 간 간극을 좁혀보자 하는 정도의 취지로 쓰인 글로 이해하고 싶다. 하지만 이런 글의 기저에는 뿌리 깊은 '반도시주의(Anti-Urbanism)' 관점이 깔려있음을 본다. 반도시주의는 여러 가지 이유로 도시, 특히 규모와 집중을 전제로 하는 대도시를 거부하는 관점이다. 그러다 보면 필연적으로 소도시 중심체계, 자족적 지역산업과 같은 것에 매력을 느끼게 되기 마련이다.

표현 자체는 낯설지 몰라도 반도시주의는 인류 지성사에 있어 오래된 흐름이다. 근대 시기 지식인들 중 상당수가 이런 입장을 취해왔다고 해도 과언이 아니다. 그 거두는 루소이다. '자연으로 돌아가라'라는 그의 격언은 자연보호에 대한 것으로 오해되기도 하지만, 사실 도시 문명에 대한 비판과 반감을 담은 표현이다. 반도시주의를 이데올로기 차원으로 가져간 것은 마르크스를 필두로 한 사회주의자들이다. 그들은 현대 도시를 사회 불평등을 고착시키는 장치라고 보아 대적하고 해체해야 할 대상으로 여긴다. 심지어는 근대 도시계획의 선구자들 중에서도 은연중 반도시주의적 철학을 나타낸 경우가 적지 않았다. 에베네저 하워드, 프랭크 로이드 라이트는 아예 도시성을 배제한 작고 농촌적인 도시계획을 제안한다. 도시를 해체하기 위한 대안적 도시모형을 제시한 것이다. 반도시주의는 이처럼 근대기 지식인들의 사상 근간에 광범위하게 자리 잡아 왔다.

시대의 상황을 보자면 반도시주의 경향이 나오게 된 것도 이해할 만하다. 18세기 런던에서 시작된 산업화는 유례없는 급속한 도시화를 유발한다. 도시계획을 위한 제도와 기법, 경험 모두가 일천하던 시절에 갑자기 형성된 고밀의 대도시는 그야말로 손대기 어려운 혼란의 덩어리일 수밖에 없었다. 도시는 비좁고 불결하고 비정한 곳이 되어갔고, 거기에는 어떤 희망도 없어 보였다. 이때 형성되기 시작한 지식인 계층이 도시에 대한 반감을 가질 수밖에 없는 이유이다. 당시의 많은 문학, 철학 작품 속에서 도시는 주로 인간소외를 유발하는 비정하고 불평등한 곳으로 묘사되곤 하는 것도 바로 그 때문이다.

그렇다면 반도시주의는 오늘날에도 여전히 유효할까? 질문은 했지만, 굳이 답할 필요는 없다. 무엇보다도 오늘날의 현실이 결과를 보여주고 있기 때문에. 하버드 교수 에드워드 글레이저가 최근 '도시의 승리'라는 저서를 통해 이 문제를 정면으로 다루고 있다. 그는 지식인의 역사에 있어 드물게 대놓고 '도시주의'를 표방하는 학자이다. 그는 반도시주의는 과거의 악몽에서 헤어나지 못해 이제 현실과 동떨어진 관점에 불과하다고 비판한다. 반도시주의에서 제기하는 도시문제들, 즉 인간소외, 건강악화, 범죄증가와 같은 문제들 또한 과거의 고정관념에 불과하다는 것이다. 오히려 현대 도시를 이루는 도시성이야말로 이런 문제들을 해결하는 근본적인 힘이라는 점을 현실의 사례를 통해 보여준다.

도시의 승리를 선언해도 될 가장 큰 이유는 오늘날의 대도시들이 보여주는 창조와 혁신의 역량이다. 도시는 더 이상 반도시주의자들의 생각처럼 어둠과 죽음의 공간이 아니다. 오히려 고층 고밀의 대도시일수록 국가나 기업보다도 중요한 창조력의 단위가 되고 있기 때문이다. 강력한 대도시는 창조계층을 모으고 그들 간의 소통을 유발하며, 끊임없는 혁신의 빛을 발하는 장소가 되고 있다. 그래서 우리의 미래는 어떻게 '창조도시'를 구현해 가는가에 있지, 결코 과거로의 회귀에 있지 않다. 이런 점에서 지금 맞닥뜨린 도시재생의 문제는 보다 고도화되고 집약된 도시, 콤팩트한 도시로 전진해가라는 신호로 보아야 할 것이다.

물론, 평양과 같은 자족적 도시도 그 나름대로의 맛이 있다. 그것이 우리의 미래가 되어야 한다고 믿는다면 그것도 자유이겠다. 하지만 이런 생각은 해보도록 하자. 서울은 얼마든지 평양이 되어볼 수 있다. 자족적 지역 산업, 생산-소비 협동조합 등, 필요하다면 시도해보지 못할 것이 어디 있 겠는가. 하지만 평양은 과연 서울처럼 되어볼 수 있을까? 단순한 형태가 아닌, 그 속에 깃들인 것들 말이다. 다양성, 활력, 만남, 소통, 교류 등등.

결국, 우리 도시의 미래를 찾기 위해 굳이 평양을 커닝할 필요는 없을 것 같다는 생각이다. 미래를 만들어가기 위한 재료들은 이미 우리 도시 속 에 고스란히 들어 있기 때문이다.

쓰레기, 요람에서 무덤까지

지방도시 쓰레기 매립장 조성 논란을 접하고

현대 도시 문명을 지탱하는 가장 핵심적 기술은 무엇일까? 건설이나 교통보다도 더 근본적인 요소는 의외로 위생기술이다. 위생기술 중에서도 폐기물 처리 시스템은 도시의 근간과도 같다. 하루에도 엄청나게 배출되는 쓰레기가 단 며칠 동안이라도 거리에 쌓이게 된다고 상상해보라. 도시는 당장 마비될 것이고, 오래지 않아 도시는 각종 질병의 진원지가 될 것이다. 쓰레기가 순간순간 사라져 주기 때문에 이토록 많은 사람이 몰려 살면서 도시 문명을 일구어낼 수 있었다. 만약 쓰레기가 도시에 쌓여가고 있다면 그건 이미 도시 문명이 종말로 나아가고 있다는 신호이다. 공산당 선언을 집필한 마르크스와 엥겔스가 자본주의 도시를 조만간 멸망할 것으로 본 이유 중의 하나도 당시 런던의 쓰레기 문제였다고 한다.

문제는, 이렇게 중요한 쓰레기 처리를 그동안 우리는 너무 모호한 태도로 다뤄 왔다는 점이다. 쓰레기는 절대로 그냥 사라지지 않는다. 결국은 태워지거나 묻혀야만 한다. 그런데도 우리는 쓰레기가 마치 공중에서 분해되기라도 하는 것처럼 생각하며 무관심했던 것은 아닌가. 지금 지방도시는 쓰레기 처리시설 관련 홍역을 치르고 있다. 하지만 넓게 보면 우리나라 전역이 쓰레기 처리와 관련해서 심각한 국면으로 접어들고 있는 것을 알 수 있다. 얼마 전 미국 CNN 방송에서 한국의 쓰레기 문제를 대대적으로 보도했다는 사실을 아는 사람들은 그리 많지 않다. 보도 화면에 등장한 경북 의성, 수만 톤에 이르는 쓰레기 산의 모습은 거의 충격이었다. 우리가 아는 한국의 모습이라고 상상하기도 어려울 정도였다. 쓰레기 산에서 새어 나오는 오염물질 때문에 고통받는 주민들의 한국말 인터뷰를 보면서 비로소 그게 우리나라, 그것도 경북 지역의 문제임을 실감할 수 있었다.

우리나라의 쓰레기 문제는 갑작스러운 것이 아니다. 한국의 쓰레기 발생량은 이미 세계적인 수준이다. 특히 1인당 플라스틱 폐기물 발생량은 미국, 유럽을 넘어 전 세계 1위 수준이다. 게다가 국토면적에 비해 인구는 적지 않다. 그렇다면 그동안 왜 쓰레기 문제가 가시화되지 않았을까? 그 이유 중 하나는 '떠넘기기' 식 처리 방식이다. 재활용 자원이라는 명목으로 쓰레기의 상당량을 중국, 필리핀 등으로 수출(?)해온 것이다. 그런데 작년에 중국이 쓰레기 수입을 전면 중지한 데 이어, 올해는 필리핀이 쓰레기 수입을 거부하기 시작했다. 특히 필리핀은 한국의 쓰레기가 재활용할 수 없는 수준이라고 비난하며 고스란히 돌려보냈다고 한다.

이런 지경이다 보니, 불과 1년여 만에 쓰레기 처리 문제가 갑자기 코앞에 닥치고 있는 느낌이다. 당장 전국적으로 쓰레기를 고형화해서 태우는 발전시설인 SRF가 급증하는 상황이다. 내가 살고 있는 포항 또한 일찌감치 그와 관련한 마찰을 겪고 있다. 당장 피해를 보는 주민들은 이런저런 행동을 취해 보지만, 지금으로서는 딱히 벗어날 방안도, 구제받을 방법도 없어 애태운다.

이 시점에서 우리는 쓰레기 처리의 원칙을 재정립할 필요가 있다. 최근 세계는 '요람에서 무덤까지'라는 표현을 사회복지가 아닌 쓰레기 처리 문제를 다루는 원칙으로 적용하기 시작했다. 쓰레기를 잉태한 사람이 그 뒤 처리까지도 책임져야 한다는 뜻이다. 얼마의 돈을 받고 쓰레기를 받아줄 나라들도 사라지는 이 시점, 과연 우리는 쓰레기를 스스로 해결할 준비가 되어 있는 것일까?

지역 정치인, 정책가들에게 두 가지를 당부하고 싶다. 첫째, 쓰레기 처리시설과 같은 님비(NIMBY) 형 시설에 대해서도 솔직하고 분명한 정책을 제시하기 바란다. 선거 때가 되면 나도는 공약은 대부분 공항, 병원과 같은 핌피(PIMFY) 형 시설들에 대한 것뿐이다. 쓰레기 처리시설에 대한 분명한 정책 제시는 어디에서도 찾기 어렵다. 결과는 어떤가? 실제로 꼬박꼬박 들어서는 것은 공항이나 병원이 아니라 쓰레기 처리시설이다. 관련 정보나 정책 비전도 볼 수 없는 상황에서 은근슬쩍 처리되어 버린다. 이래선 안 된다. 표가 되지 않는 지저분한 문제라 해도 피하지 않고 직면할 수 있는 책임감 있는 리더는 없는가.

둘째로, '요람에서 무덤까지' 원칙의 정착이다. 쓰레기 처리의 1차적 책임은 어디까지나 쓰레기를 만든 사람들에게 있도록 해야 한다. 숫자도, 목소리도 작은 지역 주민들이 늘 피해를 감수해야 하는 결말은 이제 지양되어야 한다. 쓰레기 처리에 대한 부담을 지역민 전체가 공유할 수 있는 방안을 마련해야 한다. 발생하는 피해와 그에 대한 보상대책 또한 이 원칙에 따라 사전에 제시될 수 있어야 한다.

한편 시민들의 인식전환도 필요하다. 장밋빛 공약에만 휘둘리지 말고, 도시의 '어둡고 지저분한 문제'를 직면하여 다루려는 리더들을 평가해주는 풍토가 있어야 한다. 바로 다음 선거에서부터 말이다.

청와대와 용산 사이

청와대 이전 논란과 관련하여

청와대라는 장소의 역할과 의미에 큰 변화가 있을 모양이다. 북악산에서 세종로, 서울역, 용산으로 이어지는 서울 중심부의 성격에도 변동이 있게 되었다. 대통령이 떠나고 남을 청와대, 그리고 옮겨갈 용산이라는 장소의 의미에 대해 생각해 보아야 할 때가 아닌가 한다.

경복궁에서 세종대로로 이어지는 공간 축은 조선조 창건 때부터 이어진 유산이다. 일제강점기에는 여기에 르네상스식 중앙청과 블러바드(대로)가 조성되면서 서구 바로크 양식이 덧입혀지긴 했지만 큰 틀의 변화는 없이 유지된다. 그리고 대한민국 건국 이후 대통령의 공간인 청와대가 경복궁 후면에 들어서고 중앙청은 지워지면서 오늘날의 모습이 되었다.

알다시피 이 공간의 배경에는 조선조 이래의 풍수지리 사상이 있다. 좋은 기운이 모이는 가장 이상적인 왕궁터를 찾은 결과이다. 우선, 산지가 많은 북쪽과 한강을 중심으로 물이 많은 남쪽이 배산임수라는 풍수의 기본 틀을 분명히 해주고 있다. 경복궁 후면까지 내려오는 북악산이 주산, 동서 방향의 낙산과 인왕산이 각각 좌청룡과 우백호가 되면서 왕궁을 호위하는 형세를 이룬다. 그리고 남쪽으로는 남산이 안산, 관악산이 조산을 이루고 청계천은 남쪽을 감싸는 명당수를 이루면서 풍수는 완성되어 간다. 그 중심부에 비로소 왕궁이 놓인 것이다.

왕궁의 위치가 정해지면 이제 그 주변으로는 도읍을 이루는 공간들이 자리 잡는다. 왕궁 좌우로는 종묘와 사직을 두어 왕실을 지키는 신들을 기린다. 남쪽으로는 왕의 길인 주작대로를 내어 신하들이 그 좌우에 조아리며 자리 잡게 한다. 반면 풍수는 백성의 생활에 대해서는 야박했다. 시장이나 교차로 같은 장소들은 부정하게 여겨 오히려 금지하기도 했다. 풍수는 기본적으로 왕조를 위한 계획원리였다.

그러면 이제 청와대를 한번 생각해 보자. 조선조 이래 왕의 공간에 자리잡은 청와대, 이건 무슨 의미일까. 은연중에 우리는 대통령에게 왕의 유산을 부여하고 있는 게 아닌가. 게다가 주작대로에 해당하는 세종대로 변에는 정부청사가 놓여 있다. 왕의 길옆에서 신하가 조아리는 풍수 원칙을 아직도 따르는 형국이다. 심지어 그 가운데는 세종대왕의 동상까지 놓여 있다. 이쯤 되면 대통령을 조선왕조의 후계자로 보고 있는 건 아닐까 하는 생각마저 든다.

오늘날은 왕정 시대가 아니고 대통령도 왕이 아니다. 민주주의가 무엇인가? 대통령이 복을 받아 백성에게 태평성대의 은총을 내리는 사회와는 거리가 멀다. 카를 포퍼는 엉망인 리더가 선출된다 해도 나라를 망가뜨릴 수는 없을 정도로 견제 체계가 잘 작동해야 제대로 된 민주주의 사회라 주장한 바 있다. 대통령은 삼권분립의 견제와 시민들의 감시 속에서 끊임없이 시험받고 증명되어야 하는 자리라는 것이다.

다른 나라의 대통령 집무실은 이러한 개념을 실제로 반영하고 있는 경우가 많다. 대표적인 것이 워싱턴의 백악관이다. 동서로 뻗은 웅장하고 화려한 대로가 있지만, 이는 국회의사당으로 향한다. 백악관은 정작 대로를 벗어난 작은 마당을 끼고 자리 잡고 있을 뿐이다. 비행기 모양의 도시로 잘 알려진 브라질리아의 경우도 유명하다. 비행기 조종석에 해당하는 위치에 대통령 집무실을 두었지만, 그 앞을 대법원과 국회의사당이 가로막고 있다. 대통령의 권한은 삼권분립의 견제 내에서만 작동할 수 있다는 메시지가 공간 속에 새겨져 있는 것이다. 그에 비하면 청와대의 위치는 제왕적이면서 폐쇄적이라는 생각마저 들게 한다. 대부분의 대통령이 비운의 말년을 맞은 것도 어쩌면 청와대라는 장소의 성격과 무관하지만은 않을 것이다.

대통령 집무공간을 청와대로부터 옮겨야 한다면 바로 여기에서부터 그 이유를 찾아야 하지 않을까. 한국의 대통령에게 부지불식간 주어진 왕조의 유산, 그로부터 이제는 분명하게 떠나가는 것, 그리고 민주주의의 한 부분으로 다시 명확하게 자리 잡는 것, 그것이 집무실 이전의 진정한 이유가 되어야 할 것이다.

한편, 용산은 용산대로 사연이 많은 장소이다. 고려 시대에는 몽골군이, 임진왜란 때에는 왜군이 기지를 두었던 곳으로 알려졌다. 구한말에는 다시 청나라 군대, 일본 군대가 돌아가며 주둔하는 장소로 쓰이면서 외세침략의 거점이라는 아픈 낙인이 찍혀버렸다. 나라가 약하다 보니 한양으로 들어가는 길목이 오히려 침략의 장소로 전락해버린 것이다. 이후 이곳은 국방부와 미군기지로 쓰이며 오명은 벗었지만, 여전히 군사용지라는 부담감은 한편에 남아 있었다.

마침 용산에도 변화가 찾아왔다. 미군기지가 평택으로 떠나면서 군사용지라는 부담을 씻을 기회가 온 것이다. 국방부가 이전하고 대통령 집무시설이 들어서게 되면 변화는 한층 증폭될 수밖에 없다. 항상 내주어야만 했던 중심부가 다시 서울의 한 부분으로 돌아올 수 있다면 그 또한 의미심장한 변화가 아닐 수 없다.

물론, 청와대나 용산의 역사적이고 상징적인 의미가 이렇고 저렇다 한들 이전을 반대하는 의견들은 없을 수 없다. 하물며 작은 살림 이사도 고민 끝에 결정되지 않는가. 결국, 이전의 당위성이란 것이 있다면 이는 왈가왈부가 아닌 실행으로만 증명되는 것이겠다. 그렇게 어렵사리 비운 청와대는 제대로 된 시민 감동의 공간으로 자리 잡을 수 있을지, 그리고 용산은 권위와 개방 사이에서 균형 잡힌 중심지로 거듭날 수 있을지, 시민들로서는 계속 두고 보며 감시해가야 할 일이다.

지방자치제와 왕좌의 게임

주요 지자체장들이 연이어 낙마하는 사태 이후

불과 몇 년 사이 주요 시도의 지자체장이 줄줄이 무너지는 광경을 보고 있다. 그저, 해당 시장·도지사가 도덕적으로 해이했고 잘못된 선택을 한 것으로 치부할 수도 있겠다. 하지만 대표적인 지자체장들이 약속이나 한 듯 유사한 문제로 넘어져 가는 것을 과연 개인적이고 우연한 문제로만 볼 수 있을까. 이쯤 되면 지자체장의 사고도 퇴락시킬 수 있는, 일종의 구조적 문제가 우리나라 지방자치제에 도사리고 있지 않을까를 의심해 보는 것이 순서일 것이다.

사실, 오늘날의 지방정치는 일종의 사각지대에 놓여 있는 것 같다. 모든 정치적 이슈들이 청와대와 국회, 중앙정치를 중심으로 돌아간다. 중앙의 이슈가 마치 소용돌이처럼 전 국민의 관심을 빨아들이는 것이다. 그리고 그 과정에서 국민들의 정신적 에너지 대부분이 이미 소모되어 버린다. 그러고 나면 시민들로서는 정작 자신이 사는 지역의 정치에 대하여는 신경 쓸 여력도 없거니와, 더 이상의 분노와 스트레스는 피하기 위해서라도 관심을 끄지 않을 수 없다. 지역민들이 지역 정치에 대한 감시를 포기한 상황, 이게 문제의 핵심이 아닐까.

시장·도지사를 주민들이 선거로 뽑기 시작한 것은 1995년이다. 앞선 1991년에는 지방의회제도가 시작되었다. 한 세대라고도 부르는 30년에 달하는 역사가 흘렀고, 이제는 성숙할 만큼 성숙해야 마땅한 시점이다. 그럼에도 불구하고 한국의 지방자치제는 알게 모르게 위기를 겪고 있는 것으로 보인다. 크게 보아 두 가지 문제를 지적하고 싶다.

첫째로, 단기적인 '흥행'에만 매달리게 하는 구조가 고착되고 있다는 것이다. 4년에 한 번 다가오는 선거는 지역의 모든 사업을 요동치게 한다. 세상에 제일 중요할 것 같던 정책들이 하루아침에 뒤집히는가 하면, 거들떠보지도 않던 정책이 다시 진리가 되기도 한다. 오로지 4년 만의 선거를 위해 지역 전체가 춤을 추는 구조이다. 이러다 보면 30년을 바라보는 장기적인 정책은 자연히 도태될 수밖에 없다. 임기 내에 그럴듯한 결과를 내는 사업의 비중이 커지는 것이다. 결국, 미래를 바라보며 씨앗을 뿌리는 정책들이 숨 쉴 곳은 없다.

두 번째는 앞서 말한 대로, 제대로 된 감시와 견제를 상실하면서 오늘날 지방자치제가 일종의 '왕좌의 게임'과 같이 되어가는 경향이다. '중앙도 아닌 지방정치에 무슨 대단한 권한이 있다고 왕좌를 운운하는가?' 할지도 모르겠다. 하지만 이는 지방 도시의 현실을 잘 모르는 이야기이다. 도시를 만들어가는 데 있어 지자체장의 권한은 실로 막강하다. 도시개발과 관련된 광범위한 권한들이 지자체장에게 주어져 있기 때문이다.

원래 지방정치는 법률이나 외교에 대한 것이 아니다. 당연하게도 그 시작도 끝도 도시개발이다. 지방 도시민을 웃고 울게 만드는 모든 변화가 도시개발과 관련된다고 해도 과언이 아니다. 그리고 지역의 밑그림인 도시기본계획에서부터 각종 관리계획, 재정비계획, 재생사업에 이르는 대부분의 권한이 이미 지자체장에게 위임되어 있다. 결국, 지역의 개발을 사실상 좌지우지하는 지자체장의 권위는 막강할 수밖에 없다. 여기서 바로 왕좌의 게임이 시작된다. 분권을 위한 지방자치제도가 의도와는 달리 굳건한 성벽처럼 되어버리는 것이다.

물론 감시와 견제를 위한 제도가 없는 것은 아니다. 당연히 지방의회가 그 중심이다. 하지만 오늘날 그 위상은 어떠한가. 하루가 멀다고 뉴스를 장식하는 의원들의 품행도 문제이지만, '형님, 동생'들로 복잡하게 연결된 지역의 연줄 속에 그들의 견제가 제대로 작동이나 할 수 있을까. 게다가 지자체장과 같은 정당 소속의 의원들이 다수를 차지하곤 하는 상황에서 이들에게 날카로운 견제를 기대하는 건 애초에 무리일지도 모른다.

의회가 미덥지 못할 때 지역의 각종 위원회의 역할도 중요하다. 민간 전문가들이 지역 정책이나 사업에 대해 논의하고 가부 의견도 낼 수 있는 통로이기 때문이다. 하지만 위원회의 임명과 구성 권한 자체가 지자체장에게 있는데 무슨 말이 더 필요하겠는가. 결국, 중요 정책의 수립과정에서는 들러리가 되는 것을 피하기 어렵다.

 지방자치, 분권은 피할 수 없는 흐름처럼 진행되고 있다. 하지만 그에 맞는 내용물, 즉 지역민들의 참여와 감시, 견제가 없다면 지방자치제도가 한낱 왕좌를 만드는 게임으로 변질되어갈 수 있다는 것을 현실은 보여주고 있다. 전국구급 지자체장의 연이은 퇴장은 그동안 지방자치제가 견제의 사각지대 속에서 안주하며 왜곡되어 온 결과가 아닐지 의심해봐야 할 때이다. '인생은 속도가 아니라 방향이다'라는 말이 있다. 바로 지금 지방자치제 상황에 해당하는 말이 아닌가 한다. 지방분권의 가속페달을 밟기 전, 그것이 과연 옳은 모습과 방향으로 유지되고 있는가를 점검해야 할 때가 아닐까.

공직자 투기, 어떻게 하나

LH공사 직원들의 대규모 투기 의혹 논란에 대해

과거 수년간 한 광역 지자체의 공직에 종사한 적이 있었다. 길지 않은 시간 동안이지만 공직사회의 명암을 살펴보기에 충분할 만큼 많은 일들이 있었다. 당장 출근한 첫 주부터 그랬다. 소속 공직자 한 명이 스스로 목숨을 끊었다는 소식이 뉴스에서 흘러나왔다. 토지 개발과 관련하여 매수된 혐의로 조사를 받던 중에 일어난 일이었다. 다들 애써 외면하며 조심하는 눈치였지만, 언제라도 일어날 수 있는 일이 일어났다는 듯한 분위기였던 것을 기억한다.

공직자들 중 특히 지역의 토지개발과 관련된 정보가 지나는 길목에 있는 경우, 항상 이런 상황에 휩싸일 수밖에 없다. 내 경우만 해도 그랬다. 개발제한구역 해제나 용도지역의 변경 등, '알짜'일 수 있는 정보들을 적어도 일반인들보다는 빠르게 파악할 수 있었다. 이런 정보들을 투기를 위해 이용할 가능성이 충분히 있을 수 있다는 생각을 피하기 어려웠다. 그러다 보니 누구도 속 깊이 양심으로 신뢰하기는 어려운 사회, 그것이 바로 개발 과 관련된 공직사회였다.

　지금 시점에서 투기라 할 수 있는 행위는 두 가지로 구분되는 것 같다. '민간형 투기'와 '공직형 투기'가 그것이다. 민간형 투기는 주로 아파트를 중심으로 이루어진다. 과거에는 재개발이나 재건축을 중심으로 나타났었 다. 하지만 지금은 정부의 규제를 피해 틈새 지역을 돌아다니며 아파트 시 세차익을 노린다고 한다. 당장 작년의 경우만 해도, 규제 대상이 아닌 지 역에서 아파트 가격을 부풀려 놓고는 마지막에 지역민에게 넘기고 나가는 세력이 있었다는 소문이 나돌았다. 하지만 엄밀히 말해 이들의 투기가 불 법은 아니다. 그래서 대처가 쉽지 않다. 대출규제나 거래허가구역과 같은 정책을 동원한다지만, 이런 경우 엄한 실수요자까지도 고통을 겪을 수밖 에 없다.

　공직형 투기는 알다시피, 개발 정보에 접근할 수 있는 공직자들이 토지 를 사들여 차익을 노리는 행태이다. 일견, 개발 정보를 다루는 공직자들만 철저히 관리하면 될 것 같지만, 그게 그리 쉽지 않다. 우선, 투기의 타이밍 이 우리 생각과는 다르다. 이들은 정보에 의해 토지를 매입하는 게 아니 라, 토지를 매입한 후 정보를 만드는 쪽에 가깝기 때문이다. 말하자면, 토 지를 사 놓은 후 그에 대한 개발 계획이 세워지도록 수를 꾸민다는 것이 다. 이들이 토지를 사 놓은 곳에 우연히(?) 신시가지나 도로가 개설되는 식 이니, 기가 막힐 노릇이 아닐 수 없다.

물론 여기에다가 지인들을 이용하는 차명 투기는 기본이다. 차명도 가족이나 친척을 이용하는 수준이라면 애교에 불과하다. 형식상 별 관계 없어 보이는 사람들로 '경제공동체(?)'를 만들어 투기를 하기 때문이다. 이런 식으로 공직자의 실명은 숨겨주는 것은 물론, 상호 협력과 감시하에 이익을 공평히(?) 나누기도 한다. 이처럼 빠르고도 은밀한 방법으로 이루어지다 보니, 사후에 아무리 엄밀히 조사를 한들 그 흔적을 찾아내기가 쉬울 리 없다. 정부 부처와 정치권은 물론 각종 공사, 지자체에서 이루어지는 각종 투기행태를 다 잡아내자면 당장 우리나라의 검찰, 경찰력이 다 달려들어도 부족하지 않을까 한다.

이쯤에서 땅 한 평 없는 일반인들은 당연히 박탈감과 분노를 느낄 수밖에 없다. 아무리 뛴다 한들, 그 위에 나는 놈들이 있어 일반인의 생각과 타이밍을 초월해서 투기를 하고 있으니 말이다. 게다가 토지수용 과정에서 이득을 보기 위한 '묘목 심기', '쪼개기'와 같은 각종 편법들이 다 동원되고 있는 것을 보면 아예 딴 세상 이야기 같은 느낌이다.

이런 상황을 과연 어떻게 대처해야 할까? 그저 공직자들의 청렴도를 올리고 그들의 도덕률에 의존하는 것으로 가능할까? 과거 싱가포르의 경우처럼 공직의 타락에는 심지어 사형까지 이르는 강력한 처벌이라도 동원해야 할까? 아니면 혹자들이 꿈꾸는 것처럼 토지를 국유화해서 원천적으로 토지 차익을 없애야 할까? 더 답답한 것은 이 모든 것이 신통한 정답이 될 수는 없음을 이미 알고 있기 때문일 것이다.

그러나저러나, 어차피 투기의 시대도 저물고 있기는 하다. 이번에 문제가 된 3기 신도시도 수도권에 남은 마지막 한 방울의 토지를 짜낸 것이나 다름없었다. 지방의 경우 용도지역을 풀거나 신개발을 허용한다 한들, 이제는 이를 채울 인구가 부족한 지경으로 나아가고 있다. 시세차익, 불로소득을 노리던 전통적인 의미에서의 투기는 이제 원천적으로 어려운 시대가 오고 있다는 것이다. 하지만 새롭고 진취적인 의미에서의 투기(?)는 오히려 나타났으면 한다. 누가 가져다줄 가치를 기다리는 투기가 아닌, 토지에 스스로의 창의력과 혁신을 더해서 부가가치를 창출하는 그런 투기 말이다. 그런 투기가 가능한 사회 분위기를 만드는 것은 결국 공직자와 시민을 포함한 모든 국민의 임무일 것이다.

제3장

도시사회, 도시문화

문화라 하면 으레 다른 나라에서 물 건너오는 것으로 생각한 적도 있었지만
어느덧 해외에 새로운 문화를 선보이는 K-컬처의 나라로까지 발전했다.
하지만 그 근원에는 특별한 정책이나 투자보다는
자유로운 도시문화, 거리문화가 자리 잡고 있었음을 기억해야 한다.
목이 좋은 거리라면 어디라도 사람들이 몰려 흥이 올라가고
누가 시작했는지도 모를 자유로운 춤과 노래를 볼 수 있었던 시절.
그런 시절의 도시문화가 결국 오늘날의 자양분이 되었기 때문이다.
활기 있는 도시는 그 자체가 문화생산의 용광로가 되어준다.
도시의 생명력을 살리는 데 모든 것을 걸어야 하는 이유이다.

경리단길에서 황리단길까지

전국적인 ~리단길 붐과 관련하여

'~리단길' 열풍이 몰아닥치고 있다. 서울 경리단길이 이른바 '핫플레이스'로 뜨면서 시작된 이 현상은 망리단길, 송리단길 등 서울에 몇 개의 유사품을 만들어내더니, 이제 지방 곳곳에까지 확산되고 있다. 웬만한 도시라면 하나쯤은 있는 지경이다 보니 전국에는 30개가 넘는 ~리단길이 나타났다고 한다. 경북만 해도 대구 봉리단길, 문경 문리단길, 경주 황리단길이 이미 알려져 있고, 포항에도 효자시장 인근에 '효리단길'을 유행시키려는 움직임이 있다고 한다. 한 장소가 유명해지면서 그 이름이 마치 브랜드처럼 활용되는 경우는 자주 있었다. 하지만 유명한 상권의 이름이 마치 복제품처럼 전국적으로 퍼져가는 이런 현상은 특이한 상황이 아닐 수 없다.

지역의 한 글자에 '리단길'을 붙이는 이러한 작명 방식은 마치 돌림자를 쓰면서 '나는 경리단길이랑 형제요'라고 말하고 있는 듯하다. ~리단길들은 명칭뿐 아니라 내용상으로 공통점을 가지고 있다. 우선 업종과 분위기가 유사하다. 작고 개성적인 카페, 이국적인 음식점, 디자인숍 등이 자리잡고 있어야 한다. 그 가게만의 개성적인 품목과 인테리어는 필수이다. 중심상권을 주름잡는 프랜차이즈 카페 등은 적어도 여기서는 주인공이 되지못한다. 또한, 상권의 위치가 유사하다. ~리단길은 '목 좋은 곳'에 자리 잡지 않는다. 중심지가 아닌 오히려 약간 외진 곳이 제격이다. 저층 주거지, 시장 주변, 철도로 고립된 동네 등이 바로 그런 곳이다. 품목도 입지도 기존 상권과는 다르다. 독특한 '힙한 분위기'를 만들면서 프랜차이즈와 대형상점에 질린 젊은 층들을 끌어들이고 있다.

이런 현상의 중심에는 역시 모바일 통신문화가 자리 잡고 있다. 소셜미디어를 통해 모든 정보를 파악하는 젊은 세대의 성향이 반영된 결과이다. 인스타그램에 뜬 멋진 카페라면 굳이 도심이나 중앙이 아니라도 얼마든지 찾아갈 수 있는 것이 모바일 세대의 모습이다. 해시태그를 통해서 맛집을 찾아내는 이들에게 '먹자골목'은 기성세대 식의 식상한 장소가 되어버린다. 이런 분위기 속에서 해시태그가 붙은 '#~리단길'이라는 명칭은 그들을 만족시킬 만한 분위기가 있다는 것을 알려주는 브랜드이다. 이렇게 모바일 문화는 '목 좋은 상권'을 해체하고 있다.

경주의 황리단길은 이러한 현상의 수혜를 톡톡히 받은 곳이다. 한때 대릉원 사이를 지나가는 도로에 불과했지만, 지금은 전국의 젊은이들이 좌표를 찍고 오는 장소로 변했다. 소셜미디어에 인용되는 횟수로 보면 전국 3위의 ~리단길에 해당한다. 다른 ~리단길에 비해 업체 수가 적은 편인데도 불구하고 선전하고 있는 것도 놀랍지만, 경주에 유적뿐 아니라 젊고

'힙'한 감성도 있다는 것을 잘 어필하고 있다는 점에서 의미가 크다. 리단길의 등장은 이처럼 새로운 개발 없이도 얼마든지 풍부하고 다양한 장소성을 만들어갈 수 있음을 보여준다.

하지만 ~리단길 현상의 문제점과 한계도 분명하다. 한때의 유행이 아닌 의미 있는 장소 자원으로 과연 자리 잡아갈 수 있을까? 회의적인 의견도 많다. 아나나 다를까, 맏형격인 경리단길에서 쇠락 조짐이 나타나고 있다고 한다. 이른바 젠트리피케이션 현상이다. 중심상권을 피해 멀리 나갔다 해도 사람이 몰리기 시작하면 임대료 상승이라는 운명을 피하기는 쉽지 않은 모양이다. 이러다 보니 그 형제들의 운명도 그리 안심할 만한 것은 아닌 것 같다. 지역 정체성과 관계없는 명칭의 등장에 대해서도 논란이 많다. 서울의 지명을 본뜬 황리단길이라는 명칭이 대체 무슨 의미가 있으며 역사성, 장소성과는 어떤 관계가 있는가 하는 불만도 이유가 있다. 사실 경리단길이라는 명칭도 한때 육군경리본부가 있었다고 해서 생긴 관습적인 명칭일 뿐, 지역성과는 거리가 멀다. 원본도 정체성이 모호한데, 복제품까지 등장한 상황일 수 있다는 것이다.

~리단길 현상의 이면에는 이렇게 새로운 시대의 도시문화라는 긍정과 의미성이 결여된 유행에 불과할 수 있다는 우려가 공존한다. 유행을 잘 활용하되, 그것이 본질을 대체하지 않도록 하면서 지속가능하게 하는 지혜가 필요한 시점이다. 그저 한 시기의 유행의 힘만 믿고 무턱대고 나아가는 것은 껍질만 붙잡는 것에 다름 아니다. 경리단길의 이름값만으로만 해결할 수 없는, 각 지역만의 고유한 사정들이 다 있기 때문이다.

홍대입구를 아십니까

지역문화도시 조성사업과 관련한 단상

홍대입구는 우리나라의 젊은 문화를 대표하는 장소이다. 주말이면 한 걸음 옮기기도 쉽지 않을 정도로 많은 젊은 인파가 몰리곤 한다. 사람들이 찾는 이유는 여러 가지이다. 젊은 감각에 맞는 독특한 상점들이 눈길을 끌고, 독특한 카페와 디자인 숍이 즐비하다. 전국의 맛집들이 마지막으로 도전하는 최후의 승부처이기도 하다. 개방된 장소들도 다 재미가 있다. 철도가 사라진 자리에 들어선 광장에는 불과 십여 미터마다 한 팀씩 자리 잡고 거리공연으로 군중을 모으고 있고, 작은 공원도 플리마켓과 축제로 늘 활기가 있다. 무엇보다도 볼 만한 것은 클럽들이 모여 있는 거리이다. 젊은 활기를 한번 제대로 느끼고 싶다면 클럽데이의 홍대입구를 가봐야 한다. 발을 동동 구르며 입장을 기다리는 젊은이들이 거리를 빼곡히 채우면서, 그야말로 불야성을 이룬다. '서울 8경(?)'이 있다면 그중 하나로 꼽고 싶을 정도로 인상적인 장면이기도 하다.

홍대입구가 원래부터 이렇게 활발한 곳은 아니었다. 90년대 초까지만 해도 서울의 대학가치고는 차라리 한산한 곳이었다. 대학으로 향하는 오르막길에 미술학원들과 화방이 드문드문 서 있어, 그저 미술학도의 거리 정도로 여겨질 뿐이었다. 대로변을 벗어나면 오래되었지만 큼직한 주택들이 있었고, 그에 딸린 지하실은 예술가들의 작업장으로 쓰이곤 했다. 지금의 화려함과는 거리가 먼 것은 물론, 상업지로서의 성격도 별로 없었다. 하지만 그러다 보니 이 지역은 인근의 신촌지역과는 달리 비교적 싸게 작업장을 얻을 수 있는 곳이었다. 자연히 젊고 창조적인 예술가들이 하나둘 모여들게 되고, 그러면서 이 지역의 독특한 문화적 분위기가 형성되어 간다. 허름하지만 자유로운 홍대입구의 지하실에서 젊은 예술가들은 자신의 정신적 고향을 찾을 수 있었다.

그러던 90년대 후반에 나타난 소위 '언더그라운드' 문화는 아직 조용하던 이곳을 뜨겁게 달구기 시작한다. 제도권을 벗어나 자기만의 스타일을 추구하는 언더그라운드 예술계에 있어 홍대입구는 둘도 없는 행선지였다. 큼직한 지하실을 싼값에 빌려 마음껏 소리를 높여도 누가 뭐라 하지 않는 동네였기 때문이다. 점차 언더그라운드 문화의 용광로가 되어갔고, 자연히 이를 흠모하는 청년대학생들의 발걸음도 이어지기 시작한다. 예술문화를 좋아하는 청년대학생들이 모이다 보면, 음주 가무는 필수일 수밖에. 지하실의 작업장은 점차 작은 공연장의 성격을 띠게 되고, 아무나 와서 놀고 갈 수 있는 클럽들로 발전하게 된다.

하지만 제도권 밖의 문화는 언젠가는 불의 시험을 받기 마련이다. 2000

년대에 들어선 홍대입구도 예외는 아니었다. 사람이 몰리는 명소가 되고 나면 '큰손'들의 투자가 시작되고, 올라가는 임대료 때문에 정작 지역을 형성한 주체들은 몰려나곤 한다. 이른바 '둥지 내몰림' 현상이다. 가난한 '창조계층'들이 만들어낸 거리를 문화에는 관심도 없는 자본가들이 앗아 가 버리는, 아주 몹쓸 현상이다. 대로변은 모두 큼직한 건물로 변해 갔고, 작업장을 대 주던 뒷골목 단독주택들도 모두 상업 건물로 바뀌어 갔다. 언더그라운드 공연장들은 이제는 입장료를 주고 들어가야 하는 기업형 클럽으로 변해버린다. 둥지 내몰림은 오랫동안 형성된 독특한 지역문화를 이렇게 소멸시켜서, 어디서나 볼 수 있는 특성 없는 상권으로 바꾸곤 한다.

하지만 홍대입구는 조금 달랐다. 둥지에서 내몰린 새들이 도피할 수 있는 또 다른 나무들이 남아 있었기 때문이다. 동쪽 합정, 상수 부근의 미로와 같은 작은 골목길들이 바로 이런 도피처의 역할을 했다. 둥지에서 쫓겨나 창조계층은 자본화된 대로변을 피해 옆 골목으로, 다시 옆 골목으로 계속 피난을 갈 수 있었다. 이전의 모습은 아쉽게도 사라졌지만, 그래도 아직은 매력을 잃지 않고 있는 이유이겠다. 약육강식 원리가 지배하는 상업 구조 속에서 문화예술은 취약한 존재일 수밖에 없다. 이들이 살아남는 생태계가 조성되어야겠지만, 인위적 정책이나 사업이 성공하는 경우는 매우 드물다.

지역문화, 지역 활성화와 관련된 사업에 참여하다 보면 지역에 '홍대입구 같은 곳을 만들자'라는 표현을 종종 듣게 된다. 수십만 대학생들이 찾는 홍대입구를 너무 쉽게 표본으로 삼는 것도 문제이지만, 독특한 지역문화가 형성되는 그 길고도 복잡하며 예민한 과정을 너무 간단하게 보는 것이 아닌가 하는 생각을 피할 수 없다. 다른 사업들도 그렇겠지만 특히 지역문화는 단기적이고 인위적인 정책으로 승부를 볼 수 있는 사업과는 거리가 멀다. 급하다고 해서 유명한 지역을 모방해 바로 열매를 거두겠다는 접근은 곤란하다. 씨앗을 뿌리고 나면 은근한 기다림과 지속적인 관심이 필요한 것처럼, 지역문화 사업도 그렇게 진행되었으면 한다.

청년, 예술가를 위한 도시재생

청년창업과 관련된 포럼 참여 이후

도시재생사업이 본격화하면서 다채로운 사업들이 진행되고 있지만, 어디건 간에 빠지지 않고 등장하고 있는 것이 청년창업이나 예술가 지원과 관련된 프로그램들이다. 중앙과 지방을 가리지 않고 거의 모든 지역에서 약방의 감초처럼 빠지지 않고 등장하고 있다. 보통은 청년을 위한 창업 공간, 문화예술인을 위한 창작 공간을 도심부에 조성하고 그들이 입주해 활동하게 해주는 방식의 사업들이다. 여기에 요새 빠질 수 없는 '공유'라든가 '커뮤니티'와 같은 표현을 양념처럼 살짝 가미하고, 무슨 센터니 허브, 특구와 같은 거창한 표현으로 마무리하면 어디에 내놓기에 손색없는(?) 도시재생 사업 하나가 뚝딱 만들어지는 것 같다.

다소 냉소적으로 시작하긴 했지만, 원론적으로야 청년 계층에 대한 지원, 문화예술 활성화만큼 도시재생에 중요한 것도 없기는 하다. 도심을 매력적인 곳으로 만드는 데 있어 청년층이나 예술가들의 힘은 절대적이기 때문이다. 그럼에도 불구하고 재생사업에 '청년'과 '예술가'가 언급되는 방식에는 편치 않은 구석이 늘 있다. 일견 청년과 예술가를 존중하고 대우 하기 위한 사업인 것 같지만 실상은 그와 거리가 있기 때문이다.

얼마 전 관청에서 학교로 보낸 정책 제안서를 잠시 살펴볼 기회가 있었 다. 도심에 일종의 '개방형 캠퍼스'를 조성하여 각 대학이 연합으로 사용 할 수 있게 하겠다는 계획이었다. 지역 여건상 대학이 도심에서 너무 멀리 떨어져 있기에 이런 정책의 필요성은 나도 공감하고 있는 바였다. 하지만 정책 목표 부분을 읽으면서 공감의 끈은 끊어져 버린다. '쇠락하는 도심부 의 공실을 줄이고 상권을 활성화하고자 함.' 도심 캠퍼스 정책의 목표가 결국 상권 활성화라니, 여기에 담긴 난맥상을 어떻게 설명해야 할지 모르 겠다. 본말의 전도? 참여자의 도구화? 청년대학생을 지원하는 정책의 본 심이 공실 완화, 상권 활성화에 있다면, 이건 곤란해도 한참 곤란한 접근 방식이 아닐까. 대학생들이 즐겁고 보람 있게 활동할 수 있는 장을 펼쳐주 는 것, 그것 외의 다른 정책 목표가 있을 수 있을까? 그렇게만 된다면 주변 상권이야 애써 무시한다 해도 활성화되지 않을 리 없다.

도시재생 시대를 맞아 다급하게 청년과 예술가들을 도심으로 초대하고 는 있지만, 기실 그 속에는 그들 자체에 대한 존중보다는 이들이 가져올 상권 활성화에 대한 기대가 먼저 자리 잡고 있는 것 같아 씁쓸하다는 것 이다. 전에 없이 이들을 위한다는 사업들이 쏟아지고 있다. 하지만 그것이 청년들의 어려움에 대한 공감, 예술가들의 창작 노력에 대한 존중에서 출발한 것이 아니라면 과연 어떤 의미가 있으며, 진정한 효과를 발휘할 수는 있는 것일까.

재생 시대의 정책은 성장하던 시대 정책과는 다른 문법으로 쓰여야 한다고 생각한다. 차가운 분석, 비용 대비 편익 같은 것이 성장 시대의 문법이었다면, 재생 시대의 문법은 오히려 정책 밑바탕을 흐르는 '진심'이어야 한다. 이것이 있어야 불확실한 시기를 살아가는 지역민들을 보듬어 진정한 참여자로 변모시킬 수 있기 때문이다. 그렇게 그들이 움직일 수 있어야 비로소 재생의 길이 열리기 때문이다.

재생을 위한 신묘한 정책이 따로 있는 것은 아니다. 좋은 도시를 만들기 위해서 우리가 이미 했어야 했던 것들을 모아 놓은 것일 뿐이다. 재생정책은 금방 손에 잡히는 열매를 가져다줄 그런 성격의 것도 아니다. 그렇기에 더욱더 대상에 대한 이해와 공감에서부터 출발해야 한다. 지름길로 달려가 결과물만 따 먹을 방법은 애초에 없는 것이다. 청년을 위한 사업이면 청년층에 대한 공감에서, 예술가를 위한 사업이면 예술에 대한 관심에서 출발했으면 한다. 청년이, 예술가들이 마음을 열고 지역에서 자리 잡을 수 있다면 재생은 자연스러운 결실로 우리를 찾아올 것이기 때문이다.

공유경제라는 환상

공유경제 확산 상황에 대한 단상

어느 새부터인가 도로에 배달 오토바이가 부쩍 늘어난 것 같았다. 그 이유는 한참 뒤에나 알게 되었다. 바로 '배달 앱' 때문이었다. 원래 각 식당별로 인력을 고용하여 음식을 배달하던 것이, 몇 년 전부터는 '○○○민족'과 같은 공유배달 업체가 나타나 이를 대행하기 시작한 것이다. 배달서비스를 공유하여 비용을 아낄 수 있다는 취지에, 결국 전국 대부분의 음식점이 가입하기에 이른다. 그런데 그 뒤의 전개상황이 참 괴상하다. 춘추전국처럼 여러 업체가 경합하다가 나중에는 한 업체가 천하통일을 이루는가 싶더니, 다시 몇 조라는 엄청난 가격에 독일 업체에 인수된다. '게르만민족'이 '배달의 민족'을 대체하게 되었다는 우스갯소리도 나왔다. '공유경제'니, '모바일경제'니 하면서 새로운 모델인 것처럼 포장되었지만, 결과는 이처럼 기대와 너무 달랐다. 자영업자는 배달 앱에 묶이고, 고객들은 원래는 없던 배달비를 내게 된 것이다. 가장 중요하게는, 글로벌 대기업이 지역 자영업 영역에까지 들어오게 되었다는 것이다. 공유경제의 결과물치고는 너무도 뜻밖이다.

　오늘날은 '키워드'의 사회이다. 대부분의 소비와 교류가 이제는 인터넷 검색을 통해 이루어진다. 그래서 인지도가 높은 키워드 하나가 가지는 힘은 엄청나다. 그러다 보니 사회적 분위기가 키워드를 만들기도 하지만, 그역으로 키워드가 사회의 분위기를 좌지우지하기도 한다. 키워드가 사회적 흐름, 즉 대세를 만들어갈 수 있다는 것이다. 최근 공유경제가 바로 그런 영향력을 가지는 키워드이다. 사회를 바꿀 최신 패러다임의 하나로 늘 꼽히다 보니, 이제는 어디든 공유경제라는 말만 붙으면 첨단에 바람직한 사업인'양 인식되어버린다. 하지만 키워드는 사실 한두 개의 단어일 뿐, 어떤 가치를 단단히 매어두는 수단이 되지 못한다. 수없이 반복, 복제되고 퍼져가는 가운데 그 의미가 왜곡되고 변질되는 경우가 얼마든지 있을 수 있다. 바로 여기에 키워드 사회의 위험성이 있다. 공유경제라는 키워드가 대표적인 사례가 아닌가 한다.

　사실 공유라는 표현에는 양극화, 성장한계를 겪는 이 시대에 필요한 가치와 방향성이 담겨 있다. 개인이 가진 필요 이상의 자산과 서비스를 공유 시장에 내놓음으로써 약간의 소득을 올릴 수 있고, 이를 소비하는 개인 역시도 적은 부담으로 원하는 것을 누릴 수 있다. 자원 낭비를 줄이고 지역의 고용도 늘어날 수 있다. 공급과 소비가 보다 인간적으로 맺어질 수 있다는 것도 장점이다. 고급, 첨단, 대량생산 중심의 현실에서 이처럼 공유를 통해 얻을 수 있는 것은 적지 않다.

하지만 공유경제의 의미는 이제 처음과는 완연히 다른 방향으로 나아가고 있는 것 같다. 주거 공유를 위한 '에어비앤비'가 나타날 때까지만 해도 괜찮았다. 그러다 교통수단을 공유하는 '우버택시'가 나타나면서부터는 일종의 정보통신사업처럼 의미가 변해갔다. 그리고 이제는 아예 독점 플랫폼을 만드는 사업으로까지 인식되고 있다. 공유라는 가치를 실현하는 도구 중 하나인 정보통신 플랫폼이 이제는 오히려 주인공이 되어버린 격이다.

음식점마다 힘들게 유지하는 배달인력을 함께 공유한다는 아이디어에서 출발한 배달 앱도 처음에는 공유의 가치를 담았는지 모른다. 하지만 결과는 글로벌 독점기업의 탄생으로 끝났을 뿐이다. 최근 논란이 되는 이른바 '공유 승차' 사업도 마찬가지이다. 언뜻 보기에는 차고 넘치는 자동차를 공유함으로써 편의를 높이고 서민들도 이익을 얻는 사업인 듯하다. 하지만 앞의 사례들에서 비추어 보면, 각 지역의 택시영업까지도 대기업이 주름잡게 되는 결말을 충분히 예상해 볼 수 있다. 공유경제라는 포장 속에서 약간의 편의를 미끼로 하여 대기업이 영세업체들까지도 좌지우지하게 되는 것, 이것이 과연 첨단이고 가야 할 미래일까.

단지 '공유경제'라는 대세 키워드에 반할 것이 아니라, 그 가치가 제대로 발휘되는 사업과 정책을 진지하게 찾아보았으면 한다. 공유경제 개념에는 오늘날 경제체계가 해결하지 못한 틈새들을 막아줄 수 있는 힌트들이 많이 들어 있다. 또한, 공유경제는 탈중심화, 지방 자립, 참여경제와 같은 방향성과도 잘 어울리는 개념이다. 그러기에 앞이 보이지 않는 팬데믹 상황 속, 자족적이고 자발적인 지역경제가 강조되는 시점에는 더욱더 필요한 개념이라 생각한다. 기업과 시장의 논리에 그저 맡겨둘 것이 아니라, 각 도시들이 나서서 적극적으로 정책화해가야 할 대상인 것이다. 공유경제의 의미를 제대로 고찰하여 힘든 시기를 지나가는 귀중한 정책 도구로 활용할 수 있었으면 한다.

오렌지족에서 강남좌파까지

강남좌파 논란에 대한 단상

제목만 보고 최근 이슈가 된 한 사람에 대한 논평인 줄 아시는 분도 있겠다. 하지만 이 칼럼은 여전히 도시에 대한 이야기이고, 만인이 꿈꾸는 신기루와 같은 땅, '강남'에 대한 것이다. 강남을 대체 어떻게 정의해야 할까? 혹자들은 그저 강남구를 말하는 것으로 생각할지도 모르겠다. 하지만 그렇지 않다. 강남구에도 의외로 서민층이 사는 지역이 꽤 많다. 오히려 서초구 방배동 일대가 알짜배기 강남으로 불리기도 한다. 행정구역개념으로 볼 수 없다는 것이다. 도시학 개념을 빌린다면 강남 같은 지역은 '기능 지역' 개념으로 설명해야 할 것 같다. 기능 지역이란 사회적 교류가 그 내부에서만 발생하는 지역을 말한다. 친교도, 거래도, 이사를 오가는 것도 대부분 그 내부에서 발생할 뿐, 다른 곳과 이루어지지 않는다는 것이다. 강남이 실제 이렇다. 강남에 진입한 사람은 밖으로 나오지 않고, 다른 지역 사람이 그 안으로 진입하지 못한다. 나는 오늘 강남을 우리 사회의 '블랙홀'로 표현하고 싶다. 모든 보암직한 것들을 다 흡수해 버리는 블랙홀.

강남은 가장 먼저 '부(富)'를 흡수한다. 강남은 1960~70년대 서울 확장 사업의 결과이다. 대부분 모래밭에 불과하고 지명이라 해봤자 말죽거리 정도밖에 없던 땅이었다. 하지만 고삐 풀린 수출증대, 인구증가가 가져온 지가 상승의 엄청난 탄력은 강남 아파트단지에 제대로 걸려버린다. 여기에 어찌 아파트 한 채라도 구입했더라면, 그 인생은 이미 구원 열차(?)에 올라 탄 것임을 당시에야 어찌 알랴. 하지만 강남은 80년대까지도 여전히 '졸부'들 사는 곳 정도로 인식되었다. 어쩌다 땅값 올라 벼락부자 된 곳, 서울의 종갓집 같은 종로와는 격을 비교할 수 없는 곳. 그래서 이 시기의 키워드는 '오렌지족'이다. 강남 부잣집 자제들이 빨간 스포츠카를 타고 다니며 오가는 미녀들에게 오렌지를 던져준다는, 이 전설 같은 이야기는 사람들로 하여금 강남 부자들을 혐오하게, 그러면서 속으로 은밀히 질투하게 만들어 주었다.

1980년대의 강남은 이제 '교육'을 흡수한다. 졸부를 탈피하고 격을 높이는 데는 교육환경만 한 것이 없었다. 유수의 고등학교들이 강남으로 이전하고, 건설로 돈을 번 재벌기업들도 이곳에 학교를 개설하기 시작한다. 거기에 자식 교육에 물불을 가리지 않던 사모님들의 치맛바람까지 작용하면서 교육 최고봉 8학군의 시대가 열린다. 그래서 이 시기 키워드는 '강남 싸모님'이 되겠다. 강남 교육환경의 설계자들이며, 이를 통해 또 한 번 땅값을 부스트업한 주인공들이다.

1990년대로 넘어가면서 강남은 이제 '명예'를 흡수한다. 이른바 파워 엘리트라 부를 수 있는 정치인, 기업인, 법조인, 전문직 등이 강남으로 이주하기 시작한 것이다. 70년대에는 그들 중 불과 0.8%만이 살고 있었지만, 1990년대 초반에는 무려 67.4%가 강남에 살고 있었다 한다. 강남은 더 이상 졸부의 땅이 아닌, 부와 명예를 겸비한 영감님들의 땅으로 격상되어 간 것이다.

2000년대로 가면서, 강남은 이제 '문화예술'도 흡수해간다. 그 정점은 '강남 스타일'이었다. 원래 이 노래는 강남 사람처럼 보이고 싶어 안달 난, 천박하고 허세스러운 한 오빠를 풍자한 것이다. 강남에 대한 풍자일 뿐, 결코 찬양일 수 없었다. 그런데 이 B급 감성의 노래가 세계적 히트송이 되고, 졸지에 글로벌 수준의 문화로까지 격상되어 버린다. 급기야 강남구는 이 가수에게 지역 홍보상을 수여하기까지 한다. 강남을 풍자한 노래가 강남을 찬양하는 노래로 뒤바뀌어 버린 것이다. 풍자도 찬양으로 윤색해 버리는 것, 그게 바로 강남의 힘인가. 강남 한복판에 자리 잡은 연계기획사들이 재벌급의 기업으로 성장해가며, 강남은 아시아 전체 문화중심지가 되어갔다.

2019년, 우리는 또 다른 키워드에 익숙해지고 있다. 바로 '강남좌파'이다. 부와 명예, 스타일을 다 갖추었지만, 그래도 마음만은 하층민을 위한 공정사회를 향하고 있다는 그들. 자못 고마운 일이다. 하지만 두렵다. 혹시 강남이 마지막 남은 것마저 흡수해가려는 것은 아닐까. 강남이 아직 가져가지 못한, 가져갈 수도 없었던 그것. 그것은 바로 '진보'라는 가치관이다.

과거에는 투박하고 거칠어 아무도 거들떠보지 않던 이 단어가 이제는 꽤 스타일리시한, 보암직한 것이 되어버렸다. 부와 명예의 슈트를 입은 사람이 진보적 가치관이라는 브로치까지 달 수 있다면, 캬, 그보다 멋진 게 어디 있겠는가 말이다.

하지만 이제는 말하고 싶다. 좀 가진 것들로 만족했으면 좋겠다고 말이다. 부탁이니, 진보라는 가치관은 정말이지 억눌리고 억울해서 외쳐야만 하는 사람들이 가져가게 좀 놔두자. 영화 대사를 빌어 이렇게 말하고 싶다. "꼭 그렇게 다 가져가야만 속이 후련했냐!"

광장의 정치학

광화문 광장 리모델링 논란에 대해

광화문 광장의 처리를 놓고 서울시가 홍역을 치르고 있다. 이전 시장이 추진하던 광장의 리모델링을 지속하느냐, 중지시키느냐 하는 것이다. 상당한 비용이 투입된 처지라 중지시킬 수는 없다는 의견과 불필요한 사업을 굳이 진행해야 하는가 하는 반발이 부딪히고 있다. 애초에 이 시점에 대규모 공사가 결정되었는가 하는 부분도 설왕설래의 대상이다. 단순한 문제가 아닌 것은 원래 광장이란 곳이 다분히 정치적인 함의를 가지는 공간이기 때문이다. 특히 광화문 광장처럼 권력 핵심의 전면부에 놓인 대규모 광장이 가지는 정치적 영향은 엄청나다. 그 배후에는 언제나 '광장의 정치학'이 작용한다.

사실, 광장이란 장소 자체가 정치적인 의미를 품고 탄생했다. 그리스의 아크로폴리스, 아고라가 그것이다. 신전으로 둘러싸인 이 광장들은 그리스의 성년 남성들이라면 모두 나와 정치적인 견해를 펼치는 장소였다. 백이십 미터에 불과한 광장의 크기는 목청을 높이면 모두에게 말할 수 있는, 직접 민주주의를 위해 절묘하게 디자인된 스케일이었다. 광장 정치의 전통은 로마의 '포럼'으로 이어진다. 상점이나 관공서 등으로 둘러싸인 포럼은 그리스 때만큼은 아닐지라도 역시 정치적인 논쟁과 집회가 활발한 장소였다. 포럼이라는 표현이 지금은 참여형 토론을 의미하는 것도 이 때문이다.

중세 이후 한동안 광장은 시장이나 축제를 위한 일상적 장소였고, 정치기능은 탈색되어 갔다. 하지만 시민 혁명의 시대인 18세기 말, 프랑스에서 광장의 정치학은 다시금 고개를 든다. 루이 16세로 대표되는 절대왕정은 사치스러운 위엄을 과시하기 위해 파리 한가운데 광활한 콩코드 광장을 조성한다. 하지만 그렇게 만든 광장은 아이러니하게도 시민혁명세력이 도시를 장악하는 거점이 되어버린다. 결국, 왕과 왕비마저 단두대에 처형하는, 시민 권력의 상징과 같은 공간이 되고 만다. 권력에 있어 광장은 이처럼 양날의 검이고 반전이 있을 수 있는 무섭고 부담스러운 공간이다.

20세기 이후의 모든 혁명적 움직임들 또한 광장을 매개로 해서 진행되었음은 우리가 보아온 바이다. 사회주의의 몰락도, '아랍의 봄'도 광장을 메운 시민들의 모습들로 기억되고 있다. 광장의 움직임이 모두 성공한 것은 아니었다. 중국 천안문 광장은 20세기 민주화 운동의 정수로 남을 뻔했지만, 비극적인 결말과 함께 일단은 역사의 뒤안길로 숨을 수밖에 없었다. 홍콩의 경우는 더 어려웠다. 시민의 절반이 나서 당찬 거리의 저항을 보여주었지만, 폭압과 팬데믹이라는 이중의 억압 앞에 수그러들 수밖에 없었다. 파리와 같은 시민 광장이 없었기에 더욱 어려운 싸움이었다. 광장과 시민의 저항은 이처럼 불가분의 관계이다.

광장의 정치학에서 우리나라도 예외는 아니었다. 최초의 대규모 광장이면서 군부의 집권을 상징하던 5.16 광장이 대표적인 사례이다. 이 광장은 민주화 이후에는 대통령 직선을 위한 유세 장소로 반전되었고, 지금은 다시 시민들을 위한 공원으로 바뀌었다. 광장의 모습이 우리나라의 정치 지형 변화를 그대로 반영하고 있다. 시민 광장의 흐름은 다시 2008년 광화문 광장으로 이어졌다. 조선조 왕의 '주작대로'였던 이곳을 시민 광장으로 전환하는 사업이 시작된 것이다. 여러 대안 중 선택된 것은 의외로 양쪽이 도로로 분리되어 접근이 쉽지 않은 형태의 '중앙광장'이었다. 광장 내부에는 어린이들을 위한 물놀이 공간까지도 설치되었다. 광장을 조성하되, 정치적 용도로 활용될 가능성은 최소한으로 줄이려는, 그런 은밀한 선택이었다고나 할까. 그도 그럴 것이, 광장의 정치학을 이해하는 사람이라면 청와대 앞마당과 다름없는 이곳에 수만 명이 운집할 수 있는 광장을 그리 쉽게 만들 리 없다.

알다시피, 그럼에도 불구하고 광장의 정치가 제거되지 못했다. 결과는 2016년 연말의 이른바 '촛불집회'로 나타났다. 대통령이 광장에 의해 탄핵되는 초유의 결과라니, 18세기에나 있었을 법한 광장의 반전이 21세기 서울의 중심부에 다시 출현한 것이다.

다시 현실로 돌아와 지금 문제가 되는 광화문 광장의 리모델링을 살펴본다. 탄핵의 기점이 되기는 했지만 여전히 대규모 집회에는 유리하지 않던 광장을 다시 확장한다는데, 거기에 어떤 정치적 함의는 없는 것일까. 언뜻 보아서는 광장을 넓히고 보도와 연결하여 시민 광장의 성격을 완성하는 사업인 듯하다. 하지만 그렇게 보기에는 사업의 시기가 너무나 절묘하다. 대선과 정권교체가 1년도 채 남지 않은 시점이라니. 광장 리모델링 사업이 시작되면 최소 1년간 광화문 광장은 집회가 어려운 공간이 되어버리기 때문이다. 결국, 공사와 안전이라는 명목으로 자연스럽게 광장의 정치를 막을 수 있게 되는 것이다. 시위나 집회가 멈추는 1년간의 리모델링, 이 또한 다분히 정치적인 선택일 수밖에. 다시 말하지만, 광장은 양날의 검이요, 반전의 공간이다. 이제 어느 정권에게나 피할 수 없는 부담이 되어버린 광화문 광장, 이 광장을 둘러싼 정치학은 앞으로도 이렇게 계속될 것 같다.

메트로 블루스

코로나로 인한 지하철 중단 우려에 대하여

도시를 도시답게 하는 가장 핵심적인 기반시설 하나를 뽑자면 어떤 것이 될까? 그것은 단연 지하철일 것이다. 도시가 지하철을 만들고 지하철이 있어서 비로소 대도시가 움직일 수 있다. 수백만의 사람들이 그리 크지 않은 면적에서 '콤팩트'하게 살아갈 수 있다는 것 자체가 지하철이 아니고서는 불가능한 일인 것이다. 하루에도 수백만 명을 지하로 안전히 이동시켜주는 이 수단 때문에 우리는 비로소 지상을 우리가 필요로 하는 건물과 공원, 광장으로 채울 수 있다. 현대 문명의 정수와 같은 발명품이 아닐 수 없다.

하지만 지하철은 생각보다 오래된 물건이다. 아직 증기기관차 시절이던 1851년 런던에서 처음 도입되어 연기로 영국신사들의 수염을 시커멓게 만들었다고 한다. 이후 170년의 발전과정을 거쳐 이제는 우리가 보듯 연기도 소음도 없는 정교한 교통시스템으로 자리 잡아 왔다. 수많은 사람들이 그것도 땅속에서 편안하게 이동할 수 있다는 것 자체가 현대 도시의 기적에 다름 아니라 하겠다.

지하철은 단순히 교통수단이 아닌 대도시 시민들의 생활문화 그 자체이기도 하다. 어린 시절 처음으로 지하철과 조우하던 때가 기억난다. 어느 날 갑자기 동네 아이들의 세계가 뒤숭숭해졌다. 근처 사거리에 '지하철'이란 것이 들어왔다는 소문 때문이었다. 달려가 보니 4라는 숫자가 쓰인 파란 표지판 아래 지하로 내려가는 큰 계단이 있었고, 그 아래에는 상상도 못 할 지하세계가 놓여 있었다. 게다가 파란 기차가 굉음을 내며 땅속을 달려오고 있었다.

하지만 이 희한한 시설에 우리는 곧 익숙해졌다. 그리고 금세 이것을 세상을 탐험하는 통로로 삼기 시작했다. 어두운 터널을 따라 한참을 달려가 땅 위로 나와 보면, 거기에는 전에 가보지 못했던 명동이며 강남사거리 같은 딴 세상이 놓여 있었다. 마치 고대의 보물을 찾는 탐험가들이 어두운 땅속을 더듬고 나아가듯이, 나와 내 친구들도 지하철이라는 동굴을 통해서 새로운 세상을 발견해갔다.

지하철은 이렇게 현대 도시 생활의 가이드와 같은 시설이다. 도시 내에 존재하는 많은 볼 것들, 즐길 것들, 말하자면 도시의 구슬과 같은 보물들을 꿰어주는 목걸이다. 크고도 복잡해 누구라도 감히 엄두를 내지 못하는 도시 공간을 편안히 돌아다니게 해 주는 오늘날의 항해도이다. 그래서 대도시의 모든 생활과 문화가 지하철을 중심으로 만들어지고 있다고 해도 과언이 아닐 것이다.

도시 생활의 정수인 지하철에 대한 예찬은 '마지막 잎새'로 유명한 작가 오 헨리에서 절정에 달한다. 그는 뉴욕을 '지하철 위의 바그다드'라고 부르곤 했다고 한다. 신드바드가 어두운 동굴 속 보물을 찾아다니며 천일야화의 이야깃거리를 만들었듯, 오늘날 뉴요커들은 지하철을 통해 도시를 돌아다니며 현대의 천일야화를 만들고 있다고 생각했기 때문이다. 현대 도시인들은 지하철을 타고 이동하는 동시에 부지런히 보고 배우며 느끼고 살아간다. 만남, 연애, 패션, 음악, 심지어 운동까지 생활문화의 모든 것이 지하철과 직간접으로 관련되어 있다고 해도 틀린 말이 아닐 것이다.

그렇게 보면 지하철이 '메트로(Metro)'라 불리는 것도 충분히 이해할 만하다. 메트로는 사실 인구 백만 이상의 대도시를 가리키는 '메트로폴리스(Metropolis)'에서 떨어져 나왔다. 그런데 메트로폴리스란 그리스 어원으로 '어머니 도시'라는 뜻이다. 결국, 지하철을 가리키는 메트로는 '어머니'를 의미한다는 것이다. 물론 표현과 의미가 분리되면서 나타난 오해에 가까운 단어일 것이다. 하지만 대도시 시민들이 마치 어머니의 품속으로 들어가듯 부지런히 지하철로 들어가고 나오며 하루하루를 생활하는 모습을 보면 그리 틀린 표현도 아닌 것 같다.

겨울 들어 코로나 확진자가 급증하면서 지금 수도권에서는 지하철에 대한 의구심이 높아져 가고 있다. 사실 지하철에서의 밀집도는 다른 어떤 시설도 따라가지 못할 정도로 높다. 출퇴근 시간이면 60제곱미터 남짓한 한

칸에 수백 명이 몰리기 때문이다. 그럼에도 지하철의 위험성에 대해서는 누구도 쉽게 입에 올리지 못하고 있다. 확산 방지를 위해서라면 당장 이용 금지해야 할 시설이겠지만, 정부로서도 차마 그러지는 못하고 있는 것 같다. 그도 그럴 것이, 지하철이 멈춘다는 것은 도시 자체가 멈추는 것과 다름없기 때문이다. 게다가 지하철의 품에 기대어 팍팍한 삶을 그나마 이어가는 취약계층들이 입게 될 피해는 더 문제이다. 하지만 확산세가 이렇게 이어진다면 어느 선에서인가는 결국 지하철도 멈춰야 하는 때가 올지도 모르겠다. 팬데믹은 이렇게 우리가 쌓아 온 많은 것들을 흔들고 있고, 도시 문명의 정수마저도 위험지대로 만들어가고 있다.

소셜미디어가 만들어가는 도시

소셜미디어의 영향에 대한 단상

미래도시에 대한 전망은 늘 흥미로운 주제이다. 특히 정보통신기술의 발전이 도시 공간에 미칠 영향에 대해서는 많은 관심이 있었다. 1985년에 나온 세계적인 히트작 영화인 '백투더퓨처'에는 주인공이 타임머신을 통해 2015년으로 가는 장면이 나온다. 그래서 영화에서 표현된 2015년, 그리고 현실의 2015년을 비교하는 재미있는 영상들도 많이 만들어졌다. 결과는 어땠을까. 의외로 도시의 기계적 발달은 상당히 더딘 것으로 나타났다. 영화처럼 하늘을 날아다니는 자동차도, 음식물을 만들어주는 집도 아직 나오지 않았다. 하지만 당시 상상보다도 더 놀랍게 발달한 분야가 있다. 바로 정보통신이다. 영화 속 주인공은 아직도 전화기를 쓰고 고작 화상통신 정도를 하는 것으로 나오지만, 이미 우리는 손안의 작은 기계에서 그 모든 것을 더 편리하게, 그것도 무선으로 처리하고 있다.

정보통신 기술이 도시 공간에 미칠 영향에 대한 많은 예측이 있었다. 그 중에서도 미래학이라는 분야를 널리 알린 앨빈 토플러의 예측은 유명하다. 그의 예측은 크게 보아 두 가지로 요약될 수 있다. 바로 재택근무와 탈중심화 현상이다. 정보통신이 발달하게 되면 사람들이 굳이 대면 접촉할 필요가 없어진다는 것이다. 그렇게 되면 아침마다 교통체증을 무릅쓰고 출퇴근하면서 도심부에서 근무할 이유도 사라진다. 그래서 미래에는 가정에서 가족들과 편안한 시간을 보내면서 업무를 처리할 수 있을 것으로 보았다. 이른바 재택근무이다. 그러다 보면 도심부를 가득 채운 업무지구는 사실상 필요가 없게 된다. 업무시설 개념은 사라지고 자연히 도심도 해체되어 간다. 그래서 앨빈 토플러의 '제3의 물결'이라는 책에는 업무지구가 텅 비어버린 21세기 도시를 묘사해놓기도 한다.

하지만 40년 가까이 지난 지금, 정보통신 기술은 상상 이상으로 발전했음에도 불구하고 그런 변화는 나타나지 않고 있다. 재택근무는 미미한 지경이고, 도심의 금융업무 타운은 아직도 건재하다. 왜 그럴까. 여러 이유가 있지만 가장 근본적으로는 예상과는 달리 정보통신이 사람들의 대면접촉을 대체하지는 못했다는 것이다. 손안에 가진 스마트폰만으로도 이 세상 누구와도 실시간 소통할 수 있다지만, 실제로 우리가 사용하는 톡의 대부분은 우리 주변의 가족과 친구를 향한 것일 뿐이다. 발달한 통신수단이 소통의 범위를 넓히기보다는 오히려 기존의 대면접촉을 강화하는 쪽으로 쓰이고 있다. 업무기능에 있어 정보통신 수단의 역할이 다소 과대평가되었다는 비판이 나오는 이유이다.

하지만 이른바 소셜미디어 단계로 넘어가면서 어떤 변화의 낌새가 나타나고 있다. 업무시설이 아닌 여가, 쇼핑과 관련된 정보통신의 영향이 점차 분명해지고 있다. 우리나라에서 최근 발생한 상권들이 그 좋은 사례이다. 경리단길, 황리단길 등 입지 여건만으로는 주목받기 어렵던 상권들이 소셜미디어의 바람을 타고 전국적인 명소가 되곤 한다. 대로변이 아닌 주택가 골목길에 숨어있던 가게들에 고객이 줄을 잇는 경관을 본다. 접근성과 중심성이라는 도시지리학의 전통적인 문법으로는 읽을 수 없는, 정보통신의 영향으로만 이해될 수 있는 현상이다. 또 다른 조짐은 대형유통업의 급격한 쇠락이다. 지난 분기 사상 최초로 대형마트가 적자를 보기 시작했다고 한다. 우후죽순처럼 나타나던 대형마트 중 상당수가 가까운 장래에 사라지지 않을까 하는 예측마저 나오고 있다. 소셜미디어를 기반으로 하는 개인 온라인 쇼핑이 발전하면서, 이제는 채소와 같은 신선식품까지도 개별 배송을 하는 방식으로 바뀌어 가고 있다. 그러다 보니 대형 유통매장의 수요와 매출액은 당연히 줄어갈 수밖에 없다. 재래상권을 보호한다고 대형마트를 억제하는 정책도 조만간 옛이야기가 될지 모른다.

아직은 도시의 일부에서 나타나는 소소한 변화들일지 모르지만, 소셜미디어라는 새로운 세대의 문화가 도시를 바꾸어 가는 전초단계일 수 있다는 점에서 의미가 있다. 이제 젊은 세대들은 무언가를 선택하는 데 있어서 더 이상 기존 도시구조에만 의존하지는 않는다는 것이다. 예상과는 달리 업무보다는 상업 기능에서부터 나타나는 이러한 변화들이 장차 도시를 어떻게 바꾸어 갈지 자못 궁금해지는 시점이다.

한편 지방 도시들에 이런 변화는 또 다른 숙제가 아닐 수 없다. 업무기능은 빈약하고 상업 위주로만 구성된 지방의 도심부이기에 이런 변화의 영향은 더 크게 나타날 수밖에 없기 때문이다. 안 그래도 이미 비어가던 지방의 도심부와 상권들이 더 큰 위기로 돌입하게 되지 않을까 걱정이다. 이처럼, 이래저래 찾아오는 변화의 흐름들을 기대해보고 싶지만, 지방도시에 유리하다고 할 수 있는 국면은 찾아보기 어려운 것이 지금의 현실이다. 막연한 기대로 변화에 몸을 맡기기보다는, 그 득실을 적절히 파악하면서 미리 대응해나가는 것 외에는 별다른 방법이 없을 것이다.

'방 문화'에서 '밖 문화'로

팬데믹에 따른 영업중단 사태에 대한 단상

수도권의 잇단 바이러스 확산에 시민들은 느슨해진 마스크 끈을 다시 조이고 있다. 그 상황이 생각보다 심각하다. 병원과 종교단체가 기점이 되었던 대구·경북과는 달리 실내 유흥시설이 문제가 되고 있다. 이태원 클럽이 처음 떠오르더니, 이내 안마방, 룸살롱, 피시방, 감성주점, 노래방 등으로 폭탄이 돌아가고 있다. 문제는, 이런 실내 유흥시설을 병원이나 종교단체처럼 통제하기는 불가능하다는 것이다. 영업을 통제한다지만, 대체 어떤 업종을 어떤 기준으로 할 것인지 판단이 쉽지 않다. 업주들의 항의도 항의지만, 당장 놀 곳을 잃게 되는 젊은 층의 불만도 문제이다. 오늘날 대부분의 유희가 실내 유흥시설, 즉 '××방' 안에서 이루어지는, 그야말로 '방 문화' 전성시대이기 때문이다.

어느 나라를 가더라도 한국처럼 상가가 많고, 특히 '××방'이 많은 나라가 없다. 유흥, 휴식, 모임, 만남, 운동 등 그 분야도 다양하다. 노래방, 피시방, 룸살롱은 오래전부터 성업 중이고, 최근에는 각종 레저, 스포츠 업종까지도 방 문화 대열로 들어오고 있다. 멀티방, 폴스방, 방탈출방, 안마방, 보드방 등이 생겨났고, 운동은 물론 최근에는 골프나 야구까지도 실내로 들어가 성업 중이다. 사실상 한국인이 먹고 마시고 즐기는 모든 것이 '××방' 형태로 존재하고 있는 게 아닐까 하는 생각도 든다.

하지만 원래부터 한국인들이 이처럼 방 문화를 좋아했던 것은 아닌 것 같다. 한국인들의 유희 문화가 주로 마당, 장터와 같은 외부공간에서 이루어졌음을 알고 있다. 90년대 중반까지만 해도 한국인들은 여전히 실외 지향적이었다. 단체의 단합은 으레 등산을 통해 이루어졌고, 고궁이나 공원에서 약속을 잡는 경우도 많았다. 특히 대학생들의 문화가 그랬다. 캠퍼스 잔디밭이나 나무 밑에 삼삼오오 모여 대화하는 모습은 대학 생활의 전형이다시피 했다. 서울 혜화동의 마로니에 공원처럼 주말이면 젊은 층들이 모여들어 밤을 새우며 즐기는 야외 명소도 있었다.

그러다 방 문화가 본격적으로 등장하기 시작한 것은 90년대 중반이다. 가라오케가 우리나라에 '노래방'이라는 이름으로 수입되면서 모든 모임의 이차 장소로 각광을 받기 시작한다. 그다음 타자는 '피시방'이었다. 인터넷 게임의 유행과 함께 등장한 피시방이 젊은이들의 여유시간을 몽땅 쓸어가기 시작한다. 이 두 가지를 통해 교두보를 확보한 방 문화는 이후 유흥과 레저 영역 전반으로 퍼져나가면서 오늘날까지 이어지고 있다.

이러다 보니, 과거의 눈으로 보면 어색한 장면들이 적지 않다. 특히 대학생층의 문화가 그렇다. 대학생들의 놀이문화는 대부분 실내로 전환된 지 오래다. 공강 시간 대학생들의 발걸음은 잔디밭이 아니라 주로 카페와 피시방으로 향한다. 야외를 무대로 하는 엠티, 축제, 체육대회 같은 행사도 사라져가고 있다. 주말의 여흥은 이제 마로니에 공원이 아닌 '감성주점'과 '클럽'이 대신하고 있다. '스타벅스가 공원의 역할을 대신하고 있다'라는 한 도시학자의 지적이 한국에 그대로 적용되고 있다.

팬데믹 상황이 달가울 리는 없다. 하지만 우리로 하여금 한 걸음 멈추어 그동안의 생활방식과 생활문화를 되돌아보게 하는 효과가 있는 것은 사실이다. 그래서 생각해 본다. 그동안 우리는 방 문화의 비밀스러운 편안함에 너무 길들여진 것은 아닌지. 에어컨과 인공조명이 만들어주는 당장의 안락함에 세뇌되어 온 것은 아닌지 말이다. 누구에게나 열려 있고 누구나 만들어갈 수 있는 공공의 장소보다는, 누군가가 이미 조정해 놓은 실내 세팅 속에서 보내는 인생에 익숙해져 버린 것이다.

팬데믹 시기에 방 문화가 아닌 밖으로 나가는 문화가 살아났으면 한다. 건강을 위해서이고, 또 도시를 위해서이다. 조절된 인공의 조명과 환기가 아닌, 자연의 햇살과 공기에 다시금 적응해갈 때이다. 공원과 광장, 그리고 그린웨이가 팬데믹 시대 시민들의 쉼터로 자리 잡아가면 좋겠다. 공공관청이나 도서관도 앞마당에 벤치와 파라솔을 내어놓고 과거와 다른 모습으로 시민들과 만나야 할 때이다. 노천카페나 노천식당도 과감히 허용했으면 한다. 가게 앞 도로나 주차 칸에 좌석 몇 개를 놓는다고 해서 통행이 대단히 악화되는 것도 아니기에. 심지어는 젊은 층의 음주 가무도 어두운 지하로부터 끌어낼 수 있으면 좋겠다. 공원이나 운동장을 활용한 '야외 클럽'도 불가능한 것은 아니다. 세계 최초의 클럽인 영국의 복스홀도 사실 야외 공원이었다고 하지 않는가. 앞이 보이지 않는 위기의 상황이라 해서 통제와 영업정지만이 능사는 아니다. 각 도시마다 현명한 대안을 찾았으면 한다. 그중의 하나가 이처럼 '밤 문화'로 돌아가는 것일 수 있다.

나는 자연인이다

지역 환경운동 시민단체에 대한 강연 이후

도시화율이 90%를 훨씬 넘고 있다. 대부분의 사람들이 도시에서 사는 도시인이라는 것이다. 그러면 한 번쯤 '도시에서 살아간다는 것'의 의미가 무엇인지에 대해서도 생각해 볼 필요가 있을 것이다. 도시의 삶은 그저 우리에게 대안 없이 주어진 숙명일까. 아니면 우리가 소망할 만한 가치와 의미를 담고 있는 것일까. 특히 도시재생 시대를 맞닥뜨린 시민들이 한 번쯤은 생각해봐야 할 질문이다. 오늘 살펴보고자 하는 부분은 도시와 자연의 관계이다.

산속이나 강변 깊숙이 들어가서 홀로 살아가는 일종의 '은둔자'들의 삶을 소개하는 방송 프로그램이 있다. 의외로 이를 즐겨보는 사람이 많다. 특히 중년층에서 인기가 많다고 한다. 직장과 사회, 때로는 가족까지, 체계의 속박에서 벗어나기 어려운 현대인들에게 일종의 대리 해방감을 주는 것 같다. 하지만 이 프로그램의 근본적인 인기 요인은 누구나 본능적으로 가지고 있는 '자연에 대한 동경'일 것이다. 사람은 어디에 살든 누구든 간에 자연환경과의 최소한의 접촉이 필요하다. 도시인들은 그래서 자연과 가깝고, 자연과 친화하는 삶을 항상 꿈꾸게 된다. 그래서 억지로 휴가를 내고 비용을 들이면서라도 산에 오르고 바닷가를 찾곤 한다. 매일매일이 캠핑과 같은 자연인들의 삶이 한편 부러워 보일 수밖에 없겠다.

하지만 방송에 나타난 자연인들의 삶이 과연 '자연친화적'인 것일까? 한 번 질문해 볼 필요가 있다. 단지 '자연 속에 사는 것'과 정말 '자연친화적인 것'은 다르다. 그런 관점에서 자연인들의 생활을 찬찬히 뜯어보면 아리송한 부분이 많다. 방송을 보면 전기, 가스 등 도시에서 생산된 물자를 쓰는 것은 물론이고, 때로는 통신용 안테나가 화면에 잡히기도 한다. 자연인이라고 해서 도시적 편의를 포기하라는 말은 아니다. 하지만 대부분의 경우 이들의 주거는 자연 속에 '자신만의 도시'를 만든 것에 가깝다. 자연의 순환과 합일된 생활이라기보다는, 그저 자연 속에 작은 '도시 문명'을 구현한 것일 뿐이다.

자연인의 생활을 폄하하려는 것은 아니다. 하지만 진정 자연친화적인 생활의 모델은 결코 아니다. 한번 이런 가정을 해 보자. 3,000명 정도가 사는 중규모 아파트단지가 있다. 면적으로는 약 1만여 평 정도가 될 것이다. 어느 날 단지 주민들이 자연인들의 삶에 너무나 공감한 나머지, 모두 '나는 자연인이다'를 선언(?)하기에 이른다. 그리고는 가까운 내연산을 목적지로 정해 하나둘씩 산속으로 거처를 옮기기 시작한다. 산의 기슭과 골짜기 곳곳에 들어가 통나무와 흙으로 집을 짓고 살기 시작한다. 잔가지를 모아 불을 때고 나물을 캐서 식량을 조달하고, 계곡의 맑은 물로 생활하기 시작한다. 다시는 도시로 돌아오지 않겠다고 다짐하면서.

결과는 어떻게 되었을까? 과연 3,000명의 자연인은 행복했을까? 그렇지 않을 것이다. 그들 모두가 자연인으로 숲속에 살아가려면 단순 계산으로도 아파트단지의 몇백 배 면적이 필요하다. 수백만 평의 산지가 필요하다 보니 내연산 군립공원 전체로도 부족한 지경이다. 면적도 면적이지만, 산속의 자원들은 과연 지속 가능할까? 가을철에 도토리만 주워 와도 숲속의 동물이 굶주린다고 한다. 3,000명이 아무리 검소하게 생활한다 해도 숲속의 자원들이 메마르는 것은 시간문제일 것이다. 요점은, '자연으로 돌아가는 것'이 결코 '자연을 위한 것'이 아니란 점이다. 많은 자원 소비를 해야 하는 현대인들은 더욱 그렇다.

자연인의 역설이라고나 할까? 자연인이 오히려 자연에 더 부담을 주는 존재이다. 등산을 즐기는 사람이 가장 산을 많이 파괴하는 사람이라는 역설과도 통한다. 그렇다면 자연에 가장 부담을 적게 주는, 진정한 자연인들은 누구일까?

바로 도시인들이다. 고층고밀의 도시에 사는 도시인이야말로 진짜 자연인이다. 때로는 좁고 답답할지 몰라도, 그래도 그대가 도시에 터를 두고 있음으로 인해 자연과 그 속에 깃든 만물은 비로소 숨 돌릴 틈을 찾는다. 그래서 도시 속에서 검소한 삶을 사는 당신, 대중교통을 애용하는 당신,

쓰레기 분리수거를 잘 하는 당신이야말로 자연인이다. 지구온난화에 반신반의 하지만, 그래도 할 수 있는 것은 다 해야 한다고 믿는 당신, 사무실 책상에 놓은 화분 속에서도 자연을 꿈꿀 수 있는 당신이 바로 환경애호가이다.

그러기에 도시는 결코 자연을 파괴하는 도구가 아니다. 도시인들에게 건강하고 쾌적한 환경을 제공하는 잘 계획된 도시는 자연을 구하는 구조선과 같다. 에너지 효율이 높고 폐기물을 줄이는 건전한 도시체계는 어떤 환경운동보다도 효과적인 자연보호책이다. 가장 '도시적'인 가치가 무엇인지를 제대로 인식한다면 우리는 비로소 이렇게 말할 수 있을 것이다. '가장 도시적인 삶을 사는 그대, 그대가 바로 오늘날의 진정한 자연인이다'라고 말이다.

재래시장 살리기에서 오프라인 상권 살리기로

지역 상권 위기와 관련한 단상

영원히 승승장구할 것 같던 대형마트들이 시름시름 앓고 있는 형국이다. 이마트, 롯데마트 등 대표적인 업체에서도 상당수 매장들을 조만간 폐쇄할 예정이라고 한다. 물론 갑작스러운 일은 아니다. 대형마트들의 매출액은 팬데믹 이전인 2019년에 이미 꺾이는 추세를 보였다. 팬데믹 사태는 어차피 다가올 변화들을 좀 더 가까이 당긴 것에 불과하다.

대형마트가 쇠락하는 이유는 크게 보아 두 가지이다. 첫째는 계속되어 온 대형마트의 입지 제한 정책이다. 재래상권 살리기라는 차원에서 중앙정부는 물론 각 지자체에서도 대형마트의 도심권 입지를 막아왔다. 주말영업, 24시간 영업처럼 대형마트의 필살기라 할 수 있는 영업방침도 금지되었다. 이 때문에 대형마트의 숫자 자체가 줄어든 것은 아닐 것이다. 하지만 치밀한 마케팅으로 움직이는 물류업체의 전략을 무디게 했고 결과적으로 그 성장을 막아온 것도 사실이다.

둘째는 최근 들어 급격히 점유율을 올리고 있는 새로운 경향의 온라인 쇼핑이다. 온라인 쇼핑이 소량·긴급배송 서비스를 시작한 것이다. 이제 한 끼 식사 분량의 식자재까지도 문 앞에, 그것도 새벽 시간에 배달해주기에 이르렀다. 1인 가구가 많고 매장에 갈 시간은 부족한 젊은 세대를 중심으로 수요가 폭발적으로 늘어나고 있다. 대규모 매장을 계속 유지해야 하는 대형마트로서는 매장도 없이 매출을 앗아가는 보이지 않는 경쟁자의 출현에 속이 탈 수밖에.

재래상권을 보호하기 위해 대형마트를 계속 억제해온 와중에 이들마저 쇠락하기 시작한다는 것은 대체 무슨 의미일까? 그렇다면 도심의 기존 재래시장에게는 유리한 여건이 되는 것일까? 그렇지 않을 것이다. 이러한 변화는 오히려 재래시장에 더 치명적일지도 모른다. 소량의 식자재 배송이야말로 오히려 재래상권과 더욱 겹치는 영역이기 때문이다. 이러한 쇼핑 문화가 고령층에도 파급되기 시작한다면 재래시장으로서는 최후의 고객을 잃는 것이나 다름없다.

그에 비해서 대형마트 업체가 받을 피해는 실제로는 미미하다. 인터넷 쇼핑을 이끄는 주체 또한 따지고 보면 대형마트를 소유한 대기업들이기 때문이다. 그들로서는 축적된 자본과 물류 노하우를 오프라인에서 온라인 중심으로 재편해간다는 의미이지, 사업영역 자체가 사라지는 건 아니다. 어떤 의미에서는 이들로서는 지긋지긋하던 대형마트 억제 정책을 피해서 자유롭게 사업영역을 넓히는 계기일 수도 있는 것이다.

　결국 중요한 것은 '재래시장 대 대형마트'라는 과거의 구도는 이제 의미가 퇴색하고 있다는 점이다. 팬데믹까지 겹치면서 온라인 구매의 범위는 이제 거의 모든 형태의 제품으로 넓어지고 있다. 심지어는 주택이나 자동차까지도 다루는 인터넷 시장이 나타나고 있다. 진화한 온라인 구매행태가 이제 모든 세대와 문화를 아우르기 시작한 것이다. 90년대에 대형마트라는 강자가 나타났다면, 이제는 그보다 더 크고 강한 '온라인 쇼핑'이 등장했다는 것이다. 도시의 소매업 현황은 빠르게 '오프라인 대 온라인' 구도로 전환되고 있다.

　그러면 이런 새로운 구도 속에서 이제 '대형마트 억제'라든가 '재래시장 살리기' 같은 과거의 정책은 이미 호흡을 다 잃은 게 아닐까. 서구에서는 이미 백 년 전에 시작된 대형마트 억제책이 지금의 우리나라의 현실을 반영할 수는 없다. 이런 정책들이 시행된 지도 20년이 넘었지만 재래시장이 살아났다거나 기존 도심 상권이 부흥했다는 통계적 근거는 희박하기만 하다. 오히려 이런 정책들이 대형마트를 외곽으로 보내 버리면서 도심부를 향하는 소비자는 더 줄어들었고, 결과적으로 재래시장도 더 타격을 받게 되었다는 분석도 있다.

　이제 재래상권이니 현대상권이니 하는 도식적 구분에 매달릴 때가 아니다. 오프라인 상권의 소멸로 도심부 전체의 몰락을 걱정해야 할 때이다. 소매시설들이 줄어들면서 도심 상권 자체가 텅텅 비어갈 수 있다. 이미 그

전조는 지방 도시들에서 역력히 나타나고 있다. 그나마 흡인력 있는 대형 매장들마저 온라인으로 전환된다면 그 곁에서 발생하는 소소한 업종들도 자동으로 사라지게 된다. 이렇게 되면 지금 온 힘을 다해 진행하는 각 지역의 도심재생도 근본적으로 흔들릴 수밖에 없다. 발걸음이 사라지면 재생의 희망도 사라지기 때문이다.

　재래상권 대 대형마트라는 도식적인 구분이 아닌, 현실 인식에 기초한 새로운 접근이 필요한 시기이다. 구분하고 규제하는 것은 사실 매우 편한 정책이다. 하지만 지금은 섬세한 디자인에 근거한 고민스러운 정책이 필요한 시기이다. 육식동물도, 초식동물도 한 초원에서 조화되어 살아가는 생태계처럼, 크기도 기능도 다른 소매 업태들이 도심부에서 서로 상생 · 협력할 수 있는 그런 모델을 만들어가는 도시라야 이 위기의 시대를 넘어설 수 있을 것이다.

포용도시, 어디로 가야 할까

당시 난민수용과 관련된 논란에 대한 단상

도시 발전의 방향성을 말하는 표현 중 최근 가장 많이 언급되는 것은 이른바 '포용도시'이다. 포용이라 하면 보통은 개인의 덕목을 가리키는 표현이다. 한 사람의 넓은 아량과 인덕을 이야기하는 의미로서 많이 쓰인다. 그런데 이 표현이 도시에 붙는다면 어떤 의미가 되는 것일까. 이해가 그리 어렵지는 않다. 다양한 배경의 사람들이 정착하여 잘 살아갈 수 있는 여건이 충족된 도시라고 한다면 자연히 '포용도시'라 부를 수 있을 것이다. 국적도 고향도 따로 없이 세계 어디라도 삶터가 될 수 있는, 이 시대에 꼭 필요한, 그런 매력적인 개념이 아닐 수 없다.

이 표현이 처음 나타난 것은 1990년대 후반이다. 하지만 도시 발전의 모토로 격상된 곳은 역시 유엔 기구였다. 2016년 해비타트 3차 회의에서 공식 어젠다로 채택된 것이다. 하지만 최근 이 표현과 관련된 전개과정은 그리 편안하지만은 않다. 특히 이 어젠다가 떠오른 이후의 유럽 상황이 그러하다. 유럽연합이 포용정책을 표방하면서 대거 유입되기 시작한 난민 문제가 불거지기 시작한 것이다. 특히 영국에서 그랬다. 늘어나는 난민들과 주택이나 일자리를 다투어야 하는 노동계층의 반발이 심해진다. 결국, '브렉시트'로 불리는, 영국인 자신도 예상치 못했던 유럽연합 탈퇴로 이어진다. 그 여파로 유럽연합에 남은 나라들에서도 수용정책에 반발하는 정당들이 줄줄이 득세하기 시작한다. 이런 혼란은 지금까지도 계속되고 있다.

여기서 우리가 인식해야 할 것은, 포용이라는 개인으로는 고상해 보이는 덕목이 사회적으로 적용될 때는 전혀 다른 측면으로 나타날 수 있다는 점이다. 사회 상부를 이루는 계층이야 부드러운 미소로 이민자, '난민들을 모두 포용하자'라고 쉽게 외칠 수 있다. 하지만 당장 난민, 이민자들과 삶의 영역을 나눠 가져야 할 하위 계층이나 문화충돌을 겪을 수 있는 그룹의 입장은 그렇지 않다. 한쪽에서의 '포용'이 다른 쪽에게는 '박탈'의 위험일 수도 있다는 것이다.

우리나라도 유사한 상황들이 나타나고 있다. 얼마 전 한 유명 배우가 중동 내전 지역에서 유입되는 난민을 포용할 것을 호소하면서 논란이 된 바 있다. 여기에 대해 '난민을 당신 집에나 수용하라'라는 식의 날이 선 비판이 많았다. 특히 젊은 세대에서 반발하는 분위기가 강하게 나타났었다. 역시 개인 차원이라면 일견 매정해 보일 수 있는 장면이다. 하지만 사회적 반응으로 본다면 충분한 이유가 있기도 하다. 개인의 포용과 사회적 포용은 전혀 다른 문제이기 때문이다. 개인의 차원이라면 너그러이 받아주자고 하면 끝이다. 하지만 사회적으로 이루어지는 포용은 다른 누군가의 삶의 터전을 흔들 수도 있는 변화이다.

결국 포용이라는 것도 사회 생태계에 대한 이해 위에서 이루어져야 한다. 생태계의 가장 안쪽, 제일 안전하고 편안한 곳에 거하는 종들에게 있어 포용은 별 부담이 아니다. 초식동물들이 대거 초원으로 유입된다고 해서 생태계 정점에 있는 사자가 위협을 느낄 리는 없는 것이다. 오히려 사자의 생태적 지위는 더 확고해진다. 하지만 당장 이들과 풀을 나누어야 하는 기존 초식동물의 입장은 어떨까. 당장 생존의 기반 자체가 흔들릴 수 있다. 물론 이것은 동물 생태계의 일이다. 하지만 우리가 사는 사회의 구조라고 해서 이런 점에서 크게 다르다고 할 수 있을까?

싫든 좋든, 우리 사회도 이런 생태계의 구조를 닮아 있다. 그러기에 계층 사다리의 가장 아래에 삶터를 가진 사람들의 불안감을 이해하는 것, 그것이 어쩌면 '난민 사랑'보다도 먼저 진행되어야 할 포용의 모습이 아닐까. 난민유입으로 인한 사회적, 경제적 부담이 전혀 없을 계층에서 앞장서 포용을 이야기한다면 책임 없는 감상이 될 뿐이다.

내부적 포용이 없이 외부적 포용만 강조한다면 이는 위선적이다. 우리 사회 내부에도 양극화와 지역 불균형이 가속되면서 취약계층의 폭과 깊이가 커지고 있다. 역사상 최초로 '아버지보다 가난한 아들 세대'의 탄생을 앞둔 지경에서, '세대 소외' 현상도 당장 발등의 불이 되고 있다. 잘 드러나지 않을 뿐, 이미 우리 내부의 '난민' 문제가 심각해지고 있다는 것이다. 포용이라면 당연히 이런 내부의 소외를 살피는 것이 우선이어야 할 것이다. 유엔에서 제시한 포용도시 개념도 원래는 '사회적으로 배제되는 취약집단의 상황과 형편을 이해하고 돕는 것'으로 되어 있다. 주변의 취약집단을 보지 못한 채 지구 저편으로만 눈을 돌리려 한다면 그건 포용이 아닌 배제가 될 수도 있다.

도시와 자동차, 속도냐 안전이냐

자동차 속도제한 강화에 대하여

모든 도로에 더 엄격한 속도제한이 시작되었다. 50/30이라는 낯선 숫자들과 함께 전에 없이 많은 카메라가 걸리기 시작했다. 수 시간 만에 백수십 건의 위반을 적발했다는 경찰의 모습이 뉴스에 나오기도 했다. 좋게 보자면 효율보다는 안전의 가치를 우선하는 철학이 담긴 조치라 할 수 있겠다. 하지만 지나친 규제중심 접근이 아니냐는 비판도 적지 않다.

문명의 발전은 '위험 줄이기(Risk Reduction)'의 역사라고 한다. 혁신적인 도구들이 최초로 나타나게 되면 평범한 눈에는 아슬아슬하고 위험해 보이기 마련이다. 1903년 라이트 형제가 최초로 비행기를 날렸을 때, 당시 신문에서는 '하늘을 나는 위험한 기계가 어떻게 교통수단이 되겠는가'라며 비웃는 기사가 실렸다 한다. 하지만 채 50년도 되지 않아 비행기는 대중적 교통수단이 되었다. 한때 위태해 보이던 수단을 개선하여 안전한 영역까지 가져오는 것, 그것이 문명의 본질임을 잘 보여주는 장면이다.

자동차의 경우도 정확히 그러했다. 익숙한 이름인 독일의 칼 벤츠가 최초로 자동차의 특허를 등록한 것은 약 150년 전이었다. 하지만 당시 도시는 자동차를 맞이할 준비가 전혀 되어 있지 않았다. 마차나 지나갈 만한 좁고 포장도 제대로 안 된 도로가 전부였다. 당연히 자동차의 등장은 도시를 위험천만한 곳으로 만들었다. 자동차의 속도는 불과 16km로 제한되었고, 심지어 하인이 앞서가 사람들을 비키도록 해야만 운행할 수 있게 했다고 한다. 신기한 발명품일 뿐, 안전이나 효율과는 무관한 제품이었다.

자동차가 속도감 있는 운송수단으로 격상된 된 것은 역시 1950년대 미국에서였다. 당연히, 대량생산과 자동차 대중화를 이끈 포드라는 이름을 빼놓을 수 없다. 하지만 더 중요한 요인은 따로 있다. 바로 당시 진행되던 교외화, 그리고 고속도로 건설이었다. 양대 대전 이후 미국 중산층은 좁고 불쾌한 시가지를 벗어나 쾌적한 교외로 유행처럼 옮겨가기 시작한다. 그리고 이들을 놔줄 수 없던 도시 정부들은 교외 지역과 도심부를 연결하는 넓은 도로를 경쟁적으로 건설하기 시작한 것이다. 여기에 1950년대 후반에는 '고속도로'라는 개념이 최초로 등장해 미대륙을 거미줄처럼 연결해 간다. 이런 변화들은 결국 포드의 대량생산에 날개를 달아준 격이었고, 자동차는 운송수단을 넘어 일상의 문화로까지 자리 잡기에 이른다.

세계적으로 파급되어 가던 자동차 문화는 1960년대에 들어 다시금 안전이라는 걸림돌에 봉착하게 된다. 미국과 같은 넓은 도로를 가지지 못했던 유럽에서 더욱 그러했다. 그러던 1963년 영국에서 발간된 '뷰캐넌 보고서'는 속도와 안전 모두에 유리한 혁신적인 도로계획 방식을 제안한다. 도시 내 도로를 4개 등급으로 구분하고 등급별로 속도에 차등을 주자는 내용이었다. 자동차와 사람이 주로 이용하는 도로를 구분하기 시작한 것이다. 이를 계기로 속도와 안전의 조화를 추구하려는 계획이 본격화되고, '간선도로'라는 개념도 나타나게 되었다.

1980년대에는 보다 섬세한 차원에서 도시 내 교통약자를 보호하는 방안이 모색되기 시작했다. 도시를 어린이와 노약자들도 안전하게 생활할 수 있는 곳으로 계획하는 데 관심을 두게 된 것이다. 네덜란드에서 출발한 '본엘프(Woonerf)'라는 개념이 이를 대표한다. 어린아이들을 차량으로부터 보호하려 화분을 놓은 데서 유래한 이 개념은 나중에 약자들이 집중된 곳을 안전하게 만들기 위한 여러 디자인 기법들을 의미하는 것으로 바뀌게 된다. 초등학교 주변의 속도를 특별히 제한하거나 도로 폭을 좁히고 높은 방지턱을 놓는 등, 흔히 보는 안전구역 조성이 바로 여기에서 유래한 것이다. 한편 '보행자 전용도로'라는 역발상적인 시도도 나타난다. 도심의 도로를 막고 보행자만을 위한 도로로 전환하는 것이다. 무모할 것 같던 시도들은 덴마크의 얀겔 교수와 같은 전도자들의 노력을 통해 전 세계적인 움직임으로 발전해간다. 그 영향이 포항, 그리고 중앙상가에까지도 미쳤음은 우리도 아는 바이다.

도시와 자동차의 역사는 이처럼 효율과 안전 사이에서 조화를 찾기 위한 끊임없는 변화의 과정이라 할 수 있겠다. 자동차라는, 현대인이 사랑해 마지않는 기계의 매력은 살리되, 그로 인한 위험은 낮추고자 시도가 문명사적인 차원에서 계속되어 온 것이다. 이런 관점에서 보자면 '일률적 속도 제한'이라는 지금의 변화는 다소 감작스럽고 어색한 것도 사실이다. 도시라는 체계 속에서 다양한 방법과 가능성을 찾아보려는 시도와는 거리가 있기 때문이다. 우리 도시 안에는 속도 말고도 불법 주정차, 주택지 통과 교통과 같이 '진짜' 위험한 요인들이 여전히 도사리고 있다. 이런 위험 요인들을 핀셋을 들고 섬세하게 대처하기 보다는, 통 크게 전체 속도를 일률적으로 낮춰버리는 식의 접근이 과연 얼마나 효과가 있을까. 글쎄, 안전으로 가는 단순명쾌한 지름길이 될지, 아니면 들인 비용에 비해 실망스러운 결과로 나타날지는 더 두고 볼 일이겠다.

이태원, 이태원…

이태원 참사 이후

10월 말일은 악마가 잠시 지옥으로부터 풀려난다는 '핼러윈' 날이다. 기성세대에겐 낯설지 몰라도 요새 젊은 층들에는 제법 손꼽아 기다려지는 명절(?)로 자리 잡았다. 이날의 현란한 악마 분장은 세상에 출현할 악마들을 피해 살아남기 위한 수단에서 유래했다고 한다. 하지만 재난은 악마가 가져오는 것만은 아닌 것 같다. 대단한 악이 아닌 사람들의 소소한 이기심일지라도 그것이 한날한시, 작은 골목길에 집중되다 보면 악마의 출현 없이도 큰 비극으로 이어질 수 있기에. 큰 충격에 앞으로도 한동안 이태원은 10월의 비극으로 기억될 것 같다.

사실 이태원이라는 지역은 참 미스테리한 곳이다. 서울 지도를 펼치고 그 한가운데를 가리킨다면 어디가 될까? 사람들은 아마도 종로라 생각하겠지만 그렇지 않다. 종로는 한수지북, 즉 한강 이북의 중심일 뿐이다. 반경 15킬로미터의 원에 해당하는 서울의 중심은 의외로 이태원이다. 하지만 이를 인식하는 사람은 많지 않다. 서울의 정중앙이면서도 역사의 상당 기간 동안 숨은 장소처럼 취급되어 왔기 때문이다.

우선은 자연 지형이 원인이다. 이태원은 도심부인 북쪽의 종로, 명동으로부터 불과 2킬로 남짓 떨어져 있다. 하지만 그사이를 남산이 가로막고 있어 접근은 쉽지 않다. 그런가 하면 남쪽과 동쪽으로는 한강이 굽이치면서 강남지역과의 연결을 막고 있다. 물론 서쪽의 용산과는 평지로 연결되어 있기는 하다. 하지만 알다시피, 조선조 이래 용산은 외국 군대의 주둔지로, 산과 강만큼이나 통과가 어려운 장벽으로 자리 잡아 왔다. 서울의 정중앙이면서도 동서남북 모두 가리어진, '기막힌 지역'이었던 것이다.

역사적으로 기구한 사연도 있었다. 조선조 때 만들어진 이태원이라는 지명은 '이방인들의 아이를 잉태'했다는 의미에서 유래했다고 한다. 다분히 민족적 수치심이 담긴 지명이다. 그러다 보니 한국인들에게 이곳은 발걸음이 내키지 않는 땅으로 인식되었을 수밖에. 이 지명의 의미는 심지어 지금까지도 어느 정도 유효한 것 같다. 최근에는 홍대입구에 약간 밀린 감도 있지만, 여전히 이곳은 한국 속의 외국이요, 외국인들의 해방구와 같은 곳이다.

이태원이 이런 고립된 금단의 지역과 같은 이미지를 버리고 내·외국인 모두가 즐겨 찾는 명소로 발돋움하기 시작한 것은 이천년대 이후이다. 서쪽을 가로막던 용산이 주상복합타운으로 재개발되고, 미군기지는 거대한 공원으로 전환되어 갔다. 거기에 때마침 찾아온 글로벌 시대가 국적과 인종의 경계를 살살 지워가면서, 이태원은 피해가야 할 '이방인의 땅'이 아닌, 온갖 다양성을 맛볼 수 있는 글로벌 테마파크처럼 변해간 것이다. 거기에 SNS의 성지라 할 수 있는 '경리단길'까지 등장하면서 이태원의 열기는 절정에 이른다.

하지만 형태상으로 본 이태원은 남산 자락에 자리 잡은 평범한 상권에 불과하다. 이번 비극의 배경이 된 해밀턴호텔 옆길만 해도 좁고 가파른 골목길에 불과하다. 주변을 둘러보아도 평범한 저층 주택이 대부분이다. 넓은 평지에 고층건물이 즐비한 종로나 강남에 비견될 만한 부분은 어디에도 없다. 하지만 이런 불리한 여건들이 오히려 이태원을 다른 도심과는 다른, 일종의 대안적 도심으로 만들어 준 것이다. 다양한 피부색의 사람들이 자유로이 오가는 거리, 구석구석 자리 잡은 이국적인 레스토랑과 카페가 만드는 분위기는 오직 이태원에서만 찾을 수 있는 감성으로 자리 잡는다.

눈치챘겠지만, 오늘날 우리의 자녀인 MZ 세대들이 바로 이런 소소한 다양성이 주는 감성에 홀딱 빠져 있다. 그래서 핼러윈, 그것도 이태원에서의 핼러윈이라면 이들에게는 놓치고 싶지 않은 절묘한 시·공간 조합이다. 이태원 핼러윈이 세계적으로까지 유명세를 타면서 매년 인파는 폭발적으로 늘어날 수밖에. 게다가 코로나로 잠시 막혔던 봇물까지 터졌으니, 그 좁은 골목길에 수백 명이 끼이는 사태도 현실이 되고 만다.

결국 비극은 벌어졌다. 항상 사후에 눈물로 분노하곤 하는 우리 기성세대는 이번에는 또 어디서 문제를 찾게 될까. 따지고 보면 출처 불명의 서양 축제를 가져와 유행시키는 것도, 남산 자락 좁은 내리막길을 사람이 몰리는 명소로 만든 것도 다 마음에 안 든다. 하지만 그런 것들을 탓하기는 애매하기에, 결국은 공권력을 탓하는 가장 쉬운 엔딩을 다들 선택할 것이다. 하지만 그렇더라도 가슴에 손을 얹고 이런 고백은 했으면 한다. 설날도 크리스마스도 아닌 시월 말일에 그런 인파가 몰리는 줄은 꿈에도 몰랐다고 말이다. 더구나 그중에 우리 자녀들이 있을 줄은 상상조차 할 수 없었다고 말이다. 세대 간 몰이해는 지난 세기의 자녀가 어느덧 부모가 되어버린 이번 세기에도 여전히 사라지지 않고 있다.

제4장

주택, 그리고 주택시장

도시의 스카이라인을 가득 채운 거대한 단지.
그리고 그보다 앞서 하늘까지 뻗어 올라간 아파트 가격.
오직 아파트만을 지향해 달려온 아파트 공화국의 모습이다.
그리고 최근 이어진 주택 양극화, 지방도시 빈집 폭증, 전세 사기와 같은 문제들이
이 아파트 공화국의 어두운 이면을 드러내기 시작했다.
아파트 산업의 거품으로 가려온 한국 주택시장의 실상이 조금씩 드러나는 게 아닐까.
아파트 공화국, 이제 그 영광의 뒤안길을 살펴보고 점검해야 할 시기이다.

아파토피아(APT-topia)를 꿈꾸며

아파트 문제에 대한 토론회 참석 후에

SF 영화에서 한 도시의 발전과정을 그래픽을 통해 빠르게 재현한 장면을 보고 감탄한 적이 있었다. 허허벌판에서 시작한 도시가 고층 빌딩과 휘황찬란한 네온이 가득한 도시로 순식간에 바뀌어가 모습은 그래픽일 뿐일지라도 자못 감동적이었다. 압축해서 되돌아보는 역사는 이렇게 기적 같을 때가 많다.

만약 서울, 그중에도 한때는 강변 모래밭에 불과했던 강남지역에 지난 60년간 있었던 변화를 가지고 이런 압축한 영상을 만들면 어떨까? 아마도 '한강의 기적'의 의미를 뇌리에 각인시켜줄 대단한 장면이 나올 것이다. 엄청난 규모로 들어선 아파트단지는 이렇듯 한국 근대화, 경제발전에서 가장 인상적인 장면이다. 하지만 기적적 성장 이면에는 그것과 바꾸어야 했던 피해 또한 적지 않게 남아 있음을 느낀다.

이웃사촌에서 빗장 공동체로

공급의 90% 이상이 아파트라는 지금 시점에서 아파트는 더 이상 거부할 수 없는 우리 삶터 자체가 되어버렸다. 처음 집을 장만한다는 친구에게 우리는 다만 어디, 몇 평이냐를 물어볼 뿐, 군이 아파트인지를 확인할 필요는 못 느낀다. 누구보다도 많이 이사를 다닌다는 한국인들이지만, 그 변화라는 건 모퉁이에 방 하나가 추가되는가, 혹은 거실이나 부엌의 크기가 좀 더 넓어졌는가 하는 차원일 뿐. 여정의 시점과 종점은 언제나 아파트로 고정되어 있다. 여기저기 새로이 들어서는 실버타운마저도 요새는 고층아파트의 모습으로 지어지고 있다고 하니 한국인의 일생이 아파트로 시작해 아파트로 끝나는 시대라 해도 과언이 아니다. 아파트는 이미 완결된 변화로 다가와 있고, 거기에 선택 여지는 이제 없는 듯하다. 다만 남은 것이 있다면 그에 대한 우리의 적응일 뿐.

하지만 한 2년 전에 뉴스를 탔던 아파트단지 배경의 두 사건은 한동안 우리를 회의적인 부적응자로 만들어주었다. 첫 번째 사건은 어느 아파트단지의 놀이터를 둘러싼 일이었다. 정부 정책에 따라 대단위 아파트단지의 일부는 임대주택으로 건설되어야 하는 규정이 있다. 임대주택 공급을 늘리고 사회 계층 간 혼합도 도모하니 일견 일석이조인 정책 같지만, 현실은 그렇게 쉽지 않다. 어떤 단지에서 분양주택 쪽 주민들은 임대주택과 섞이기를 거부한 나머지, 급기야는 임대주택 어린이들의 접근을 막는 강제 규정까지 만들었다는 소식이었다. 헌법상 자유마저 무시하는 것 같은 규정도 터무니없지만, 동심마저 파괴하면서 걸어 잠그려는 빗장은 대체 무엇을 지키기 위한 것일까?

비슷한 시기의 두 번째 뉴스는 보다 더 비극적인 것이었다. 강남의 한 아파트단지에서 어느 날 경비원이 갑자기 분신자살을 시도하는 충격적 사건이 발생했다. 그 이유는 다름 아니라 평소에 주민들로부터 궂은 요구와 하대, 폭언에 시달리며 쌓인 울분과 우울이었다는 것이다. 경비원은 간신히 목숨은 건졌지만, 주민들은 결국 해당 경비원들을 해고하는 것으로 결정했다는 후속 뉴스는 더욱더 가슴을 답답하게 만들었다.

그저 세상 각박하다고 여기고 지나가기에는 아파트단지라는 공간적, 문화적 배경이 너무나 선명하게 드러난 사건들이다. 그렇게 강제하고 강박하며 빗장을 거는 그들, 빗장 공동체로서의 아파트단지. 불과 60년밖에 되지 않은 시간에 왜 우리의 도시는 이웃사촌에서 빗장 공동체로 대치되어 가고 있는 것일까.

아파트 공화국의 건국, 강남불패

한 프랑스 지리학자가 한국에 와서 쓴 "아파트 공화국"이라는 책이 화제가 된 바 있다. 건국 대통령이라 할 수 있는 두 명의 대통령, 그들은 각각 종암아파트(1958)와 마포아파트(1967)를 만들며 일종의 근대화의 상징으로 아파트를 도입했다고 하니, 대한민국은 처음부터 말 그대로 아파트 공화국으로 출범한 것일지도 모르겠다. 하지만 생활양식으로서의 전통은 큰 관성을 가지고 있어 쉽게 변하지 않기 마련이다. 근대화라는 명분에도 불구하고 한국인들은 그 후 20년간 아파트 주위를 그저 맴돌 뿐 거기에 정을 주고 발을 디딜 마음은 없었던 것 같다.

그러나 70년대 후반 이후에 이루어지기 시작한 여의도, 반포, 그리고 강남지역의 개발은 은밀하게, 한편으로는 위대하게 이 모든 상황을 뒤집어 놓기 시작한다. 아파트 공화국의 약진, 진정한 건국이 시작되는 시점이었다. 서울 동남부에 유례없는 대규모 개발을 구상한 정부는 일부 건설업체와 동맹이라 해도 좋을 긴밀한 협조 관계를 맺게 된다. 특혜라고도 할 수 있을 이 동맹 관계는 이른바 '재벌기업' 탄생의 계기인 동시에 수도권, 강남, 아파트라는 키워드를 잉태한 관계이기도 했다. 한편, 성공을 위해서는 규모만큼이나 속도도 중요했기에, 그 동맹 관계는 또 하나의 특혜일 수 있는 분양제도를 고안하기에 이른다. 수출증대와 인구증가로 조만간 폭발할 준비를 하고 있는 땅값을 생각하면, 당시의 아파트 분양은 당장은 버거운 것이었을지라도 장래를 생각하면 기꺼이 뛰어들었어야 할 모험이었다. 결국, 한갓 모래밭과 양잠터이던 땅 위에 지어진 아파트의 시세는 세상 모두 잠든 시간에조차 쉬지 않고 상승해갔다. 아직도 가시지 않은 '시세차익'이라는 마법이 발발한 시기다.

근대화로 포장되었지만, 본질은 욕망이었던 아파트 패러다임은 이처럼 강남에서 발하여 전국 각지로까지 퍼져나갔고 한국인의 삶과 삶터를 근본적으로 재편하기 시작했다. 짧은 시간 안에 대단지형 아파트는 거의 유일한 개발 방식으로 자리 잡았고 땅이 있는 곳이면 어디나 제국의 군대처럼 우람하게 줄지어 들어서기 시작했다.

이렇게 굳어진 '강남불패' 추세, 물론 누그러뜨리자는 노력이 없었던 것은 아니다. 90년대에는 강남의 배다른 형제쯤 될 것 같은 신도시 단지들이 개발되며 일종의 '강남 대체품'으로 공급되기도 했고, 2000년대에는 쉽게 말해 '강북 지역의 강남화'를 의미하는 "뉴타운 정책"이 발표되기도 했다. 하지만 대체품, 유사품의 존재가 오리지널의 가치를 더 높여주는 시장 생리가 여기에도 적용된 것일까. 강남불패는 여전할 뿐 아니라 더 강성해졌고, 강남은 아파트 유목민들의 이상적 종착지로 확정되어갔다.

홈(Home)인가, 프로덕트(Product)인가

유럽에서 근대 이후 나타난 아파트는 사실 지금과 같은 대단지와는 거리가 먼 것이었다. 도시건축에 있어서 근대성의 창출자인 르 꼬르뷔지에는 "주택은 삶을 위한 기계이다"라는 말과 함께 전후 유럽 사회 재건을 위한 새로운 아파트 유형을 제안했다. 오늘날과 유사한 고층아파트를 제시하고, 그 한 채가 하나의 마을이 되는 개념을 제시한 것이다. 새로운 시대를 맞아 하나의 마을 공동체를 하나의 '수직적' 공간에 수용하는 것, 그것이 본래 아파트의 목적이었던 것이다. 단, 여기서 아파트는 단독 건물을 의미했을 뿐, 지금과 같이 단지로 지어지는 아파트의 개념은 전혀 아니었다.

그렇다면 유럽에서 출발한 근대적 아파트가 한국에서는 왜 지금과 같은 대단지형으로 변형되었을까. 이것은 미국 클라렌스 페리가 제기한 '근린주구론'의 영향 때문이었다. 근린주구론은 도시 확산과정에서 주거지가 흩어지면서 마을과 주민공동체의 개념도 사라져가는 것을 방지하기 위한 계획기법이었다. 단독주택을 일정한 단지 영역 안에 집중시켜서 하나의 조밀한 '수평적' 공동체로 유지하기 위한 방안이었던 것이다.

이처럼 유럽의 적층형 아파트, 그리고 미국의 근린주구론, 둘 다 주거공동체를 실현하기 위한 방안으로 나온 것이지만, 하나는 수직의 공동체를,

나머지는 수평의 공동체를 구성하는 서로 이질적인 방식이었던 것이다. 그런데 이렇게 이질적인 방식이 우리나라에서는 서로 섞을 수 있는 것으로 오해되고 만다. 수직으로는 적층형 아파트를, 수평으로는 근린주구론을 받아들이면서 한국식의 주거지를 조성하게 된 것이다. 한 단지 내에 수직과 수평이 모두 존재하는, 꼬르뷔제도 페리도 갸우뚱할 일종의 혼종이 탄생한 것이다. 결국 수천 명도 넘는 주민들이 닫힌 경계를 짓고 살아가는 대단지형 아파트가 한국에 일반화되기에 이른다.

이처럼 검증된 바 없는 대단지형 아파트개발을 통해 그러면 우리는 무엇을 얻었으며 무엇을 잃은 것일까? 대답을 주저한다 해도 앞서 언급한 두 개의 사건이 우리의 현실을 이미 고발하고 있다. 이렇게 대답해도 될지 모르겠다. 우리는 '프로덕트(product)로서의 집은 넘치게 얻은 대신, 홈(home)으로서의 집은 잃어갔다'라고 말이다. 또는 삶을 위한 공동체는 소멸하고, 재산 가치를 위한 공동체는 돈독해져갔다고 말이다.

이웃의 기억: 쌍문동에서 포항까지

나는 어린 시절 동네의 추억을 가지고 있다. 어느 날 TV에 "응답하라 1988"이라는 드라마 배경으로 나와서 깜짝 놀라게 했던, 서울 북쪽 변두리 쌍문동이라는 곳. 드라마가 보여주듯 그때 그곳에는 분명 이웃사촌이 있었다. 동네 가운데 길로 가면 어린애들은 늘 숨바꼭질, 고무줄을 하며 놀고 있었고, 오가는 아주머니들은 마주칠 때마다 한참이나 수다를 떨곤 했다. 김장철은 보통 모두가 모이는 동네 전체 행사였고, 어른들에게 인사를 허투루 했다간 이름이 불리며 훈계를 듣기도 했다. 노래 가사처럼

"Where everybody knows your name", 누구나 당신 이름을 아는 곳이었다. 그리고 정확히 그 드라마의 엔딩처럼, 동네 사람들은 아파트로 신도시로 하나둘씩 떠나가기 시작했고, 그 즈음부터 동네의 기억은 서서히 흐려져 어느새 소멸되고 말았다.

2007년 급히 포항으로 이주해야 했던 나는 직접 벽보를 보고 찾은 한 아파트단지로 부랴부랴 이사하게 된다. 신개발 흐름에서 소외된 입지, 승강기 없는 5층, 20평 이하의 저평형, 월세 광고가 많은 게시판, 모든 것이 전형적인 저소득층 단지임을 알려주는 지표들이었다.

하지만 나쁘지 않았다. 시장이 가깝고 등산로와 연못도 있었으며 작기는 해도 놀이터와 노인정도 제대로 있었다. 사실 은근한 기대가 생기기도 했다. 낡긴 해도 소박하게 이것저것 갖춘 아파트, 잘사는 동네가 아니기에 오히려 서로 이웃 관계도 트고 지낼 것 같고 인간미가 있는 동네가 이루어질 거 같은 느낌, 그런 쌍문동에서의 기억.

결국, 그런 기대는 환상이었다. 오가는 주민들의 눈빛과 표정은 늘 무의미했고, 마당은 늘 비어있었다. 어린이공원은 쓰레기 수집장에 불과했고, 햇살 좋은 봄에 벚꽃이 제법 피어도 자리 깔고 쉬는 어르신 한 명 볼 수 없었다. 음습하고 음울했다. '세기말적'이라는 단어가 표현하는 바가 있다면 바로 이런 것이 아닐까 싶을 정도로.

나중에 안 사실이지만, 실제로 그 단지는 세기말을 지나고 있었다. 기약 없는 재건축이라는 이름의 세기말을. 홈이 아닌 프로덕트의 아파트에서는 그 생산과정에 따라 이웃 관계도 정지되는 것일까. 아직도 재건축되지 못하고 있는 그 단지는 대체 무엇을 위해 세기말에 머무르는 것일까.

그래도 다시 "아파트에서 희망을 찾다"

서울 강남 한복판에서부터 포항 주변부까지, 프로덕트로서의 아파트가 우리 삶터에 드리운 그림자는 여전히 짙기만 한 것 같다. 과연 아파트가 우리에게 홈으로, 이웃과 함께하는 삶터로 돌아올 희망은 있는 것일까? 관성을 버리고 조금 눈을 돌려 찾아보면 언제나 길은 있다.

사실 대단지, 초고층만이 대안이라는 것은 편견이다. 이제 조금씩 '블록형 공동주택'이라는 말이 쓰이기 시작하고 있다. 대규모 단지가 아니라 도시의 블록 내에 건설한 소규모 군락으로서의 아파트를 말한다. 사실 새로운 유형은 아니다. 파리 시내 등 유럽 도심부에 남아 있는 고색창연한 아파트들이 다 여기에 속한다. 블록 외곽을 따라 7층 이내 주택이 조성되고, 그 내부의 공간은 주민들만의 공유공간이 되는 개념이다. 고층아파트 하나 없는 파리 시내이지만 인구밀도는 서울 강남 못지않다. 그러면서도 아름다운 도시 경관을 만든다. 무엇보다도, 주민들을 보다 작고 친밀한 공동체로 엮는 힘이 강한 주거유형으로 알려져 있어서 기대를 가지게 한다.

"아파트에서 희망을 찾다" - 얼마 전 서울시가 펴낸 보고서의 제목이다. 서로 돕고 공유하는, 그래서 새롭게 이웃 관계를 복원하는 아파트 문화가 나타나는 사례들을 발굴한 결과이다. 그중에서도 한 사례는 내 눈을 번쩍 뜨게 만들었다. 주민들이 직접 기획하고 참가하여 문화축제를 만들었는

데, 단지의 경계를 넘는 지역의 잔치로까지 이어졌다는 사례였다. 그러고 보니, 외국의 한 고급 아파트는 크리스마스 시즌에는 중앙광장을 서민들에게 축제의 장으로 개방하여 오히려 지역 명소가 되었다는 이야기를 들은 바 있다. 빗장을 걸어 잠가야만 가치를 지킬 수 있는 것은 아니다. 열고 나눔으로써 가치를 높이는 길도 얼마든지 있지 않을까. 개방과 공유를 통해 지역의 명소가 되고 그래서 오히려 그 가치가 인정받는 아파트도 언젠가 나타날 수 있지 않을까.

주택, 도시, 삶터에 대한 여러 가지 대책이 필요하겠지만, 역시 가장 중요한 것은 삶터가 가지는 가장 중요한 가치를 복원시키는 노력일 것이다. 홈으로서의 집, 그리고 이웃공동체로서의 도시를 위한 노력들은 그래서 의미가 있는 것이다. 기왕에 아파트에서 살아야 한다면 아파트 지옥이 아닌 아파트로 만들어진 유토피아에서 살고 싶다. 그러기에 아파트 공화국인 이곳에서 한번 아파토피아-터무니없는 합성어인지 모르겠으나-가 꽃필 수 있기를 꿈꾸어본다.

아파트 가격, 어디까지 올라갈까

아파트 가격 급등 상황에 대하여

주요 지역 아파트 가격이 최근 들어 거의 폭등 수준으로 올라가고 있어 연말 주택시장이 뒤숭숭하다. 서울 아파트 중간가격이 올해 들어 급상승하며 무려 8억을 넘었다고 한다. 지역 간 평균 가격 차이가 10배 이상으로 벌어지지 않을까 우려가 된다. 그야말로 주택가격의 양극화가 극단적으로 진행 중이다. 문제는, 이런 가격 상승이 경제여건과도 무관하다는 것이다. 올해 경제성장률은 기억에도 없던 1%대에 그친다고 하고, 내년에는 마이너스 성장의 가능성도 있다고 한다. 경기 위축의 신호라는 디플레이션 우려도 나오는 시점이다. 그런 와중에도 상한가가 없이 달려가는 일부 지역 아파트 가격은 정말 지켜보는 사람을 아찔하게 만들고 있다. 주택공급률, 경제성장률과 같은 지표를 보아서는 아파트 가격이 안정될 법도 한데, 어찌하여 일부 아파트만 폭주하고 있는 것일까. 여러 가지 이유가 있을 것이다. 하지만 근본적으로는 대한민국의 아파트는 경제 논리, 시장 논리로 설명되지 않는 특수한 사회문화적 요인 가운데 놓여 있기 때문이다.

우선, 공급으로 가격을 낮출 수 없다는 점에서 우리나라 아파트 시장은 마치 자동차 산업과 같다. 한번 생산되면 2~30년은 쓸 수 있는 자동차가 하루에도 수천, 수만 대씩 생산되고 있다. 하지만 대량공급이 가격을 낮추었다는 소리는 들어본 적이 없다. 신모델이 출시되면서 평균 가격은 오히려 오르기만 한다. 가격은 철저히 신모델 중심으로 형성되고, 유행에 처진 구형은 시장 밖으로 내몰려 폐기 처분될 뿐이다. 우리나라 아파트 시장이 바로 이렇다. 사람들의 눈은 언제나 좋은 지역의 고급 신상 아파트로 향해 있다. 그리고 새로 지어지는 아파트는 이미 오른 분양가를 전제로 공급되기 마련이다. 오래되고 입지도 불량한 아파트는 마치 중고차처럼 시장 가격에 전혀 영향을 주지 못한다. 이러다 보니 아파트가 넘쳐나도 가격은 여전히 올라가기만 한다.

두 번째로, 소수의 명품이 주도한다는 점에서 우리나라 아파트는 마치 명품 가방 시장과 같다. 수많은 가방들이 구찌, 에르메스 등 이른바 명품 가방의 디자인을 본떠서 만들어지고 있다. 하지만 아무리 '짝퉁'이 많다고 한들 명품 브랜드의 가치가 떨어지지는 않는다. 오히려 짝퉁의 존재가 진정한 명품 브랜드의 가치를 확인해줄 뿐이다. 우리나라 아파트 시장이 바로 이렇다. '강남'이라는 누구나 소망하는 명품이 존재한다. 정부는 이 명품의 가격을 잡겠다며 여러 번 대체품을 만드는 정책을 추진해왔다. 하지만 결말은 이미 아는 바와 같다. 여러모로 부족한 모조품만을 만드는 바람에, 강남은 오히려 전국적인 명품 브랜드가 되어버렸다. 심하게 말하자면,

우리나라 아파트 시장은 소수의 '명품'과 이를 추종하는 다수의 '짝퉁'과 같은 구조가 되어갔다.

세 번째로, '작전'이 횡횡한다는 점에서 우리나라 아파트는 주식시장과도 같다. 주식시장에서 작전주라 하면 일련의 무리들이 기업의 가치와 무관하게 꼼수를 통해 주식가격을 올리는 행태를 말한다. 우리나라 아파트는 이미 오래전부터 작전세력의 수중에 들어가 있는 듯하다. 한 단지의 주민들이 연합해 아파트 가격을 통제하고 있다는 것은 이미 공공연한 비밀이다. 낮은 가격에 아파트를 내어놓았다가 단지 주민들로부터 봉변을 당했다는 뉴스도 있었다. 이는 어쩌면 애교 수준인지 모른다. 전국구 차원의 더 거대한 작전세력도 있을 수 있기 때문이다. 전국의 현금 부자들이 최근 들어 강남과 해운대 등의 주요 지역 아파트들을 마치 사냥하듯 사들이고 있다는 소문이다. 정부의 대출 억제 정책이 현금 능력이 있는 이들에게는 오히려 더욱 좋은 기회가 되고 있다는 분석이다. 대체 불가능한 고급 제품을 싹쓸이하고 나면 그다음의 가격이야 그들이 만들어가기 나름이다.

우리나라 주택시장은 과연 어디로 가고 있는 것일까? 시장 논리로 설명되지 않는 다양하고도 기묘한 요인들마저 얽혀 있어 예측을 어렵게 하고 있다. 이런 가운데 아직도 공급을 늘려 가격을 잡겠다는 정책과 강남의 모조품을 만들어 기세를 꺾어보겠다는 정책이 반복되고 있는 양상이다. 양극화라는 초유의 현상 앞에 이런 판에 박힌 정책들은 정말이지 무력하기 그지없다. 우리나라에서 아파트 가격이란 주택공급 논리나 금융억제로만 다룰 수 있는 단순한 대상이 아니다. 이처럼 훨씬 복잡다단한 사회문화적이고 행태적인 요인이 그 뒤에 도사리고 있음을 먼저 인식해야 한다. 주택 시장을 다루던 전통적인 접근방식과 정책도구만 가지고는 입체적이고 효과적인 처방을 만들어낼 수 없다는 점을 알아야 한다.

부동산 전쟁과 노블레스 오블리주

고위 공직자들의 다주택 논란에 대한 단상

　노블레스 오블리주라 하면 보통 빛나는 갑옷을 입은 중세시대의 기사가 전장을 이끄는 장면이나, 2차 대전 당시 영국 귀족의 자제들이 참전하는 모습 등을 상상한다. 본토보다도 우리나라에서 유독 유행한다는 이 표현은, 국가의 존망이 걸린 전쟁 상황에서 왕족, 귀족 등 상류층들도 전장에 나가 나라를 지키는 숭고한 원칙처럼 알려진 듯하다. 하지만 따지고 보면 그렇게 고상한 원칙인 것만은 아니다. 하다못해 일개 마적 때에서도 두목이 먼저 칼을 잡고 앞장서지 않으면 영이 서지 않는다. 두목이 숨는데 알아서 목숨 걸고 싸워줄 졸개는 없기 때문이다. 결국, 같은 이치이다. 한 국가에서도 존망이 걸린 전쟁과 같은 상황에서 리더가 먼저 희생의 결의를 보이지 않는다면 민중들이 목숨 바쳐 나라를 지킬 리는 없다.

　그래서 노블레스 오블리주는 위기의 상황에 필요한 일종의 '원초적인 규율'에 가깝다. 리더들 자신들은 뒷걸음질 치면서 도망치는 사병만 처벌할 수는 없다. 리더들이 먼저 나아가 싸우지 않는 이상 전선은 무너질 수밖에. 리더가 몸을 사리며 부하들의 목숨만을 요구할 때 전선은 이미 무너진 거나 다름없다.

말을 돌려 우리나라 주택 부동산 문제로 가보자. 우리나라의 부동산 문제도 하나의 전쟁 상황에 처해 있다고 해도 무리가 아닐 것이다. 모든 국민들이 그토록 애타게 일하고 저축하며 노력하는 최종 목표라면 결국 '똘똘한 집 한 채'를 가지는 것이다. 문제는 집 한 채를 가져도 싸움이 결코 끝나지 않는다는 것이다. 주요 지역의 아파트 가격이 수년간 두 배가 넘게 올랐다. 평생 만지기 어려운 십억 돈을 불과 몇 년 사이에 아파트 한 채로 마련하기도 한다. 이러다 보니 누군가는 부러움 때문에, 누군가는 좌절감 때문에라도 부동산 전쟁에 말려들 수밖에 없는 상황이다. 아파트 분양권 추첨 장에 수만 명의 인파가 몰려 아비규환을 이루는 모습은 말 그대로 전장과 같다. 모두가 가질 수 없는 것을 위해 모두가 평생토록 투쟁하는 것, 이것이 전쟁이 아니고 뭘까.

드디어 정부도 부동산, 주택문제가 하나의 거대한 전쟁임을 인식한 것 같다. 전에 없던 고강도의 규제가 이어지고 있다. 집을 사고팔며 대출하는 행위 전반에 제약이 가해지고 있다. 연이어 발표되는 부동산 정책은 경제 자유에 대한 침해라는 논란이 나올 정도로 전에 없이 강한 것들이다. 마치 전쟁 상황에 등장하는 원초적인 규제와 같다. 이런 규제가 과연 타당하고 효과적인지는 쉽게 판단하기 어렵다. 하지만 한국의 부동산 문제는 하나의 전쟁이고, 전쟁에는 원초적인 규율도 필요하다는 점은 일견 공감하지 않을 수 없다.

　그런데 문제는 이런 원초적 규율의 전제를 고위 정책가들이 과연 알고 있는가 하는 점이다. 바로 노블레스 오블리주다. 숭고하고 고상한 희생의 규율이 아닌, 전시에 필요한 원초적 규율로서의 노블레스 오블리주 말이다. 전쟁의 상황에서 민중의 자유를 박탈해야만 할 때, 필히 동반되어야 하는 규칙으로서의 노블레스 오블리주 말이다.

　하지만 현실은 의문스럽기만 하다. 관련 주요 공직자들 상당수가 강남 주택 소유자, 다주택 소유자라는 사실이야 어디 하루 이틀 된 일도 아니고 놀랍지도 않다. 하지만 '다주택자를 고통스럽게 하겠다, 모두 주택을 팔아라'라며 연일 엄포를 놓고는 그들 자신도 다주택을 포기 못 해 안절부절못하는 모습은 정말이지 가관이다. 지방과 서울 아파트를 놓고 고심하다가 결국 평수도 작은 서울 아파트를 선택했다는 한 고관대작의 소식은 차라리 고마울 지경이다. 결국, 어떤 선택이 좋은 선택인가를 모호한 말이 아닌 명쾌한 행동으로 보여준 셈이므로. 주택가격 안정, 지역균형발전, 지방 활성화, 다 좋은 말들이다. 하지만 국민들은 정책가들의 말이 아닌 행동에서 메시지를 읽는다. 그리고 일련의 상황에서 국민들은 이미 다 눈치를 챘다. 그들 자신도 전장에 나가고 싶은 생각은 없다는 것.

　다시 말하지만, 노블레스 오블리주는 전쟁 상황에 필수적인 원초적인 규율이다. 노블레스 오블리주가 없는 전쟁에는 누구도 희생하지 않는다.

그리고 희생이 없는 전쟁에서는 승리도 없다. 결국, 부동산 전쟁은 팬데믹 만큼이나 앞이 보이지 않는 길고 긴 싸움이 될 것 같다. 상황이 이러다 보니, 역사가 직접 뭔가를 암시하고 싶은 듯하다. 딱 이 시점에 맞추어 수도권 인구가 드디어 비수도권 인구를 앞지르기 시작했다는 뉴스가 흘러나왔다. 역사에 단 한 번 있는 이 교차점의 의미에 대해 고민하며 생각해줄 고관대작이 있기나 할지 모르겠다.

호텔 같은 주택, 주택 같은 호텔

공실 호텔을 임대주택으로 개조하자는 정책대안에 대하여

부동산 정책이 내내 논란이 되고 있다. 분위기로 보아 연말이라고 쉬어 가지도 않을 것 같다. 하지만 뉴스를 장식하는 키워드는 몇 주가 멀다 하고 계속 바뀌어 가기에, 그리 식상하지는(?) 않다. 얼마 전까지만 해도 '그린벨트 해제'나 '수도 이전'과 같은 거대 키워드가 장식하더니, 다시 '상가'나 '호텔' 같은 소소한 키워드가 대세이다. 키워드가 등장했다가 이내 사라져가는 형국이 마치 투수전이 한창인 야구경기에서 타자가 들어서자마자 공 세 개 만에 줄줄이 삼진당하고 나가는 모습 같다.

비어있는 호텔을 리모델링하여 임대주택으로 활용하겠다는 정책은 적어도 아이디어 차원으로는 그럴듯하다. 경기저하에 팬데믹까지 겹쳐 적자 영업을 감수하는 판에, 이 건물들을 사 주면서 한편으로 집 없는 서민들에게 갈 곳도 내준다니. 일종의 중매라고 본다면, 그야말로 절묘한 중매쟁이 노릇이 아닐 수 없다.

하지만, 주택문제가 중매쟁이 노릇으로 쉽게 해결될 것이었다면 애초에 여기까지 오지도 않았을 것이다. 그렇게 연결만 해주면 된다면야 어디 호텔뿐일까. 상업시설, 운동시설이고 간에 종류 가리지 않고 모두 주거로 개조할 수도 있다. 그뿐만 아니라 흔하고 흔한 야산들도 갈아서 택지로 공급하면 몇천 채, 몇만 채도 어렵지 않게 공급할 수 있다. 문제는, 한국인의 주택에 대한 '허기'는 주택의 양을 늘리는 기막힌 아이디어로 해결될 수는 없다는 데 있다.

양의 문제가 아닌 것은 몇몇 상황만 보아도 분명하다. 먼저 주택공급률이다. 60%대에 머무르던 1980년대도 있었지만, 지금은 이미 100%를 넘어선 지 오래다. 양으로는 모든 세대가 가지고도 남을 양이 있다. 그럼에도 80년대보다 지금이 집을 구하기 쉽다고 보는 사람은 아무도 없다. 양의 문제가 아니라는 것은 또 수도권을 조금만 벗어나도 알 수 있다. 지방도시로 가면 심지어 도심권에도 스러진 빈집들을 적지 않게 볼 수 있다. 한편에서 주택이 부족해 아우성, 다른 한편에는 넘쳐서 아우성이다. 이런 상황은 '허기'가 어떤 성격의 것인지를 말해준다. 2020년 한국인의 허기는 주택의 '질'에 대한 갈급함이지, 그저 몸 누일 처소를 구하는 데 있지 않다는 것이다.

그러면 주택의 질이란 어떤 것일까. 여기서부터 골치가 아파진다. 공산품이야 상품 자체만 잘 만들면 얼마든지 가치가 형성된다. 하지만 주택은 그렇지 않다. 잘 지어졌다고 해서 무턱대고 사갈 사람은 없다. 그보다는 그 주택이 어느 도시, 어느 위치에 있는가가 더 중요하다. 심지어는 이웃 사람들이 누구인가가 주택 가치를 결정하기도 한다. 집 자체보다 그 입지, 주변 여건이 더 중요하다는 것이다. 어디 그뿐인가? 공산품은 오래될수록 가치가 떨어져 가지만, 주택은 그렇지도 않다. 지역 발전과 같은 '미래전망'이 있으면, 당장 허물어져 가는 집이라도 번듯한 아파트 몇 채 값이 되기도 한다. 결국, 주택의 질이란 첫째 입지이고, 둘째 미래전망이다. 나머지 요인들은 이런 대세에 딸린 부수적인 것들일 뿐이다.

그래서 지금 사람들이 허기져서 찾는 것은 이 두 가지 중 그래도 하나라도 만족하는 주택이지, 그저 아무 데나 있는 방 한 칸은 아니란 것이다. 그럼에도 불구하고, 아직도 상황인식 없이 아무 처방이나 내리는 사람들도 적지 않다. 알 만한 경영학 전문가 한 분이 '당장 용적률 제한 다 풀고 녹지도 개발 허용하면 주택문제를 잡을 수 있다'라고 말하는 것을 보기도 했다. 많이 만들어 공급하면 수요가 해결되는 공산품과 주택의 차이를 구분도 못 하고 있다. 입지도 미래전망도 없는 주택들을 마구 공급한다고 작금의 허기가 해결될까. 지방도시의 빈집과 같은 '잉여주택'을 다시금 만들어 낼 뿐이다.

다시금 지금의 임대주택 문제로 돌아와 본다. 임대주택이야, 원래가 미래전망과는 무관한 것이니 그야 포기한다고 치지만, 입지 여건은 과연 어떨까. 위락시설 등으로 둘러싸인 상업 가로가 호텔로서야 좋겠지만, 당장 가족을 이끌고 들어갈 서민 세대에게 달가운 여건일 리 없다. '호텔'이라는 질 좋은 건축물이 임대주택으로도 좋은 공급원이 될 수 있을 것 같지만, 현실은 전혀 그렇지 못하다는 것이다. 또 다른 잉여주택이 되지나 않을까 우려하는 이유이다.

임대주택처럼 당장 허기를 해결하기 위한 '급식'과 같은 정책도 물론 필요하다. 하지만 조금 굶더라도, 식판에 담긴 급식은 먹고 싶지 않다는 것이 지금의 주택 수요이다. 정식까지는 아니더라도 잘 차려진 '백반' 정도는 먹고 싶다는 소망이 외면될 이유는 없다. 굳이 질 좋은 주택의 공급은 억제하면서 양 위주로 가야 할 이유도 전혀 없다. 양과 질, 두 가지가 동시에 추구되는 '투트랙' 정책도 얼마든지 가능하기 때문이다.

주택공급, 이제 잉여주택은 피해야

수도권 아파트 공급 증대 방안 논란에 대하여

얼마 전 컴퓨터를 교체하면서 쓰던 것은 소외계층에게 기증하려 한 적이 있었다. 하지만 기증을 연결하는 분은 이를 정중히 사양했다. 낡은 컴퓨터는 소외계층도 받기를 원치 않는다는 것이었다. 아 그렇구나, 컴퓨터 자체는 남아도는 시대이구나. 다만 쓸 만한 컴퓨터가 부족할 뿐. 내가 버리는 것이면 남들도 원치 않는 '잉여 컴퓨터'일 뿐이란 것을 깨달을 수밖에 없었다. 그런데 지금의 주택문제가 이렇다. 놀랍게도 이미 '잉여주택'의 시대로 들어선 지 오래다. 주택공급률은 100%를 훌쩍 넘어 110%를 향해 가고 있다. 지방도시에는 시가지에도 빈집과 공실들이 상당하다. 집이 없는 게 아니라 '살 만한 집'이 부족한 게 문제인 시대라는 것이다.

주택·부동산 문제가 다가올 대선에서도 가장 뜨거운 이슈로 예정되어 있다. 특히 주택가격 안정 대책은 대선주자마다 하나씩은 다 내놓을 것 같은 태세이다. 그런데 문제는 정책 리더들의 생각이 아직도 단순히 공급 논리에만 머무르는 것 같다는 것이다. 얼마 전 나름대로 영향력이 있다는 학자 한 분이 말한 바에서도 이런 경향을 엿볼 수 있었다. "산지를 개발하고 용적률 규제도 철폐해서라도 공급을 늘리면 주택가격은 안정된다"라는 요지였다. 한마디로 모든 땅에 최대한 주택을 짓게 허용하자는 것이다. 일견 그럴듯하지만, 전형적인 공급 논리이다. 우리나라의 주택문제는 이제 그렇게 단순하지 않다. 공급을 늘리되 '살 만한 주택'이어야 하는 시대이기 때문이다. 그렇지 않으면 잉여주택이 되고 만다.

그럼에도 중고 컴퓨터 기증하듯, 그저 집을 많이만 공급해주면 문제가 풀릴 것이라는 착각들이 여전히 정책에 들어 있다. 정치권에서 임대주택, 모텔 주택, 그린벨트 주택, 공공부지 주택 등등의 대안을 내놨고 지금도 내놓고 있지만 국민들의 반응은 계속 시큰둥하기만 하다. 대통령이 직접 나서 '4인이 살아도 충분한 13평 임대아파트'를 홍보하기도 했지만 역시 반응은 싸늘했다. 이유는 간단하다. 이런 주택들에서 국민들은 그다지 살 만하지 않은, 말하자면 잉여주택의 냄새를 맡았기 때문이다.

그러면 앞서 말했듯 산지를 개발하고 용적률을 푸는 것은 대안이 될까. 현실은 그리 간단하지 않다. 우선 산지를 주택지로 개발하는 부분을 보자. 정책가들의 큰 착각 중 하나는 멀리 외곽에 저렴한 주택을 대량으로 공급하면 저소득층이 좋아할 것이라는 생각이다. 하지만 현실은 반대이다. 소득이 낮고 젊은 계층들일수록 오히려 중심지 가까이 살아야 한다. 도시에 몰린 경제적 기회를 잡아가며 생계를 유지하려면 접근성은 필수이기 때문이다. 그래서 차라리 좁고 허름한 집이거나 반지하 주택일지언정, 그들에게 필요한 것은 시가지와 가까운 주택이다. 이런 주거학의 기본 원칙도 모르고 외곽의 산지, 녹지를 풀어 주택을 만들어주겠다니, 결국은 또 다른 잉여주택으로 달려가는 길일뿐이다.

용적률을 풀자는 발상도 크게 다르지 않다. 역시 잉여주택을 만들 위험성이 다분하다. 지금은 이방촌이 되어버린 서울 대림동 사례가 이를 잘 보여준다. 이곳은 주거환경개선사업을 통해서 용적률, 건폐율 등 대부분의 건축규제를 완화해 재개발한 곳이다. 저소득 주민의 주택공급을 위한, 거의 특혜에 가까운 사업이었다. 하지만 제대로 된 도로도 공원도 없이 주택만 빽빽하게 들어선 답답한 환경에 결국은 서민들도 다 떠나가 버린다. 가끔 범죄 영화에서 배경으로 등장하는, 대낮에도 어두컴컴한 소굴 같은 골목길의 모습이 바로 그 결과물이다. 저소득층을 위한다는 개발이 결국 그들로부터도 버림을 받게 된 것이니, 이 역시 잉여주택에 다름 아니다.

대안을 쏟아내기에 앞서 정책가들이 이 시대의 주택문제를 좀 더 정교한 시각으로 바라보았으면 한다. 주택은 그저 양을 늘린다고 가격이 떨어지는 상품과 다르다. 공급의 논리로만 풀 수 있는 대상이 아니라는 것이다. 살 만하지도 않은, 말하자면 잉여주택을, 그것도 대량으로 내놓는다면 문제는 오히려 더 복잡해질 뿐이다. 그러면 대체 잉여주택인지 아닌지는 어떻게 판단할까. 간단하다. 내가 버리는 컴퓨터라면 다른 사람에게도 별 쓸모가 없듯, 내가 살고 싶지 않은 주택이라면 결국은 잉여주택일 가능성이 크다. 입지 여건이나 재산 가치, 그 어느 것도 기대할 수 없는 주택을 내놓고는 대중을 위한 정책이라 생각한다면 이는 정책가의 착각, 자기만 족일 뿐이다. 잉여주택들은 지금도 이미 충분하다. 이제는 무슨 수를 써서라도 살 만하고, 살고 싶은, 잉여가 되지 않을 주택을 늘리는 방법을 모색해야 할 때이다.

빌라촌의 비애

지방 빌라촌 공동화 뉴스에 대한 단상

지방도시의 빌라촌 공실화가 심각한 수준이다. 대학촌과 같이 유동인구가 많은 일부 지역을 제외하고는 전반적으로 비어가고 있다. 십여 세대가 살 수 있는 빌라에 불과 두어 세대만 사는 경우도 허다하다. 아파트에만 다들 신경 쓰는 중 빌라촌의 불이 꺼져가고 있다.

사실 '빌라'라는 표현은 엉뚱하게 자리 잡은 경우이다. 법규상으로 다중, 다세대, 다가구 주택 등으로 구분된다지만 사람들은 그저 빌라 하나로 통쳐서 부르곤 한다. 하지만 원래 빌라(Villa)라 하면 유럽의 호사스러운 저택과 별장을 말한다. 장식과 조경이 그득하고, 다 쓰기도 어려울 만큼 많은 방들이 있는, 영화에서나 볼 법한 저택들이 바로 빌라이다. 어떤 연유에서인지 우리나라에서 빌라는 여러 세대가 사는 주택을 일컫는 표현으로 자리 잡아버렸다. 게다가 화려한 주택이라는 원래 의미와는 전혀 딴판으로 아파트에 진입하지 못한 사람들이 선택하는, 차선의 주택 양식 정도로 인식되곤 한다.

빌라촌이 비어가는 이유는 여러 가지가 있다. 우선, 주거 환경 전반이 너무 답답하다. 상당수 빌라촌은 기존의 단독주택 부지에 5층까지 꼭 채워 건설한 곳이다. 게다가 2006년 이후 건축법이 완화되면서 주택 간격은 더 줄어들었다. 건물 사이 간격이 1~2m에 불과하다 보니, 일조나 통풍, 소음 환경은 물론 사생활 차원에서도 좋을 리 없다.

아파트가 주종인 도시에서 빌라촌은 '자투리'인 경우가 많다. 고층아파트 위주의 도시에서 빌라촌은 졸지에 잉여 생활권이 되어 버린 것이다. 편의시설, 교육환경 조성에 있어 제대로 혜택을 보기 어렵다. 심지어 범죄자들도 상대적으로 허술한 빌라촌을 집중공략(?)하곤 한다. 아파트단지 건설이 빌라촌으로 범죄를 밀어내는, 일종의 부정적인 스필오버 효과랄까.

그나마 장점이라면 주택이 바로 도로를 접하고 있다는 것인데, 이것도 큰 유익이 되지는 못한다. 편안하게 걸을 수 있는 길이 아니기 때문이다. 원인은 1층의 주차장이다. 1층에 주차장을 두면 한 층을 더 지을 수 있는 법령이 만들어지면서, 대부분의 빌라 1층이 주차장이 되어 버렸다. 수시로 드나드는 차량 때문에 길이 끊겨 편안히 걸어가기 어렵다. 차량진입 경사로 때문에 보행자가 짝다리(?)로 걸어야 하는 불편도 크다. 드나드는 차량을 피해가며 경사진 보행로에서 유모차를 끌고 가는 엄마를 가끔 보면 애처롭기까지 하다.

쓰레기 처리문제는 또 어떤가. 길의 사각지대에는 누가 버렸는지 알 수 없는, 분리도 되지 않은 쓰레기가 버려지고, 또 관청에서는 수거를 거부하면서 그저 방치된다. 결국, 바람에 휘날리면서 여기저기로 다 흩어지곤 한다. 어쩌다 휴식을 위해 근처의 근린공원을 가보지만, 무릎 높이로 올라온 잡초와 여기저기 흩어진 쓰레기를 보고는 내키지 않아 다시 걸음을 돌린다.

이상은 지금 지방도시 빌라촌에서 흔히 볼 수 있는 모습들이다. 한마디로 '빌라촌의 비애'라고나 할까. 아파트에 비해 저렴한 주택이긴 하지만, 거기에서는 애들을 기분 좋게 키우며 살기 어렵다는, 결국은 아파트로 가야 한다는 인식이 젊은 부부들에게도 만연하다. 아파트에 진입 못 한 사람들이 잠시 거쳐 가는 '2등 주거지'가 되어 버린 것이다.

이런 문제는 이미 결과로 나타나고 있다. 포항의 경우만 해도 상당수 빌라촌이 심각한 공실을 겪고 있다. 십여 세대가 살 수 있는 빌라 하나에 두세 세대가 채 살지 않는 경우도 많다. 이러다 보니 입주하고 싶은 사람들도 혹여 전세금을 떼일까 해서 들어가길 망설인다. 공실의 악순환이 계속되는 것이다. 주택 부족 문제, 주택가격 급등의 문제가 초미의 관심사이다. 하지만 여기서 주택은 아파트만을 이야기하는 것일 뿐, 지방의 상당수 빌라촌들은 오히려 빈집들이 늘어가고 있다.

이쯤 되면 지방도시의 주택문제는 좀 다르게 봐야 하는 게 아닐까. 수도권이 아파트 공급물량이니, 임대주택, 공영주택을 이야기한다고 똑같이 따라갈 일이 아니란 것이다. 황량해져 가는 빌라촌을 보면 더욱 그렇다. 아파트를 늘려서 빌라촌을 비어가게 만든다면, 결국 아랫돌 빼서 윗돌 괴기와 무엇이 다를까. 그럼에도 여전히 신시가지 개발과 용도 상향이 관심거리이고, 분양 광고는 여기저기 널려 있는 것이 현실이다.

빌라촌의 비애를 좀 해소할 수 있는 정책이 있으면 좋겠다. 정책 사각지대에 있는 빌라촌 생활여건에 대한 최소한의 대책만 있다 하더라도 훨씬 더 많은 사람들이 입주할 수 있을 것이다. 공급은 새로이 건설하는 데에만 있지 않다. 기존 상품을 업그레이드해주는 것도 충분히 공급의 효과를 낼 수 있기 때문이다. 이런 점에서 빌라촌의 비애를 해소해서 살 만한 주거지로 승격시켜주는 것은 주택공급과 주택가격 안정 모두에서 생각해 볼 만한 대안일 것이다.

반지하 제왕과 빌라왕

빌라 전세사기 뉴스를 접하고 나서

왕정시대는 끝난 지 오래이지만 한국 주택시장에는 희한하게 아직도 '왕'이 존재한다. 그것도 두 부류나 말이다. '반지하 제왕'과 요새 갑자기 뉴스가 폭발하고 있는 '빌라왕'이 그들이다. 왕이라는 명칭을 붙이긴 했지만, 사실 그에 걸맞은 품격이나 존경과는 무관한 왕들이다. 오히려 한국 주택시장에 자리 잡은 고질적인 문제점을 드러내는 존재들이라고나 할까. 가능하다면, 조금이라도 빨리 왕좌(?)에서 몰아내고 그 존재를 없애주었으면 하는 생각이 들 정도이다.

반지하 제왕은 반지하 주택에 사는 사람들을 희화화해서 일컫는 표현이다. 영화 '반지의 제왕'을 패러디해 그들을 아주 씁쓸한 왕으로 만들어 버렸다. 알다시피, 반지하라 하면 햇빛이 잘 안 들어온다, 습기가 찬다는 이유로 기피해야 할 주택의 대명사처럼 되어버렸다. 지난 가을, 태풍으로 인한 갑작스런 폭우로 반지하에 살던 한 가족이 끔찍한 피해를 보기까지 하면서, 그 오명은 극에 달한다. 결국 서울시장과 국토부 장관이 앞다투어 반지하를 없애는 정책을 발표하기까지 했다. 안전에 대한 개선은 있어야 되겠지만, 그렇다고 아예 없애는 게 대책인지는 의문이다. 싸고도 좋은 집이란 건 있을 수 없는 시장의 엄연한 현실에서, 반지하라도 선택해야만 하는 사연도 분명 있기 때문이다.

이제 최근 들어 더 큰 충격을 주고 있는 빌라왕 문제로 가보자. 땡전 한 푼 안 들이고도 수백에서 수천 채의 빌라를 소유했다는 사람들, 소위 '빌라왕'에 대한 소문은 계속 있어왔다. 하지만 다들 반신반의했었다. 전세금과 대출을 교묘하게 이용한다면 이론상으로야 가능하겠지만, 과연 정말 그럴 사람이 있을까 말이다. 하지만 이제 소문은 고스란히 사실로 드러났다. 게다가 약간의 위트가 담긴 반지하 제왕과는 다르게, 빌라왕은 아예 음험한 범죄 세계의 일이었다. 수백 채 이상 빌라를 소유했다는 남성과 여성 한 명이 숨진 채 발견되었기 때문이다. 더 문제인 것은, 둘 다 실제 소유자가 아닐 가능성이 높다는 점이었다. 배후에 범죄 조직이 있어 이득은 이들이 다 챙겨간 게 아닐까 하는 의혹이 파다하다.

대체 이 빌라왕 사태를 어떻게 보아야 할까. 단순한 사기범죄로 치부하기에는 우리나라 주택시장의 사각지대를 너무도 잘 알고 이용했다는 생각이다. 여기서 사각지대란 바로 빌라, 그리고 전세제도이다. 빌라는 원래는 유럽풍의 고급 주택을 의미하는 단어이지만, 어쩐 일인지 우리나라에서는 언젠가부터 아파트 아닌 주택을 통칭하는 의미로 쓰이고 있다. 시간이 지나더라도 오히려 가격이 오르는 아파트에 비해, 빌라는 사는 순간부터 떨어지기만 한다는 인식이 일반적이다. 그러다 보니 주택시장에서 빌라의 시세는 기형적인 상황에 놓이게 된다. 예를 들어, 시세로는 2억인 빌라라고 해도, 이를 실제 2억에 사려는 사람을 찾는 것은 거의 불가능하다. 그 돈이면 차라리 대출을 더 받아서라도 다들 아파트를 사려 하기 때문이다. 하지만 같은 빌라를 이번에는 2억 2천만 원에 전세로 내놓는다면 오히려 수월하게 임차인을 찾는다. 아파트 진입을 위한 징검다리로 빌라 전세를 활용하려는 수요는 적지 않기 때문이다. 결국 전세가 매매가격을 초월하는 '깡통전세'가 빌라촌 전역에 만연하지 않을 수 없다.

이런 왜곡된 시장 여건은 어두운 세력들에게 빌미가 되고 만다. 사람들의 성향을 이용해 잘만 설계한다면 빌라를 공짜로 소유하고도 2천만 원의 현금까지 손에 쥘 수 있는 괴상한 기회가 만들어지기 때문이다. 결국, 이 탐욕스럽고도 부지런한 세력들이 빌라 수백, 수천 채를 소유해가는 것은 시간문제일 뿐이다. 이쯤 되면, 앞뒤 모르는 제삼자를 구해 명목상의 소유자로 내세우고는 유유히 사라지는 것도 예상 가능한 결말이다. 더 심각한 결말이라면, 이 명목상의 소유자마저도 의문의 변사체로 발견될 수도 있다. 물론 아직은 이 모든 것이 끔찍한 가정에 불과하다. 세력의 존재에 대해서도 아직은 수사 중이라 한다. 하지만 전국적으로 수천 명 이상의 무주택 서민들이 평생 모아온 종잣돈을 날려버렸다는 점에서 가장 끔찍하고도 비극적인 결말은 이미 현실이 된 것이나 다름없다. 2년마다 이사하는 것도 버거운 서민들이 전세 사기로 보증금을 홀랑 날리는 악몽을 살아가고 있다.

달갑지 않은 이 두 왕을 우리는 대체 어떻게 처리해야 하는 걸까. 건축에서부터 임대방식, 대출과 보증제도에 이르기까지, 대체 어디를 어떻게 손대야 할지 모를 난감한 상황에 도달해 버린 것 같다. 하지만 그저 드러난 문제만 처리하는 대증 요법만으로 풀 수 있는 문제는 아니다. 살펴보았듯이, 그동안 형성되어온 주택시장의 구조적인 맹점에서부터 발생한 문제들이기 때문이다. 왜곡된 주택시장에 만들어진 작은 틈새가 종국에는 많은 사람에게 고통을 주는 큰 사고로까지 이어진 것이다. '악마는 디테일에 있다'라는 말도 있지만, 큰 문제에만 집중하는 동안 사고는 정작 작고 사소한 문제로부터 발생하곤 한다. 정부가 주로 주택공급, 가격 안정과 같은 거시적이고 '큰 정책'에 집중하는 동안 서민 생활을 위협하는 사태들이 예상치 못한 곳에서 속속 드러나고 있는 형국이다. 아파트만이 주택인 것은 아니다. 다양한 유형과 계층을 염두에 두는 좀 더 세밀하고도 입체적인 관점이 필요하다. 그저 나타난 문제만 두들겨 잡는다는 방식의 대처는 또 다른 틈새와 사고로 이어질 수밖에 없다.

전세의 종말?

전세 사기에 대한 정부대책을 접하고 나서

월세 없이 보증금만으로 임대하는 전세제도는 전 세계적으로 드문, 우리나라에만 있는 임대방식이라고들 한다. 역사적으로는 일제강점기 때부터 시작된 것으로 추측하기에, 벌써 백년에 가까운 세월 동안 유지되어온 제도로 볼 수 있다. 하지만 이제 전세는 조만간 사라지지 않겠는가 하는 예측들이 여기저기서 나오고 있다. 물론 이런 말이 나오기 시작한 것도 이미 일이십 년 전인데, 아직 전세가 사라진 게 아니라서 역시 괜한 예측이 아니냐는 의견도 없지 않다. 하지만 지금 남아 있는 전세의 사정을 살펴보면 이미 과거의 전세와는 판이하게 다른 수단이란 점을 알게 된다.

1980년대 이전의 전세는 임대제도이기 이전에 부족하던 주택을 나눠 쓰는, 요새 표현을 빌려 말하자면 일종의 '주택 공유' 수단의 성격도 가졌었다고 할 수 있을 것이다. 인구는 급증하고 사람은 서울로 몰려들었지만 주택공급률은 불과 50%대에 불과하던 당시 상황이다. 말하자면 한 집에 두 가족씩은 살아야 그나마 도시가 돌아갈 수 있던 시절인 것이다. 아직은 '하늘로 올라가는' 아파트는 부족하던 시기라, 주택의 지하는 대부분 전세를 염두에 두고 지어지곤 했다. 웬만한 주택들은 처음부터 주인집-전셋집이 같이 쓰는 구조로 건축되었던 것이다.

그때를 배경으로 하는 드라마가 당시의 이런 모습을 생생하게 보여주기도 했다. '한 지붕 세 가족'이라는, 아예 제목부터 전셋집을 암시하는 하는 드라마가 인기를 끌 당시, 이 제목을 이상하게 생각하는 사람은 아무도 없었다. 당시 서울 외곽지역 주택의 일반적인 모습이었기 때문이다. 또 최근에 나온 80년대 배경 드라마인 '응답하라 1988'에서도 주인세대와 전세세대가 어울려 살던 80년대 동네 모습이 잘 표현되었었다. 주인과 전세세대가 한 가족처럼 어울리거나 냉장고, 전화기를 빌려 쓰는 모습은 지금으로서는 이해되기 쉽지 않은 장면일 법도 하다. 당시 전세는 부족한 주택을 공유하는 수단이었고, 가족들이 이웃사촌으로 맺어지기도 하는 그런 따뜻한 효과를 가졌던 것도 사실이었던 것이다.

하지만 지금의 전세는 어떤가? 보증금만으로 주택을 임대하는 방식이라는 점만 같을 뿐, 그 의미는 너무나 달라졌다. 우선 보증금 규모가 다르다. 과거는 보증금이 매매가격의 절반 이하에 불과했지만, 이제는 그 이상의 보증금을 요구하는 전세들도 부지기수이다. 오죽하면 '깡통 전세'라는 말이 나오겠나. 그뿐인가. 주인세대는 계약서에 도장을 찍을 때나 볼 수 있을까, 어차피 서류상으로만 존재하는 관계이다. 같이 거주하는 방식의 전세는 이제 거의 찾아보기 어렵다. 가장 중요한 차이는, 지금의 전세는

'주택을 나눠 쓰는' 수단이 아니라 '주택을 가지기 위한' 수단이란 점이다. 주거하는 곳 외에 추가로 주택을 매입하고는 이를 전세 놓는 경우가 대부분이기 때문이다. 말하자면 주택 '공유'가 아닌 '소유'를 위한 수단에 가깝다. '한 지붕 세 가족'이 아니라 '세 지붕 한 가족'이 지금의 세태를 더 잘 표현한다고나 할까. 이렇게 보면 지금의 전세는 임대방식이라기 보다는 일종의 '대출 수단'에 가까운 것인지도 모르겠다.

과거의 전세는 분명 어떤 사회적 미덕도 지니던 제도였지만, 오늘날의 전세는 다분히 차가운 주택 자금 조달 방식에 다름 아닌 것 같다. 여기에 더해 최근에는 전세제도의 맹점을 이용한 여러 사기행위까지 등장하고 있어 남은 일말의 미덕까지도 날려버리고 있는 듯하다. 전세 임차인이 전입신고를 하러 가는 동안 집주인이 바뀌어버리기도 한다고 하니, 이제 서로를 의심할 수밖에 없게 하는 방식이 되어버렸다. 전세가 의심스럽다보니, 결국 월세가 급증하고 있고 그 금액도 눈에 뜨이게 올라가고 있다.

안타깝지만, 이제는 정책도 이런 현실을 직시해야만 할 것 같다. 전세가 '집 없는 사람을 위한 제도'라고 보는, 온정주의적인 접근 때문에 현실은 더욱 왜곡되고 있기 때문이다. 정부가 큰 인심 쓰듯 마련한 전세대출제도, 보증금 보험 제도가 엉뚱한 자들이 잇속을 챙기는 데 윤활유로 소모되고 있는 지경이다. 막연히 베풀 듯 하는 전세보호가 오히려 사회적 신뢰를 붕괴시키고 빌라왕 같은 문제까지 일으키고 있는 것은 아닌지 점검해봐야 할 것이다. 전세제도, 아주 정교한 보호 장치가 마련되거나 그렇지 못하다면 사라질 수밖에 없는 상황에 놓인 것 같다.

혼돈의 주택·부동산 시장

부동산 거래 부진 소식에 대한 단상

주택·부동산 시장이 혼란스러운 가운데 지방과 서울의 격차가 너무 커지고 있다. 평균적인 시세를 보자면 서울 아파트의 중간가격은 이미 10억을 넘어가는 것으로 나타나고 있다. 그에 비해 경북 지역은 1억을 조금 넘는 정도이다. 거의 열 배에 가까운 차이이다. 구체적인 사례로 비교해 보아도 크게 다르지 않다. 경북의 대표 도시인 포항의 경우 괜찮은 아파트의 시세는 대략 3억 후반 정도이다. 그런데 서울의 경우 중상위권 정도인 송파나 잠실의 아파트만 해도 30억 원을 훌쩍 넘어간다. 역시 열 배 가까운 차이다.

주택 수요에서도 차이는 크다. 서울은 늘 주택에 목말라 허덕이는 지경이다. 지방도시 입장에서는 이해가 쉽지 않지만, 이번에 수해 사고가 난 '반지하' 주택도 서울에서는 수십만이 사는, 엄연히 수요가 있는 주거이다. 그뿐만 아니라 고시원, 셰어하우스 같은 일종의 변칙형 주거에도 수요는 늘 넘친다. 심지어 방 한 칸을 쪼개어 쓰는 불법 '쪽방촌'도 성업 중일 정도이다. 하지만 같은 시기 지방에서는 오히려 빈집이 골칫거리로 등극하고 있다. 경북의 경우 전체 주택의 12.8%가 빈집이라고 한다. 서류상으로만 사람이 사는, '사실상 빈집'은 무려 38.1%나 된다. 세 집 중 하나가 빈집인 셈이다. 그러다 보니 주택보급률에서는 무려 115.4%라는 높은 수치가 나오고 있다. 농담을 보태자면, 말만 잘하면 살 집 하나는 거저 얻을 수도 있을 것 같은 상황이다. 서울과 지방이라고 해봤자 따지고 보면 불과 두세 시간 거리일 뿐이지만 주택·부동산 여건의 차이는 이렇게 놀라울 정도로 크다.

그런데 이상하다. 시장에 대응하는 방식은 서울이나 지방이나 큰 차이가 없다. 서울은 지난 정부에서의 폭등과 대출 규제 이후 거래가 거의 끊긴 지경이다. 새 정부의 공급 대책도 불확실한 부분이 많다 보니 시장은 여전히 멈춰있다. 그런데 상황이 전혀 다른 지방 중소도시에서도 역시 주택 거래는 부진하다. 부동산 사이트에는 몇 달째 같은 매물들이 맴돌고 있고 '급매물'도 몇 달째 기별 없이 머무르고 있다. 새 아파트단지의 분양권 전매만 요란할 뿐이다. 서울의 경우는 이해가 간다. 이른바 '영끌 대출'로 집을 보유한 사람들은 낮은 가격에 팔 수가 없다. 반면 살 사람은 조만간 떨어지기를 고대하며 기다리는 형국이기 때문이다. 하지만 이와 전혀 다른 형편의 지방 중소도시에서도 덩달아 거래가 멈춰버린 것은 아무래도 이해가 어렵다.

관련 정책도 그렇다. 지방 중소도시라고 해서 서울과 다른 게 없다. 여전히 공급 확대 정책이다. 물론 방법은 다르다. 서울은 역세권과 재건축의 제한을 풀어서 공급한다고 하고, 지방 중소도시는 고속철도나 혁신도시, 민간공원과 같은 호재를 이용해서 공급하겠다는 식이다. 그런데 서울의 경우는 정책 구상만 할 뿐, 아직 제대로 실현되지는 못하고 있다. 반면 지방 중소도시에서는 정말로 대규모 택지가 신시가지 형태로 여기저기 개발되고 있다. 정작 공급이 필요한 서울에서는 궁리만 하는 동안, 인구가 감소하는 지방 도시에서 오히려 브레이크도 없이 공급이 늘어나는 양상이다.

서울과 지방의 부동산 시장이 마치 다른 세상만큼이나 큰 차이를 보이는데, 대응하는 방식은 비슷하다면 이건 좀 이상한 일이 아닐까. 특히 주택이 모자란 곳이나 여유 있는 곳 모두 정책 방향이 비슷하다는 건 아무래도 문제가 있다. 아직도 상당수의 지방도시들이 과거의 주택공급 논리에 기대어 흘러가고 있다는 것이다. 하지만 이제 지방에서는 '주택공급'이라는 말 자체가 어색한 시기가 되었다. 이미 빈집 처리가 골칫거리인 상황이 되었기 때문이다. 물론 헌 집을 떠나 새집으로 옮기려는 수요는 늘 있다. 하지만 그런 수요는 어디까지나 선택적일뿐더러, 성장 시대의 폭발하던 수요에 비하면 매우 작은 양이다. 새로 개발된 대단위 아파트단지 상황만 보아도 그렇다. 자체 수요보다는 외지 세력의 투기적 매입이나 분양권전매 싸움터가 되는 지경이다. 대량공급은 이제 적어도 지방에서는 철 지난 정책이 되어 버린 것이다.

지방도시들은 이제 서둘러 각자의 여건에 맞는 주택·부동산 정책을 추구해야 하지 않을까 한다. 주택 수요자들도 수도권 발 뉴스가 아닌 지역의 현실에 익숙해져야 할 때가 되었다. 서울, 수도권과 비슷한 흐름으로 가기에는 기반에 깔린 조건들 자체가 너무나 심하게 달라지고 있기 때문이다. 기회 될 때마다 공급하고 보는 방식이 아닌, 인구 흐름과 구시가지의 상황, 지역 수요의 변화에 따라 공급을 조절하는 방식이 지역마다 자리 잡을 필요가 있다. 그렇지 않다면 구시가지 공동화에 이어 초유의 신시가지 공동화라는 짐까지 지게 될지 모른다.

층간소음, 어떻게 봐야 할까

복지부 '집콕 댄스' 공익광고 논란 이후

아파트 층간소음으로 인한 한국사회의 스트레스가 극심한 수준이다. 이웃 간의 다툼을 유발하는 것은 물론 그로 인한 살인까지 있었을 정도이다. 얼마 전 보건복지부가 만들었다는 '집콕 댄스' 사태가 이를 적나라하게 보여준다. 집안에서 한 가족이 흥겹게 춤을 추는 영상인데, 층간소음을 조장한다는 비난으로 연결되면서 급기야 관련 부처가 대국민 사과까지 하게 된다. 보건복지부가 사려 없이 가벼운 콘텐츠를 제작하는 것이 우습다. 하지만 생각해 보면 그 장면을 굳이 층간소음과 연결시키는 것도 이해가 쉽지 않다. 춤을 추는 곳이 굳이 아파트라는 근거도 없지만, 영상을 본다고 실제로 그 춤을 따라 출 가족도 있을 리 없다. 그럼에도 불같은 비난이 일어난 것은 층간소음에 대해 한국사회가 얼마나 예민해졌는지를 가늠하게 한다.

층간소음은 정확하게는 소음이라기보다는 '진동'에 가깝다. 아파트 벽체 구조의 울림으로 나타나는 것이기 때문이다. 이를테면 사람을 상자에 넣고 밖에서 두들길 때 안에서 느끼는 불쾌감과 같은 것이다. '건물 진동 불쾌감'이 보다 정확한 표현일지 모르겠다. 그래서 몇 개 층 떨어진 곳의 진동이 전해져 불쾌감을 주는 것도 가능하다. 그러다 보니 때로 엉뚱한 이웃과 싸움이 붙기도 한다. 그러면 이런 진동은 왜 요새 들어 더욱 문제가 되는 것일까?

우선, 우리가 전에 없던 고층건물 시대를 살고 있기 때문이다. 지금의 아파트는 대부분 30층 이상이다. 10층만 되어도 까마득한 고층으로 생각하던 적이 있었지만, 이제는 50층 이상도 흔하다. 아파트 형태도 달라졌다. 예전에는 긴 복도를 따라 여러 세대들이 줄을 지어 붙어있는 형식이었다. 하지만 이제 복도는 사라지고 승강기를 따라 한 층에 두서너 세대만이 살고 있다. 예전에 비해 층높이는 높아지고 바닥은 좁아진 것이다. 같은 면적에 예전보다 대략 5배나 많은 세대들이 아래위로 놓인 형국이다. 좁은 면적에 더 많은 진동이 집중되는 셈이니, 문제가 심해지지 않을 도리가 없다.

또 다른 이유는 아이러니하게도 건축구조의 발달이다. 예전의 저층 아파트가 일종의 단단하고 묵직한 덩어리와 같은 구조라고 한다면, 오늘날 고층아파트는 날씬하고 가벼운 막대기와 같은 구조이다. 얇고 가볍지만 버티기는 더 잘 버틴다. 외부로부터 충격이 와도 이를 받아넘기면서 지나가기 때문이다. 지진 당시에도 고층아파트들은 몹시 흔들렸었다. 하지만 염려하듯이 부러지거나(?) 넘어진 것은 하나도 없었다. 오히려 5층의 저층 아파트가 쓰러진 경우가 있었다.

차이를 잘 보여주는 부분은 아파트의 바닥이다. 예전 아파트의 바닥은 40cm가 넘는 두께로 지어졌지만 요새 아파트는 20cm 정도에 불과하다. 절반의 두께만 가지고도 충분히 강하게 만들기 때문이다. 바닥이 얇아지면 재료는 줄어들고 층높이는 높일 수 있어 일석이조다. 하지만 가볍고 얇아지다 보면 진동은 더 많아질 수밖에 없다. 결국, 층간소음으로 이어진다. 이렇게 보면 층간소음은 흔히 말하듯 '재료 빼먹기'나 부실공사의 결과라기보다는 오히려 현대 건축기술이 발달했기 때문에 생긴 부작용이다.

일단은 그렇다 치고, 그러면 층간소음의 해결은 가능한 것일까. 물론 층간소음을 줄이기 위한 방안은 많이 언급되고 있다. 대표적인 것이 '기둥구조' 아파트 건설이다. 상자와 같아서 진동에 취약한 지금의 '벽식구조' 아파트의 대안이다. 진동을 흡수하는 마감재 개발도 진행되고 있다. 하지만 앞서 말했듯 고층아파트 양식 자체가 가장 큰 원인이다 보니, 이러한 부수적인 방안들이 만족할 만큼 효과를 발휘하기 어려울 것 같다. 효과가 좀 있다 하더라도 시공비가 올라가고 세대수는 줄어들게 만든다. 지금도 하늘을 뚫을 기세인 아파트 가격을 더 자극할까 두렵다.

결국, 지금으로서는 층간소음이란 것은 우리 스스로가 선택한 주거문화, 주거 양식의 필연적인 단점이라고 봐야 하지 않을까 한다. 우리가 사랑해 마지않는 한국형 고층아파트 양식이 원래부터 가지고 있던 어두운 일면이라는 것이다. 사랑해서 스스로 선택한 대상이라면, 그 단점도 품어야 한다고들 한다. 이건 사람뿐 아니라 주택에도 해당하는 말이다. 세상에 완전한 주거 양식은 없기 때문이다. 그래서 단독주택, 빌라, 연립주택, 전원주택 등등이 있고 저마다 여건에 맞추어 살아가는 것이다. 당연한 말이지만, 층간소음을 피해의식과 다툼으로 대처하기보다는 생활문화를 통해 의연하게 대처할 수 있는 인식이 필요할 수밖에.

아파트 왕국, 과연 영원할까?

아파트 청약시장 과열 현상에 대한 단상

프랑스에서 온 한 지리학자가 한국의 주거상황을 돌아보고는 '아파트 공화국'이라고 칭했다고 한다. 그만큼, 한국인의 아파트 선호는 그저 높은 정도를 넘어 완전하고 절대적인 수준이다. 신개발, 재개발을 불문하고 모든 개발의 목표는 결국 아파트단지의 건설에 있다고 해도 과언이 아니다. 정치권을 연일 시끄럽게 하던 부동산 이슈도 따지고 보면 아파트 가격을 어떻게 통제하느냐 하는 문제로 귀결될 뿐이다. 아파트 공화국이라는 표현도 참으로 절묘하지만, 아파트가 이 나라에서 차지하는 절대적인 비중을 생각하면 차라리 '아파트 왕국'이 더 타당한 표현이 아닐까 한다.

돌이켜보면, 한국인이 처음부터 아파트를 선호한 것은 아니었다. 한국인은 기본적으로는 땅에 발을 디디고 좌식으로 살아가는 민족이다. 세계 건축사에 유례없을 정도로 단층 위주로 발전한 조선 시대의 건축이 이를 보여준다. 건국 후 1958년, 최초의 아파트인 종암아파트가 건설되었을 때에도 대중들은 '집 위에 또 다른 집'이 있는 이 기이한 양식에 거부감부터 보였던 것으로 전해진다. 미국 자본, 독일 기술로 만든 현대식 주거였지만, 국민들의 반응은 신통치 않았다. 1962년에는 최초의 단지형 아파트인 마포아파트가 건설되었지만, 여전히 주류 주거문화로 자리 잡지는 못했다.

하지만 1970년대에 이른바 강남개발이 시작되면서 이 모든 상황은 달라지기 시작한다. 오와 열을 맞추어 군대처럼 배치한, 지금 보면 투박해 보이기만 하는 아파트단지들이었다. 하지만 단독주택에는 없는 편리함, 주거환경, 거기다가 전에 없던 '투자가치'까지 갖춘 이 상품의 매력에 대중들은 눈을 뜨기 시작한 것이다. 그 이후의 스토리야 우리가 익히 아는 바에 다름 아니다. 단층의 한옥과 초가집에 살던 민족이 불과 50년 만에 50층도 마다하지 않는 '초고층 종족'으로 변신해 버린 것이다. 주거에 대한 모든 문화와 역사가 뒤집혀 버리는 아파트 혁명이었다고나 할까.

2020년 현재, 아파트 왕국에서 더 이상의 혁명은 없어 보인다. 한국인들에게 아파트는 취향이 아닌 인생의 목표 그 자체가 되었다. 1970년이 아닌 2020년 현재에도 아파트 청약시장은 여전히 뜨거울 뿐 아니라, 심지어 연일 신기록을 세우고 있다는 뉴스가 이를 증명해준다. 하지만 반란이 없다고 해서 왕국이 영원한 것만은 아니다. 왕국이 강고할수록, 침입이 아닌 내부 붕괴로 스러져간다고 하지 않는가. 견고해 보이는 아파트 왕국에도 멀리 볼 때 우려가 없지는 않다. 우려는 크게 보아 두 가지이다.

첫 번째 우려는 재건축이 필수일 수밖에 없는 우리나라 아파트의 특성이다. 우리나라의 고층아파트는 의외로 오래 쓸 수 있는 주거는 아니다. 단독주택처럼 아쉬운 대로 고쳐가며 쓸 수 없다. 같은 아파트라고 하지만, 200년 넘게 쓰이는 파리 시내의 아파트와는 전혀 다른 양식이다. 한국의 아파트는 처음부터 2~30년이 지나면 완전히 허물고 새로이 짓는, 즉 재건축을 전제로 하여 발전되어 왔기 때문이다. 아파트의 장점인 투자가치라는 것도 따지고 보면 2~30년 뒤 다시 새집으로 돌아온다는 '재건축의 마법'이 있기에 가능한 것이다. 그러면 재건축은 앞으로도 계속 가능한 것일까?

바로 여기에 문제가 있다. 재건축이라는 마법에는 두 가지 재료가 필요하다. 첫째는 아파트의 가격의 지속적인 상승이고, 둘째는 용적률의 상향이다. 이 두 재료가 있어야 비로소 재건축의 마법이 발동될 수 있다. 하지만 이미 법정 용적률을 소수점까지 채우고 올라간 50층 아파트에 그런 재료들이 남아 있을까? 앞으로 2~30년 뒤, 지금의 아파트들은 과연 재건축될 수 있을까?

두 번째 우려는 당연하게도 인구감소와 빈집 증가 추세이다. 빈집 증가는 단독주택만의 문제가 아니다. 계속되는 빈집 증가는 언젠가는 아파트 단지로 침투할 수밖에 없다. 문제는, 단지형 아파트는 공실에 지극히 취약한 양식이란 점이다. 단지형 아파트는 모든 세대가 꽉 들어찰 것을 가정하고 건설한 시스템이다. 단독주택과는 달리, 공실이 조금만 발생해도 관리비 증가나 안전문제가 단지 전체로 파급된다. 30% 정도 공실이 생기면 단지 전체가 순식간에 슬럼으로 변해가는 문제는 이미 서구나 일본에서는 나타난 현상이다. 인구감소추세가 역력한 지금, 우리나라의 아파트단지라고 이런 문제에서 예외일 수 없다.

다양성이 없는 생태계가 자연재해 앞에 취약하듯, 고층 아파트단지로 통일된 한국의 주거 생태계도 미래 변화에 취약할 수 있다. 성장과 증가를 배경으로 탄생한 아파트 왕국이기에, 모든 조건이 변해갈 미래에 대한 우려는 더욱 클 수밖에. 현명한 왕국은 절정일 때 미리 미래의 위기를 대비하기 마련이다. 우리나라의 주거 정책도 아파트 그 이후의 미래를 점검하고 대비해야 할 시점이다.

제5장

발등의 불, 지방위기

예상은 오래전부터 되어 왔다.
하지만 어느덧 현실로 들어왔고, 그것도 생각보다 깊이 들어와 있다.
인구감소, 행정구역 소멸, 지방대학 몰락이 연달아 뉴스에 오르고 있다.
그 와중에 팬데믹까지 찾아와 지방도시를 그로기 상태로 몰고 있다.
하지만 원인이 아닌 결과일 뿐인 이런 현상들 앞에서
지방도시들의 체질은 너무나 취약한 상황이다.
거대시설 유치나 행정구역 통합,
그리고 중앙지원으로 일제히 실행하는 도시재생 사업,
과연 지금의 지방도시들을 구해줄 수 있을까.
시간이 걸리더라도 지역의 고유성과 자발성을 찾아가는 싸움을 해야 하지 않을까.

인구절벽을 대하는 우리의 자세

사상 초유의 인구감소 뉴스에 대한 단상

올 것이 왔지만, 예상보다 더 빨리 왔다. 지난주에 일제히 보도되기 시작한 우리나라 인구감소 말이다. 통계 사상 최초로 '자연감소'가 일어나기 시작했다는 것이다. 2030년경이라던 그동안의 예측에서 10년이나 앞당겨졌다. 고려에서 조선에 이르는 동안 최대 수백만 정도에 머무르던 한반도의 인구는 1900년대 초반 공식적으로 1000만을 넘는다. 그리고는 불과 한 세기 지난 2012년에는 다섯 배인 5000만까지 급성장했지만, 폭주하던 추세가 2000년대 들어 급격히 완화되더니 결국 예상보다도 빨리 감소추세로 들어선 것이다.

인구감소는 대부분 선진국들이 겪는 운명(?)이라 생각하며 넘겨보려 해도 그게 쉽지 않다. 정보산업의 시대라고 하지만 그럼에도 총인구는 국력의 바탕으로 아직도 인식되고 있기 때문이다. 총인구 감소도 문제이지만,

우리나라의 경우 세계 최초일지 모를 0점대 출산율이 더 큰 충격이다. 출산율의 저하는 경제활동인구의 감소와 노령사회로 직진하는 지름길이기 때문이다. 시간을 두면서 진행되면 충격에 대비라도 하겠건만, 이건 빨라도 너무 빠르다. 정확한 인식과 대처가 필요한 시점이 아닐 수 없다. 하지만 그동안 우리나라에서 인구문제를 다루어 온 방식이나 자세를 보면, 과연 이런 역사적 위기를 제대로 다룰 수 있을까 하는 의문이 든다.

첫째로 지적하고 싶은 것은, 비현실적인 수준으로 인구증가를 추구하는 정책 관습이다. 특히 지자체의 정책들이 그러하다. 대표적인 것이 각 지역의 밑그림이라 할 수 있는 도시기본계획이다. 개발을 통해 20년 뒤에는 지역 인구를 두 배로 증가시키겠다는 야심 찬(?) 구상이 아직도 버젓이 들어가곤 한다. 그러다 보니 전국 인구를 합하면 무려 2억이 넘어가기도 했다. 하지만 목표를 달성한 지자체가 있다는 소식은 아직 한 번도 들은 적이 없다. 인구의 양적 증가에 그토록 집착하는데, 현실은 가파른 감소세라니, 이 모순을 어떻게 이해해야 할까. 인구문제를 가지고 정책적 '블러핑'이나 하는 것은 아닌가.

둘째는 인구감소에 대한 지나친 센세이셔널리즘이다. 최근에 떠도는 '한국인 멸종설'이 그 대표이다. 추세대로 가면 2700년대에 한국인은 세상에서 사라진다는 분석인데, 심지어는 국회 보고서에도 인용되었다고 한다. 하지만 이런 분석은 너무도 뜬금없다. 추세 연장에 의한 인구예측기법이라고 해봤자 고작 몇십 년 정도를 바라볼 수 있을 뿐이다. 세상이 변해도 몇 번은 변할 몇 세기 이후는 그저 상상의 영역에 속한다. 위기론을 넘어 종말론까지 동원하는 것은 현실을 마주해야 할 시기에 오히려 현실감을 앗아가 버릴 뿐이다.

마지막으로는 인구증감을 둘러싸고 있는 뻔한 '세대 논리'이다. 말하자면, '국력의 손실을 막기 위해서는 젊은 세대들이 사명감을 가지고 더 생산(?)에 힘써야 한다'라는 식이다. 단언컨대, 여기에 설득되어 아이를 충분히 낳아 줄 젊은 층은 거의 없다. 그 속에 담긴 일종의 세대 논리가 뻔히 보이기 때문이다. 결국, 노후를 의탁하기에 충분할 만한 숫자로 있어 달라는, 기성세대의 그런 요구로 들릴 뿐이다. 문제는 한 해에도 백만 명 가까이 태어나던 베이비부머 세대, 이 역사적으로 무거운 머리가 역사상 가장 가냘픈 허리 위로 올라가는 형국이라는 점이다. 지금의 젊은 세대들은 결코 강한 허리가 못 된다. 숫자도 적지만, 이들이 겪을 환경이 생각보다 훨씬 열악하다. 역사상 최초로 아버지보다 아들의 소득이 줄어드는 세대이다. 한 십 년 일하면 집 한 칸은 구하던 과거와는 달리, 배울 거 배우고 평생 소득을 모아도 자기 힘으로는 아파트 한 채 장만이 불가능한 세대이다. 기성세대가 '나 때는 말이야'라고 운을 떼기 이전에 '이때를 아십니까?'라는 질문을 받아야 할 지경이다. 환경도 다르고 살아가는 문법 자체가 다른데 여전히 성장기의 논리만을 들이대니, 감동도 설득력도 없는 '꼰대질'에 불과하게 되고 만다. 더구나 이런 '꼰대질'로 인구문제를 해결할 수 있다고 생각한다면 큰 착각이 아닐 수 없다.

인구는 어떤 면에서 가장 정직한 숫자이다. 늘어날 만하니 늘어나고, 줄어들 만하니 줄어드는 것이다. 그 시대의 사회문화 환경이 제공하는 용량

만큼만 증가할 뿐이다. 또한, 급하다고 해서 당장 풀리는 문제도 아니다. 이삼십 년 전부터 만들어온 사회 환경의 결과가 지금 드러나는 것이기 때문이다. 다시금 이삼십 년 후를 기약하면서 씨앗을 뿌리는 수밖에는 없다. 숫자로, 성과로 다룰 것도 아니고, 위기감 고취로 해결할 것도 아니다. 다음 세대들에 대한 공감과 그들이 살아갈 환경에 대한 개선 없이 출산이라는 열매만 쏙 빼먹을 수도 없다. 다시금 기본으로 돌아가 가족, 남녀관계, 공동체, 그리고 교육, 주거와 같은 요소들을 찬찬히 살펴보고 개선해나가는 것 외에는 어떤 지름길도 있을 수 없다.

도시재생 - 멍석을 깔아주기 전에

청년창업시설 관련 심의회 이후의 단상

'하던 짓도 멍석을 깔아주면 못한다'라는 속담이 있다. 장터에서 점점 흥이 올라 사람들이 어깨를 들썩이고 노래를 흥얼거리기 시작한다. 그런데 누가 끼어들어 제대로 한번 하라며 멍석을 깔아 무대를 만들어준다. 그랬더니 있던 흥도 깨지고 분위기를 망치더라는 것이다. 은근하고 자연스럽게 해야 할 것에, 굳이 격식과 형식을 부여하는 바람에 부작용만 불러온다는 의미이겠다. 그런데 도시재생이란 명목으로 곳곳에서 벌어지는 사업들이 이 속담을 떠올리게 하는 것은 왜일까? 그중에서도 '청년창업'이라는 말이 들어가는 사업들이 특히 그러하다.

재개발과 다르다고는 하지만, 도시재생 사업에서도 무슨 '플랫폼 조성'이니 하는 명목으로 결국 공간을 조성하는 사업이 중심이 되는 경우가 많다. 그리고 그렇게 만들어진 공간은 예외 없이 '청년', 그리고 '창업'과 같

은 키워드를 달고 있다. 어쩔 수 없는 일이기도 하다. 활기를 잃어가는 도
시에 젊은 세대의 등장은 필요하고, 충분한 일자리도 없는 마당에 창업이
라도 도와주는 게 옳다. 그런데 이렇게 만들어 준 공간들이 위 속담의 '멍
석 깔아주기' 같은 게 아닌가 하는 생각이 든다는 것이다.

청년창업과 관련된 공간들이 어쩌면 터무니없을 정도로 과다한 느낌이
다. 지방도시에도 '청년창업' 류의 간판을 달고 있는 공간들이 이젠 세기도
어려울 정도이다. 어떤 도시에서는 노는 땅 수만 평을 통으로 '청년창업지
구'로 지정했다는 이야기도 들었다. 빈 땅, 빈 건물마다 죄다 이런 종류의
공간들이 들어서는 게 아닐까 하는 생각이 들 정도이다. 경제나 일자리 관
련 사업뿐 아니라 디자인, 문화 관련 사업에서도 비슷한 공간들이 만들어
지다 보니, 명칭만 다르고 내용은 유사한 공간들이 넘쳐난다. 청년창업 공
간의 홍수이다. 하지만 이런 공간들이 과연 얼마나 필요한지, 청년들의 창
업수요가 얼마나 되는지에 대해서는 기본적인 분석조차 없는 실정이다.

창업공간의 시설도 '과투자'라는 생각을 지우기 어렵다. 그럴듯한 인테
리어는 물론이고, 방송 장비, 3D프린터와 같은 4차 산업 설비도 제공되는
경우가 많다. 좋은 시설을 공급해서 나쁠 건 없을 것 같지만 현실은 그렇
지 않다. 그렇게 가져다 놓은 장비들은 초반에 반짝하다가 이내 사용이 줄
면서 골동품으로 전락하고 있다. 안 그래도 호흡이 짧은 첨단 장비들이라,
금세 유지관리도 곤란한 애물단지가 되곤 하는 것이다. 창업이라고 다 4
차 산업도 아닌데, 덮어놓고 장비부터 사고 보는 것도 문제이다.

결국, 실체도 불분명한 청년창업이라는 부문에 멍석부터 깔아주는 우를 범하고 있는 게 아닐까 한다. 그것도 대규모로 말이다. 흥이란 것은 원래 격식 없는 자유로움에서 나온다. 마주치는 사람들의 눈빛과 교감에서 서서히 만들어지고, 그렇게 쌓이다 보면 노래나 춤도 자연히 흘러나오는 것이다. 자유스럽고 즉흥적이며 날 것 그대로인 매력, 그것이 흥의 본질이다. 기획된 무대로 만들어낼 수 없는 그런 것이 바로 흥이다.

청년창업이란 것도 장터의 흥과 같다고 본다. 그들이 멍석이 안 깔려서, 말하자면 제대로 된 오피스와 첨단 장비가 없어 창업하지 못하는 것일까. 그렇지 않다. 차려진 무대보다는 장터의 흥이 필요한 게 그들이다. 장마당처럼 자연스럽게 모여들고 교류하며, 그러다 보면 흥이 쌓여 노래와 춤이 흘러나오는, 그런 자유스러운 장소야말로 그들에게 필요한 공간이다.

기숙사나 버려진 창고, 주차장에서 장난처럼 시작해 글로벌 기업으로까지 되어버린 경우가 많다. 유명한 애플의 잡스도 집의 주차장에서 친구들과 창업한 것으로 유명하다. 그럴듯한 사무실이 아닌 편안하고 자유스러운 장소들이 흥을 불러왔기에 가능했다. 정장에 넥타이 정도는 해야 할 것 같은 오피스는 청년다운 흥이 없는 창백한 공간인지도 모른다.

수많은 창업 공간들은 어쩌면 기성세대들이 '티 내려고' 만든 정책 같다는 생각도 든다. 기성세대들이 도시재생이라는 명목으로 빈 공간마다 창업공간을 '때려 넣는다'라는 느낌이다. 젊은 세대에게 대단한 인심을 쓴 것 같지만, 사실은 그들의 창업 활동을 도심부를 살리는 불쏘시개로 써보겠다는 얄팍한 수로 보이기까지 한다.

멍석은 깔아주지 않아도 좋으니, 먼저 그들이 흥이 나게 해주면 안 될까. 그들이 흥을 올릴 수 있는 여건만 만들어주면 된다. 번듯한 오피스 말고, 차라리 허름하더라도 부담 없이 어울려 살 만한 마을을 하나 만들어 줄 수 있다면 그게 더 낫지 않을까. 창업이라는 부담스러운 딱지는 떼어버리고, 월세도 만기 걱정도 없이 자유롭게 자신들의 흥을 만들어가도록 해줄 수는 없을까. 그러다 진짜로 흥이 나면 무슨 일이 벌어져도 벌어질 것이고, 기성세대는 그저 멀리서 미소만 지어주는, 그런 사업이 진짜 필요한 것은 아닐까. 실체도 불분명한 대상에 자꾸 멍석부터 깔아주려는 식의 재생사업들이 슬슬 불안해지고 있는 시점이다.

도시재생의 오징어 게임

균형발전위 참여 중 도시재생 사업에 대한 단상

오징어 게임이 히트하면서 많이 회자되고 있다. 막장으로 몰린 사람들이 엄청난 상금이 걸린 게임에 뛰어든다는 내용이다. 그런데 게임이 그리 단순하지 않다. 살아남는 사람은 상금을 독차지한다. 패자는 아예 생존조차 할 수 없다. 그야말로 서바이벌 게임이다. 다소 버거운 내용인데도 크게 흥행한 것은 지금의 현실에 호소하는 측면이 있기 때문이겠다. 손님 없는 가게를 유지하느라 빚만 늘어가는 자영업자들, 그런 와중에 단순히 줄만 잘 서서 수백억 이윤을 챙겼다는 개발의 소문들. 이런 뉴스들이 우리 현실이 오징어 게임과 다름없다는 생각을 가지게 한다.

생존을 놓고 벌이는 게임이 개인에게만 있는 것은 아니다. 인구감소, 지방소멸 시대에 각 도시와 지자체들도 어쩌면 이런 거친 게임을 벌이고 있는지 모른다. 도시재생, 활성화는 결국 사람을 얼마나 모으는가 하는 데 있다. 높은 건물을 올리고 도로망을 촘촘히 놓는다 해도 그것들은 활력을 담기 위한 그릇에 불과하다. 그 안에 음식이 담기지 못하면 껍데기일 뿐이란 것이다. 그리고 그 음식에 해당하는 것은 바로 사람들, 그리고 사람들의 활동들이다. 사람들이 거리에 나와 시간과 비용을 써가며 활동을 해 주어야 비로소 한 도시가 활성화될 수 있다는 것이다.

도시재생이 오징어 게임이 되는 이유가 바로 여기에 있다. 사람들의 활동은 분명 양이 정해져 있는 자원이다. 사람들의 숫자도, 그들이 쓸 수 있는 시간과 돈도 결국은 한계가 분명하다. 그러기에 한 지역이 활성화되면 그만큼의 활력이 다른 지역에서는 줄어들게 될 수밖에 없다. 전체로 정해진 양의 활력, 그 유한한 자원을 자기 지역으로 끌어들이기 위해 노력하는 것, 그것이 도시재생이다. 찰스 티보라는 경제학자는 '발로 하는 투표'라는 표현으로 이 시대를 미리 예견한 바 있다. 인구는 줄어드는 데도 그 집중도는 살기 좋은 일부 지역으로만 쏠린다는 것이다. 결국, 지역들도 소멸하지 않고 살아남기 위한, 일종의 오징어 게임에 참여하고 있는 셈이다.

문재인 정권 출범과 함께 도시재생 뉴딜 사업이 어느덧 마무리되어가고 있다. 총 50조 투자 공약이 제시되면서 큰 기대 속에 시작되었다. 하지만 마무리 단계인 지금, 처음의 기대는 상당 부분 우려로 대체되고 있다. 지역마다 수백억씩의 마중물 예산이 주어졌지만, 제대로 이용되고 있는지 모르겠다. 마중물은 마셔서는 안 된다. 우물에 넣어 더 큰물이 솟아나게 할 수 있어야 한다. 그런데 경험도 역량도 부족한 지자체들이 마중물을 들고 망설이다가 결국 벌컥벌컥 들이마시고 있는 형국이다. 마중물 예산으로 재생 효과도 불분명한 건물 몇 채를 짓고는 이름만 거창하게 붙이고 마무리하는 양상이다.

　가장 큰 문제는 전국적으로, 동시다발적으로 진행되는 도시재생 뉴딜 사업의 진행방식이 과연 바람직한가 하는 부분이다. 2017년 이후 대략 400여 곳의 재생사업지구가 지정되면서 사실상 전국의 모든 도시들이 두세 개 이상의 뉴딜 사업을 진행하고 있다. 재생이 그저 지역을 잘 꾸미는 것이라면 문제없겠지만, 활력을 도모하는 것이라면 문제가 크다. 인구감소가 시작되고 팬데믹까지 겹쳐 있는데 전국의 수백 군데에서 '사람을 끌어들이기 위한' 사업을 진행한다는 것이다. 마치 학교 학생들 모두에게 평균 이상 성적을 요구하는 것과 같다. 과부화가 걸릴 수밖에 없고, 성공적인 재생사례가 도출되기도 어렵다.

　사업 실행 과정을 보면 더 그러하다. 전국에서 동시다발적으로 진행하는 통에 재생 관련 인력과 전문가는 태부족이다. 한정된 수의 전문가, 업체들이 이곳저곳에 겹치기 출연하며 거의 모든 재생사업들을 담당하고 있다. 결국, 각 도시의 재생정책이 다 비슷비슷하고 차별성이 없다. 정해진 기한에 사업을 완수해야 하다 보니, 지역의 현실을 차분히 연구하거나 지역 전문가를 육성하는 것은 언감생심이다. 결국, 지역의 미래를 다루는 중요한 사업계획이 그 지역을 몇 번 방문하지도 않은 업체들에 맡겨지곤 한다.

　도시재생 뉴딜 사업의 문제를 직시하면서 이제는 후속편을 준비할 때가 된 것 같다. 무엇보다도, 전 지역이 동시에 같은 틀의 재생사업에 뛰어들게 하는 방식은 옳지 않다. 전문 인력과 주민 역량을 육성해온, 준비된 지자체를 중심으로 진행하는 방향이 필요하다. 모든 지자체가 동일한 시한 내에 사업을 진행하는 방식도 지양되어야 한다. 지역 여건에 따라 사업 속도도 조절할 수 있어야 한다. 인접한 소도시들은 통합적인 재생사업을 하도록 해주는 방안도 필요하다. 단기적인 성과를 벗어나 중장기적인 시각을 지향하는 분위기도 마련되어야 한다. 지금처럼 전국 모든 도시가 동시에 사업에 뛰어들게 하는 방식은 그야말로 오징어 게임으로 흐를 수밖에 없을 것이다.

영화 '조커'로 보는 도시재생

영화 조커, 그리고 디트로이트 붕괴 뉴스를 접한 단상

'당신이 먹는 것이 곧 당신 자신(you are what you eat)'이라는 말이 있다. 식생활의 중요성을 말해주는 표현이다. 하지만 식생활보다 더 큰 영향을 끼치는 것이 있다. 바로 우리가 사는 도시이다. '우리가 사는 도시가 곧 우리 자신(you are where you live)'이라고나 할까. 우리는 도시의 영향을 온몸으로 받으며 살아간다. 그렇게 살아가는 동안 우리 삶은 알게 모르게 우리가 사는 도시에 맞추어지게 된다. 도시가 우리의 인생을 만들어가는 것이다. 그래서 프랑스의 사회학자 자끄엘룰은 '도시의 의미'라는 책에서 도시는 사람의 정신과 영혼까지도 영향을 주는 무서운 체계일 수 있음을 지적한다. 사람이 도시를 만들지만, 도시는 다시 그곳에 사는 사람들의 삶을 규정해가는 것이다.

이런 점에서 최근 흥행한 '조커'라는 영화가 오래 여운이 남는다. 영화

속 배경인 '고담'이라는 도시의 지리적 여건은 여러모로 내가 사는 포항을 떠올리게 한다. 동해안에 자리 잡은 이 항만 도시는 원래 다섯 개의 섬으로 이루어졌고, 산업화 이후에 급격히 고용 인구가 늘어나면서 대도시로 성장했다. 하지만 고담에는 언제부터인가 쇠락의 그림자가 드리우기 시작한다. 물류가 끊어진 항만은 인적도 없는 어두운 장소가 되어갔고 산업시설들은 빈 창고로 전락했다. 한때 산업 역군이던 실업자들은 일용직을 찾아 거리를 헤매고, 삶을 포기한 노숙자들은 뒷골목을 채우고 있다. 거리에는 쓰레기 더미가 쌓여가지만, 무력해진 시 정부는 이를 제때 치워줄 인력도 고용하지 못한다. 박봉과 격무에 시달리던 지역 경찰은 결국 하나둘씩 매수되고, 범죄조직은 사실상 도시의 권력으로 공공연히 자리 잡아 간다.

바로 여기서 조커의 스토리가 시작된다. 주인공은 변변한 직장을 얻지 못해 피에로 분장을 하고 이벤트를 다니며 살아가는 인생이다. 이벤트라고 해 봤자 주로 폐업정리일 뿐이고 그가 희망하는 밝은 인생과는 거리가 멀다. 그래도 영화 초반 주인공은 삶을 재생하기 위한 시도를 지속한다. 팍팍한 삶에 어린 시절 트라우마로 인한 정신적 문제도 가지고 있지만, 삶을 포기하지는 않은 것이다. 그러나 이런 노력도 곧이어 좌절된다. 그나마 의존하던 공공 상담 프로그램마저 시 재정 악화라는 핑계로 갑자기 취소되어 버린 것이다. 조커라는 희대의 악인은 그냥 태어난 것이 아니라 고담시라는 열악한 환경에서 만들어진 것임을 영화는 보여주고 있다.

이 스토리가 주는 메시지는 여러 가지이겠다. 하지만 내게는 재생 없는 도시가 얼마나 무서울 수 있는가 하는 질문으로 다가왔다. 환경여건은 사람의 됨됨이에 큰 영향을 준다. 그래서 교육환경, 가정환경은 우리가 다른 무엇보다도 중요하게 보는 여건들이다. 하지만 이 모든 것을 통합하고 있는 도시환경의 중요성에 대해서 우리는 잘 인식하지 못하는 경향이 있다. 재생이 사라진 도시는 결국 구성원의 삶을 재생해줄 여력도 잃게 된다. 좌절의 순간에 들릴 수 있는 상담소가 있는 도시, 우울한 나날에 밝은 빛과 신선한 공기를 느끼며 산책할 코스가 있는 도시, 밤에라도 걱정 없이 마음껏 활보할 수 있는 도시 - 당연한 것 같은 도시의 기능이지만, 우리 삶을 지속하기 위해 너무나 중요한 여건들이다. 그리고 이를 모두 갖추고 있는 도시는 전 세계적으로도 그리 많지 않다. 쇠락하는 도시들에서 이런 기능들은 하나둘씩 포기되어가기 때문이다.

최근 심각하게 쇠락해가는 일본이나 서구 도시들의 모습을 특집으로 다룬 신문기사가 화제가 되고 있다. 도시 폐쇄로까지 이어지는 극단적인 사례들을 보면서 도시재생이 선택이 아닌 생존 차원의 문제로 성큼 다가오고 있음을 실감한다. 하지만 정말 생존위기에 몰리는 것은 도시 자체가 아니다. 그 구성원들의 인생이다. 실패하고 쇠락하는 도시는 우리의 생활과 삶까지도 얽어매기 때문이다. 그래서 도시재생은 결국 사람에 대한 문제이다. 도시재생에 대해 정책가들은 보다 성실해야 하고 시민들은 더 절실해야 한다. 어느 누군가의 문제가 아닌 바로 우리 자신, 그리고 우리 인생에 관한 문제이기 때문이다. 고담시는 영화적 상상일 뿐이다. 하지만 실제로 이런 전철을 밟아간 현실의 도시도 적지 않다.

도심 공동화, 누가 유발했나?

진주 혁신도시를 다녀온 이후

　많은 지역에서 도시재생 사업이 진행되고 있다. 그런데 가끔씩 '도시재생을 왜 해야 하는가?'라는 질문을 받곤 한다. 아마도 그에 대한 가장 간단 명료한 답은 '도심 공동화를 막기 위해서'일 것이다. 하지만 거기서 한 걸음 더 나아가, '도심 공동화는 그럼 누가 일으켰는가?'라는 질문까지 나온다면 거기에는 어떤 답이 있을까.

　얼마 전 사업 심의차 다녀왔던 경남에 있는 한 도시의 형편이 위 질문에 눈으로 볼 수 있는 답이 되어 주는 것 같다. 인구 30만 대의 다들 알 만한 중소도시이다. 임란 때의 사연이 깃든 촉석루가 있는 곳이라면 너무 많은 힌트가 될까. 구불구불 지나가는 남강이 볼거리를 만드는 중에, 먹거리로도 빠지지 않는 매력적인 도시이다. 그럼에도 이 도시 역시 공동화를 피해가기는 어려운가 보다. 역시 구도심부 재생사업이 한창이라고 한다.

도시의 동쪽으로 들어가자마자 처음 보는 경관에 우선 놀란다. 우뚝 선 주상복합 빌딩과 단지형 아파트, 사이사이 정돈된 공원이 수도권 여느 신도시 같은 모습이었다. 곧이어 마주친 LH공사 건물 때문에 의문은 바로 풀렸다. 바로 '혁신도시'였던 것이다. 알다시피 혁신도시는 균형발전 차원에서 정부 기관, 공기업 등을 지방으로 이전시키는 사업이다. 모든 지방도시가 갈망하는 귀한 기회를 얻은 지역인 만큼, 새로 만든 거리에는 젊은 사람들도 많고 활기가 있어 보였다.

다시 출발해 다리를 건너 서쪽으로 나아가니 또 다른 도시 경관이 눈에 들어온다. 역시 반듯반듯한 도로망과 큼직한 상가건물, 그리고 아파트촌들이었다. 공공청사 건물도 보이고 제법 높은 호텔들도 눈에 뜨인다. 혁신도시만큼은 아니더라도 그리 오래된 시가지는 아니었다. 큼직한 쇼핑센터도 보이고 사람들도 여전히 적지는 않았다.

하지만 남강을 또 한 번 건너고 나니, 갑자기 공동화의 기운이 서리기 시작한다. 낡은 도로나 건물과 같은 것은 사실 큰 문제가 아니다. 대로변부터 자리 잡은 자잘한 제조업체나 빛바랜 상점 간판이 공동화를 알려주는 더 직접적인 신호이기 때문이다. 오륙십 년 이상은 된 것 같은 주택촌과 시장길, 골목길을 돌아 드디어 심의 현장에 도착한다. 동에서 서로, 말 그대로 도시를 가로질러 가장 새것에서부터 헌것까지 고스란히 들여다본 여정의 종착지라고나 할까.

그곳 구도심 한가운데에서 보게 된 시민들의 재생 노력에는 감동적인 부분이 많았다. 한때 동네의 아지트와 같았지만, 영업이 중단된 지 오래인 한 목욕탕은 문화 카페로 새 단장 중이었다. 다들 떠나고 없지만, 젊은 시절 추억을 더듬어 돌아온 한 중년 사진작가가 있는가 하면, 아무런 연고 없이 마음이 이끄는 대로 이곳을 찾아와 정착한 화가도 있었다. 다들 비어 가는 구도심 모퉁이에 자리 잡고 지역을 살리는 작업을 진행 중이었다. 사업 심의를 위해서 왔다지만 적어도 그런 노력들 자체는 내가 감히 평가할 만한 것이 아닌 것 같았다.

하지만 방금 지나온 시가지들을 떠올리니, 감동은 금방 차가운 현실 위에 떨어져 버린다. 공동화된 구시가지에서는 이렇게 시민들이 소박하게 재생 활동들을 펼치고 있지만, 개발의 거대한 흐름이랄까, 그것은 이미 동쪽으로 떠나버렸기 때문이다. 이 도시의 구도심은 신시가지에 한 번, 그리고 최근 혁신도시에 또 한 번 활력을 빼앗기면서 기진맥진한 지경처럼 보였다. 지역신문에 실린 '혁신도시가 공동화를 부추긴다'라는 기사가 내 눈에는 '믿는 도끼에 발등 찍혔다'로 읽혔다.

이 도시 상황이 보여주듯이, 우리나라의 도심 공동화는 아이러니하게도 다른 누구도 아닌 바로 공공이 주도한 정책 때문이다. 서구 도시들의 공동화는 민간의 상업적 개발과 중산층의 외곽 이주 현상에 따른 것이었다고 한다. 하지만 우리나라 사정은 그렇지 않다. 구시가지에서 청사나 주요시설들을 신시가지로 옮겨 간 것도, 택지개발로 인구와 상권을 이동시켜 간 것도 다 지자체나 중앙, 곧 공공정부가 추진한 것이었다.

물론, 그런 결정 자체가 다 문제인 것은 아니겠다. 하지만 민간도 아닌 공공의 정책이라면 그로 인한 반작용, 부작용도 미리 대비되었어야 하는 게 아닐까. 도시가 한정 없이 커가기만 하는 것도 아니고, 인구감소도 엄연히 30년 전부터 예측되었던 것인데 말이다. 도심부가 비어가기 시작한 지 이미 오래인 지금에야 도시재생이라니. 병 주고 약 준다는 말이 있지만, 약을 주어도 너무 늦게 준 것은 아닐까. 이제 경험이 쌓여가면서 시민들의 도시재생 활동도 상당히 업그레이드되고는 있다. 하지만 때로는 그런 노력들이 골든타임을 지난 심폐소생술이 되지 않을까 걱정되기도 한다.

도시와 전염병

팬데믹 위기가 심화되어가던 시점에

인류에게 도시가 필요한 이유는 무엇일까? 여러 가지가 있겠지만, 가장 근본적인 것은 '안전'의 확보라 할 수 있다. 성경 창세기에는 인류 최초의 살인자 가인이 두려움 속에 방황하다가 최초로 성벽을 쌓고 그 안에서 살기 시작했다고 기록되어 있다. 위협적인 환경에서 스스로를 방어하기 위한 성벽 건설이 고대 도시의 출발점이었음을 짐작하게 한다. 인류가 민족과 나라로 나뉘어 싸우는 동안 도시를 둘러싼 성벽은 더 높고 더 단단해져 갔다. 성벽, 성곽 등 방어 관련 시설을 빼고는 고대유적을 말할 수 없는 것은 그 때문이다. 하지만 오늘날의 도시는 더 이상 성벽으로 둘러싸여 있지는 않다. 오히려 연결되고 열려 있는 도시가 더 흥왕하다. 방어는 더 이상 도시의 존재 이유가 아닌 것만 같다. 하지만 현대 도시에서도 위협과 침입에 대한 방어는 여전히 중요하다. 다만 물리적인 침략이 아닌, 전염병과 같은 보이지 않지만 유해한 요인에 대한 방어로 바뀐 것이다.

인류가 전염병의 정체를 파악하기 시작한 것은 사실 얼마 되지 않았다. 근대 이전 전염병은 막연히 '역병'으로 불리며, 귀신처럼 다가와 목숨을 앗아가는 미지의 위협이었다. 가장 오래된 유럽의 기록을 보면 기원전 430년경 그리스 아테네에서 항구를 통해 들어온 이름 모를 전염병이 창궐하면서 당시 인구의 1/4까지 죽어갔다고 한다. 기원후 700년경에는 동서양의 관문 도시인 콘스탄티노플에 전염병이 돌아 하루에도 만 명 이상이 죽어가는 비극이 있었다고 전해진다. 이후에도 유럽에는 황열병, 콜레라, 흑사병 등이 창궐하면서 당시 문명 수준까지도 위축시키곤 했다. 찬란한 유럽 문명도 주기적으로 찾아오는 전염병 앞에서 속수무책이었다. 역병을 막으려는 노력이 없었던 것은 아니다. 1580년 영국 엘리자베스 여왕은 역병 확산을 막기 위해 최초의 그린벨트를 지정했다고도 전해진다. 하지만 효과적인 대책은 되지 못했다. 알 수 없이 찾아온 역병이 역시 알 수 없이 물러가기만을 기다릴 뿐이었다.

역병에 대한 실질적인 대책은 근대 도시화 이후에야 비로소 나타나기 시작한다. 1854년 런던의 의사 존 스노우는 도시를 전염병에서 구한 인물 중 하나이다. 역학 개념조차 희박하던 때에 그는 콜레라 환자들의 거처가 한 우물 근처에 집중하고 있다는 사실을 통해 이른바 수인성 전염병의 본질을 찾아낸 것이다. 이에 바통을 이어받은 것은 엔지니어와 도시개발가들이었다. 오염된 물과 깨끗한 물의 분리 없이는 도시의 건강을 담보할 수 없다는 사실을 알게 된 그들은 물을 두 갈래로 분리하는 거대한 작업을 시작한다. 지금은 그저 '상하수도'라 부르는 아주 일상적인 시스템이지만, 이를 최초로 구현해가는 작업은 거대한 도전이 아닐 수 없었다.

결과는 놀라웠다. 상하수도 시스템 구축만으로도 도시인의 평균수명이 거의 두 배에 가깝게 늘어난다. 우리나라의 경우도 그랬다. 구한말 한양 시민들의 평균수명은 고작 35세에 불과했다고 한다. 하지만 일제강점기에 상하수도가 건설되기 시작하면서 평균수명은 급속히 늘어나기 시작했다. 도시 위생시설이 건강에 있어 얼마나 중요한지를 알려주는 대목이다.

과거와 비교하면 오늘날의 도시 위생시스템은 기적과도 같다. 밸브만 돌리면 언제라도 깨끗한 물이 콸콸 쏟아져 나오고, 배출되는 분변은 버튼 하나만으로 흔적도 없이 사라져 버린다. 병원균이 활동할 틈조차 주지 않는다. 과거 제국의 황제들도 누리지 못한 호사랄까. 높은 성벽으로도 못 막던 역병을 차단해 준 현대의 방어수단인 것이다. 역병을 두려워 않고 도시를 개방해갈 수 있었던 배경에는 도시 위생시스템이 자리 잡고 있다.

하지만 사라진 줄 알았던 위협이 20세기 후반 이후 다시금 나타나고 있다. 에이즈, 에볼라, 신종플루 등 접촉으로 감염되는 강력한 바이러스들이다. 국경을 넘나드는 빠른 교류는 세계화 시대의 덕목이지만 치명적 바이러스를 순식간에 전 세계로 전파하는 위험을 내포하고 있기도 하다. 불과 두 달 만에 전 세계로 퍼진 우한 코로나바이러스가 이를 단적으로 보여준다. 공항이 제한되고 도심은 비어가며 거리의 활기도 사라지고 있다. 도시를 차단하기 시작한 중국의 상황을 보면서 다시금 이전의 성벽 시대로 돌아가는 건 아닌가 하는 두려움도 든다. 긴 시련의 시기로 돌입하는 것인지, 아니면 잠시 스쳐 가는 불행일지 아직은 분명하지 않다. 하지만 도시와 전염병의 대결이 새로운 라운드로 돌입하고 있다는 것만은 분명한 것 같다.

슬프게도, 바이러스의 존재를 처음 경고했던 중국의 한 의사가 숨졌다고 한다. 앞이 보이지 않는 위기의 시간에도 그와 같은 선구자가 있었음을, 그래서 우리는 여전히 희망을 가질 수 있음을 감사할 따름이다.

◆

비관할 때와 낙관할 때

팬데믹에 대한 비관, 낙관론이 엇갈리던 시점에

　과거 연구원 시절에 여의도 개발과 관련된 프로젝트에 참여한 적이 있었다. 당시 우후죽순 나타나기 시작한 상업지역의 고층아파트를 어떻게 다뤄야 하는가가 핵심이었다. 지금은 '주상복합 아파트'라고 부르지만, 그 때까지는 그런 개념도, 이를 제어할 정책 장치도 없던 시기였다. 연구진은 예측결과를 토대로 이런 변종을 그대로 허용해서는 안 된다는 결론을 내렸다. 부동산 시장의 충격은 물론 전반적인 도시환경에 미칠 부정적 영향이 클 것이라는 판단 때문이었다.

　그런데 이게 문제였다. 한 개발자 측에서 연구팀을 고소해 버린 것이었다. 보고서의 비관적 예측 때문에 천문학적인 손실을 입게 되었다는 것이었다. 막강한 자금력에 정치적 파워도 가진 사람들이라 연구진은 위축될 수밖에 없었다. 하지만 의외로 우리는 그 소송을 쉽게 물리칠 수 있었다.

공공정책 수립에 있어서는 비관적인 예측이 우선되어야 한다는 법원의 판단이 있었기 때문이다.

도시계획 분야는 특성상 미래에 대한 예측을 자주하게 된다. 그리고 예측에는 가장 비관적인 시나리오가 늘 포함된다. 비관적인 상황을 원해서가 아니다. 다수의 시민, 공공을 대상으로 하는 계획은 항상 최악의 경우를 대비하고 있어야 하기 때문이다. 낙관적 전망은 듣기에는 좋다. 하지만 미래를 다루는 계획가와 정책가의 덕목은 아니다.

하지만 우리 사회는 낙관적이고 희망적인 전망을 하는 정책가, 리더들을 선호한다. 위험과 비관을 이야기하는 사람은 별로 없기도 하지만, 있다고 해도 인기가 있을 턱이 없다. 하지만, 과연 이것이 바람직한가 생각해 봐야 한다. 번지르르한 말을 내세울 뿐, 실천도 실속도 없는 리더들, 그들의 장밋빛 공약이 허무하게 사라지는 경우를 어디 하루 이틀 보았나. 그럼에도 불구하고 냉엄한 현실을, 다가올 위협을 이야기하기 좋아하는 리더는 없고, 그런 리더를 뽑아줄 표심도 없는 것이 사회의 현실이다.

하지만 역사를 긴 호흡으로 보면, 비관적인 예측도 망설이지 않은 용감한 리더들의 이름이 오래도록 남아 있는 것을 본다. 일본의 침략을 경고하며 십만 양병설을 말한 이율곡이 그렇고, 유럽의 평화가 풍전등화 상태임을 경고하다가 정계에서 쫓겨날 뻔했던 처칠이 그렇다. 진정한 리더라면 필요할 때 과감하게 비관적인 전망을 말할 수 있어야 한다. 그것이 비록 대중들이 듣기 싫어할 불편한 진실이라 하더라도 말이다.

그러면 과연 리더는 낙관적이어야 하는가, 아니면 비관적이어야 하는가. 이는 그리 어려운 문제가 아닌 것 같다. 낙관과 비관이 필요한 경우를 역사가 이미 분명히 보여주고 있기 때문이다. 만약 대상이 우리의 의지로 어쩔 수 없거나, 파악하지 못한 미지의 것이라면 우리는 비관적으로 접근할 수 있어야 한다. 그 속을 알 수 없는 외세나 환경적인 위험, 재난과 같은 대상이 바로 여기에 속한다. 돌다리도 두들겨가라는 속담은 바로 이런 상황을 말한다.

하지만 그 대상이 우리의 행동과 의지에 속한 것이라면 비로소 우리는 낙관적일 수 있다. 리더는 어려운 상황 속에서도 희망을 말해야 하고, 기대와 격려로 사람들을 보듬어야 할 것이다. 그리하여 적과 아군의 경계를 녹여가며 공동체와 미래를 말할 수 있어야 한다. 이처럼 비관할 때와 낙관할 때를 구분하고 그에 걸맞게 행동할 수 있는 것, 그것이 진정한 리더의 덕목일 것이다.

그러나 우리나라의 정치풍토에서 이런 덕목이 있는지 모르겠다. 비관할 때와 낙관할 때를 구분하지 못하는 것 같다. 아니, 오히려 반대로 가는 것 같다. 우리 의지로 어떻게 할 수 없는 재난 앞에서 근거 없이 낙관적인 모습을 본다. 그런가 하면 내치에 해당하는 부분에서는 한없이 비관적이다. 온 나라를 적군, 아군으로 구별하여 차별하고, 반대편은 전략과 술수의 대상으로 보는 문화가 정치권과 인터넷에 만연하다. 비관과 낙관의 대상이 오히려 뒤집힌 형국이다.

인류가 처음 맞닥뜨린 미지의 바이러스가 퍼지고 있는 상황에서 정부가 낙관적 전망을 섣불리 내세운 것은 대단히 위험한 일이었다. 가장 비관적인 시나리오를 가정하고 모든 상황을 끌고 가야 했다. 정치적인 수사와 협상은 어디까지나 말귀를 알아듣는 사람일 때나 유효하다. 하지만 바이러스와 같은 재난은 귀도 없고 감정도 없다. 우리의 낙관적 언설에, 희망적인 수사에 전혀 감동받지 않는다. 비관적으로 접근해야 할 가장 전형적인 대상인 것이다.

대구 · 경북 행정통합, 어떤 의미인가

행정통합 논의를 접하면서

점점 더 커져만 가는 수도권-지방 간 아파트 가격 차이, 지방대학의 정원 미달 뉴스가 이어지면서 수도권 집중, 지방소멸의 위기가 체감할 수 있는 단계로 올라온 느낌이다. 수면에 완전히 떠올라 이제는 외면하고 싶어도 할 수 없는 지경이다. 이러다 보니, 전에 없이 과감한 대책들까지도 고려되기 시작하는 것 같다. 그도 그럴 것이, 정말 지푸라기라도 잡아야 할 것 같은 그런 상황이기 때문이다. 현실성이나 가능성을 떠나서, 어떤 정책이라도 일단 논의의 장에 올려놓을 필요가 있는 시기이다.

최근 지역에서 급속히 떠오르는 이슈는 대구-경북 행정통합이다. 말 그대로 대구를 중심으로 경상북도 전체를 하나의 행정권으로 통합하자는 방안이다. 그 취지는 짐작하는 바와 그리 다르지 않다. 각 도시마다 50만, 10만이 무너지면서 장차 소멸을 걱정하는 시기에, 전체 지역을 통합하여 하나의 큰 광역 행정권을 형성하겠다는 것이다.

논의 자체야 긍정적으로 본다지만, 내용에서는 쉽게 이해가 가지 않는 부분들이 많다. 통합으로 인해 생기는 특별광역시, 특별자치도니 하는 명칭도 낯설지만, 그에 따라 발생한다는 새 행정구역 체계가 너무 복잡다단하다. 하나의 도시권 내에 특례시, 일반시, 자치구, 준자치구, 일반구, 군 등등이 공존한다는 것이다. 시민들 중에 이런 내용을 파악하고 찬반을 이야기할 수 있는 사람이 얼마나 될까 하는 생각이 든다. 다른 건 몰라도, 행정구역이 시민도 이해 못 할 정도로 복잡다단하다는 것은 그리 좋은 신호가 아니다.

행정통합의 의도는 크게 보아 두 가지인 것 같다. 첫째는 작게 쪼개진 지역들을 규합해서 수도권과도 경쟁할 만한 특별시급 규모의 행정구역을 형성하겠다는 것이다. 둘째는 통합을 통해 높은 수준의 지역 자치권을 확보하겠다는 것이다. 지방소멸을 걱정하는 상황에서, 특별시급의 독립적인 행정구역으로 격상될 수 있다니, 일견 가슴이 웅장(?)해지는 느낌을 주는 정책인 것 같다. 하지만 자세히 뜯어보면 역시 의문점이 적지 않다.

우선, 통합으로 탄생할 특별시급 행정구역이 과연 그에 걸맞은 경쟁력을 가질 수 있을지 의문이다. 덩치로만 보면 경북과 대구를 합쳐 500만 급이 되니, 서울·경기 다음가는 도시권역의 탄생이다. 하지만 도시 경쟁력의 본질은 그저 덩치가 큰 데 있지 않다. 이곳저곳을 합쳐 천만 급 행정구역을 만든다고 서울과 같은 도시가 되지는 않는다. 생활권도 다르고 기반

시설의 연결도 부족한 지역들을 그저 행정구역으로 묶는다고 긴밀한 도시권이 될 수는 없기 때문이다. 비유하자면, 근육도 뼈도 약한데 키만 큰 선수를 농구경기에 투입하는 것과 같다. 키가 아무리 크다 해도 제대로 된 운동능력이 없어 덩크슛을 넣기는커녕 몸을 가누기도 어려울 것이다. 인위적으로 규모만 늘려 통합하는 행정권이 바로 이런 모습이 될 수 있다.

행정통합이 지역의 독립성이나 자치권 향상에 도움이 되는가 하는 부분도 논쟁이 될 수 있다. 물론, 통합으로 대구특별자치시장의 권한은 격상될 것이다. 하지만 그렇다고 도내 각 지역의 자치권이 올라가는 것은 아닐 수 있다. 과거 중앙정부나 도지사에게 요청하던 것을, 이제는 통합대구시장에게 요청할 수 있다는 정도의 변화라면 각 지역으로서는 별다른 차이가 없기 때문이다. 낮은 재정자립도를 생각하면 통합권 지방정부가 중앙정부의 역할을 대체하기를 기대할 수도 없다. 자칫하다간 관련 정치인, 공무원들의 위상만 높여줄 뿐, 지역의 실질적인 위상이나 시민 자치와는 무관한 변화가 될 수도 있다.

우리나라 행정구역 체계가 변화가 필요한 것은 사실이다. 역사적, 공간적 맥락과 무관하게 나뉜 행정구역이 많고, 시민들의 생활여건과도 다른 경계들이 많다. 생활권이 형성되고 발전하면 이에 맞추어가며 행정구역이 발생하는 선진국의 사례와는 차이가 크다. 그래서 변화가 필요하다면 대통합보다는 '행정구역 실질화'나 '부분적인 통합'이 더 시급한 것이 아닐까 한다. 생활권이 연결된 지역임에도 행정구역으로 나뉜 지역들, 하나의 자연환경을 공유하는 지역들, 산업과 경제에 있어 협력이 강한 지역들, 이런 지역들을 파악하고 이들이 통합해갈 수 있도록 지원하는 것이 우선이 아닐까. 이러한 실질화 과정 없이 다만 규모만을 키우는 통합이라면 각 지역에 쌓인 문제들을 풀기보다는 그저 희석해버리는 결과가 될지 모른다.

현대 도시를 만드는 힘은 혁신이다. 그리고 혁신은 결국은 시민들의 사회적, 경제적 활동에서 나온다. 그리고 이 과정에서 각 지역을 사회적, 경제적으로 긴밀히 연결하여 혁신의 바탕을 마련해주는 것이 행정의 임무이다. 그러지 않고 모든 변혁을 행정이 주도하여야 한다는 인식과 관습이 아직 있다면 이는 도시재생, 지방소멸 위기의 시대에 장애가 될 수밖에 없다.

작은 도시가 아름답다

도시기본계획 인구추계 관련 논란을 접하고 나서

'작은 것이 아름답다'라는 책이 있다. 제목이 풍기는 분위기로는 시집이나 수필집일 것 같지만 의외로 에른스트 슈마허라는 경제학자가 쓴 책이다. 이 책은 거대 경제, 규모의 경제만 추구하는 현대사회에 시사하는 바가 많아 유명해졌다. 사실 이 세계에 글로벌 거대기업을 올라타고 사는 사람은 극히 소수에 불과하다. 대다수의 나라와 지역들에는 애플도 삼성도 없다. 풍부한 자원이나 고급기술도 언감생심일 뿐이다. 그럼에도 그저 크고 우람한 산업경제만 꿈꾸는 세상에 슈마허는 '작은 경제'도 필요하다는 사실을 강조한다. 가난한 나라와 도시들이 막연히 선진국만 처다보고는 글로벌 경제, 하이테크 산업을 지향해서는 안 된다는 것이다. 지역이 가진 자원과 인력에 맞는 작은 경제체계를 먼저 만들고, 그로부터 경제발전을 시작할 때 이들도 진정한 진보를 이룰 수 있다는 주장을 담고 있다.

우리나라 지방도시들의 행태들이 자꾸 이 책을 생각나게 한다. 지방소멸의 시대라고 한다. 상당수의 도시들이 '쪼그라들기' 시작했다. 그런데도 도시들마다 펼치는 정책만 봐서는 조만간 백만, 이백만 도시로 성장할 것 같은 분위기이다. 도시마다 공항과 항만, 고속철도 중 한두 개는 기본으로 추진하고 있을 정도이다. 대교, 대로, 대도시 등 '대' 자가 붙은 개발이 여전히 지역의 숙원사업들이다. 그뿐인가, 신도시, 신시가지, 연장, 확장 등 여전히 덩치를 키우는 정책만이 인정받는다.

도시계획 방식을 보면 더 놀랄 지경이다. 인구가 줄어든다고 울상을 짓지만, 여전히 '인구 뻥튀기' 도시계획을 고수하고 있다. 장래 인구를 근거도 없이 한껏 늘려 잡아 개발 가용지를 최대한 땡겨(?) 오는 식이다. 그렇게 도시용지가 늘어나다 보니 생김새만 보아서는 중소도시가 마치 대도시만큼이나 넓게 퍼져 있다.

이렇게 한껏 도시를 확장해 놓았는데 인구가 감소하게 되니, 대체 어떤 모습이겠는가. 죽어가는 도심은 아무리 재생사업비를 퍼부어도 호흡이 돌아올 기미조차 없다. 시가지가 여기저기 조금씩 흩어져 있다 보니 효율적인 교통체계를 만들기도 어렵다. 마치 사춘기 시절에 두세 사이즈 큰 교복을 입혀놓은 중학생처럼 도시의 경관도 허술하고 허전하기 그지없다. 잔뜩 클 줄 알고 한껏 큰 교복을 입혔건만, 몇 년째 키는 그대로이다 보니 헐렁하고 맵시도 없는 교복으로 사춘기를 다 보내는 격이다.

슈마허가 작은 경제가 필요하다고 주장한 것은 경제 성장이 필요 없다거나 대규모 경제를 반대한다는 뜻이 아니다. 모든 여건이 미성숙한 지역들이 글로벌 거대 경제의 허상만을 좇다간 실패할 수밖에 없다는 점을 지적하고 싶었던 것이다. 그래서 각 나라와 지역 여건에 맞는 경제체계를 찾을 필요가 있고, 자신들에게 맞는 작은 규모의 경제를 찾아 가꾸어갈 때 결국 그들도 성장해갈 수 있다는 것이다.

오늘날의 지방도시에 필요한 교훈과 방향성이 바로 이런 것이 아닐까. 근거도 대책도 없이 성장만을 지향한다고 해서 대도시가 될 리 없지만. 더 큰 문제는 거대도시만 꿈꾸다 보니 작은 도시로서의 매력이나 장점을 모두 버리고 있다는 것이다. 풍부한 녹지와 자연환경, 쾌적하고 아담한 도시공간, 시민들의 밀접한 교류와 문화공동체 가능성, 이런 작은 도시만의 장점도 적지 않다. 당장 유럽이나 일본 여행만 가보아도 우리를 매혹시키는 작은 도시들이 얼마나 많은가.

도시는 거대도시일 때에만 의미가 있는 것은 아니다. 작은 도시, 중간 도시, 대도시 모두 그에 맞는 장점들이 있다. 작은 도시의 장점과 매력에 대해서는 무지하기 때문에 인구감소를 재앙으로만 생각하는 것이다. 거대도시라야 승자라고 생각하기에 수도권만 쳐다보고 있다. 이런 사고로는 지방도시의 길고 어두운 현실을 타개해나가는 것은 불가능에 가깝다.

최근 대구 · 경북 행정구역 통합 논의도 이런 면에서 조악하기 그지없었다. '통합으로 500만 도시를 만들어 수도권과 경쟁하겠다'라는, 그야말로 조삼모사와 같은 모토가 정책가들 입에서 그리 쉽게 나오는 것이 놀라웠다. 이곳저곳 합쳐서라도 500만이라는 숫자를 만들면 거기서 무슨 마법이라도 나온다는 것일까? 그 이면에는 작은 도시는 경쟁력을 가지기 어렵다는 인식이 담겨 있다. 덩치를 키우지 않고서는 아무것도 할 수 없다는 것처럼 들린다. 하지만 덩치의 게임으로 간다고 한들, 2천만 인구의 수도권과 대등해질 수는 있을까? 바람을 불어넣어서라도 황소처럼 크게 보이려 애쓰다 결국 터져버리는 개구리가 생각나는 대목이다.

지방소멸의 위기일수록 작은 도시의 장점과 매력을 찾아야 한다. 작은 경제와 마찬가지로, 작은 도시도 미래의 성장을 포기한 것과는 거리가 멀다. 다만, 현재의 지역 여건에서도 충분히 좋은 도시를 만드는 방법은 많이 있다는 것이고, 그리고 그렇게 작은 도시로 성공을 할 줄 알아야 결국 성장도 할 수 있다는 것이다. 대도시가 아무리 좋다고 한들, 대도시가 되기 전까지 겨울잠을 잘 수 있는 것은 아니다. 그러기에 모든 도시는 그 성장단계와 규모에 맞는 장점을 파악하고 이를 구현할 수 있는 정책을 부지런히 찾아가야 할 것이다.

위기의 지방선거

2022년 지방선거 분위기를 접하면서

지방선거가 임박했지만, 나라의 관심은 온통 '검수완박'이라는 네 글자에 집중되어 있는 것 같다. 거리의 풍경도 좀 이상하다. 과거에는 허무맹랑한 내용이라 그래도 지역 공약들이 선거의 주제가 되곤 했는데, 이번엔 무슨 일인지 그런 모습도 잘 안 보인다. 심지어 지자체장이 되어 '정국 운영에 도움을 주겠다'라는 후보까지 있을 정도이다. 중앙정치인과 찍은 사진으로 건물을 둘러 싸놓고 선거운동을 벌이는 후보도 있다. 이쯤 되면 지방자치 선거가 중앙정치의 변방 정도가 되어 버린 게 아닌가 하는 의심도 든다.

혼란은 그뿐이 아니다. 지자체장 공천을 놓고 거의 전국적으로 분쟁이 벌어지고 있는 것 같다. 공천을 받는 순간 당선은 '떼놓은 당상'인 지역들이 문제다. 경선이 사실상 최종관문이다 보니, 이른바 '당심'을 주도하는 인물과 후보자 간에 치열한 눈치싸움이 벌어지고 있다. 정책이나 지지도는 둘째 문제이고. 일단 당심을 얻어야 후보가 될 수 있다는 것이니, 지방선거가 중앙정치에 줄을 서는 행위로 전락해버린다.

지역민의 입장에서 상식을 동원해 보자. 아무리 생각해봐도, 지방의 정치는 중앙의 정치와는 다른 측면이 있고, 또 달라야 하는 것 같다. 중앙정치는 입법과 행정에 대한 것들이고, 결국 여의도를 중심으로 진행된다. 그에 비해 지방정치는 각 지방 도시의 '살림살이'에 가깝다. 게다가 지금이 어떤 시절인가? 지방소멸이라는 과격한 표현이 이제는 아무렇게나 쓰일 정도로 지방위기가 일상화된 시기이다. 지자체장이라면 자기 지역의 위기를 타개하기 위해 눈코 뜰 새 없이 사력을 다해야만 하는 때이다. 어느 때보다도 지역을 잘 파악하고 있고 '지역적인' 능력을 갖춘 사람을 필요로 하고 있다. 그런데도 지방선거가 그야말로 중앙정치의 분실처럼 되어가는 것은 문제가 아닌가.

이렇게 되는 이유는 역시 정치인들의 자리 찾기 습성 때문이다. 지방자치 선거 출범 이후 지자체장에게도 정당 공천은 사실상 필수가 되어버렸다. 결국, 지방자치도 정치판의 일부가 되는 것을 피하기 어렵다. 그러고 나니 두 가지의 달갑지 않은 흐름이 발생한다. 첫째는 정치인이 지자체장을 중앙으로 진출하는 일종의 교두보로 보는 흐름이다. 지자체장 자체를 소명으로 생각하기보다는 자신의 급(?)을 올리는 발판으로 보곤 한다는 것이다. 기초지자체에서 광역 지자체, 중앙행정, 그리고 결국 중앙정치인으로 가는 식이다. 신분 상승(?)의 당연한 욕구를 나무랄 생각은 없다. 하지만 이런 욕구에 사로잡힌 지자체장이 지역 발전에 헌신하기는 쉽지 않을 것이다.

최근 들어 나타난 두 번째 흐름도 역시 만만치 않은 문제이다. 지자체장 자리가 중앙정치의 싸움에서 물러나 잠시 쉬어가는 자리로 인식되기 시작한 것이다. 한 정치인은 지자체장에 출마하며 낙향(?)이라는 표현을 쓰기도 했다. 지자체장 자리가 별장도 아니건만, 휴식과 재기를 위해 활용한다니. 목숨을 걸고 지역 살리기에 매진해도 모자랄 시기에 지역민들로서는 영 개운치 않다.

결국, 던지고 싶은 의문은 왜 지자체장 자리가 하나의 구분된 '전문직'으로 인식되지 못하는가 하는 것이다. 지방정치도 중앙정치와는 구분되는 독자적인 특성이 있다. 지자체장에게 필요한 특별한 성품이나 능력치 또한 분명히 존재한다. 그런데도 중앙정치라는 거대한 소용돌이 속에서 지방선거는 휩쓸려 형체를 잃어가는 형국이다. 지역마다 국회의원 선거건 지자체장 선거건 간에 후보로 이름을 올리는 사람은 똑같다는 것도 알고 보면 그 증거이다.

이래저래 우리나라의 지방자치, 지방선거는 위기에 몰려있는 것 같다. 당장 최근 몇 년간만 보아도 성 추문, 선거 개입 등으로 몰락한 광역 지자체장이 벌써 몇 명인가? 어디 그뿐인가. 지난 대선도 지자체장 시기의 도시개발 문제가 선거판을 좌우했을 정도이다. 굵직한 것들이 이 정도이지, 전국 지자체에서 일어나는 각종 비위를 모두 다루자면 모르긴 해도 매일의 신문 지면이 부족할 것이다. 이 모든 것이 지방선거가 정치로 오염되었기 때문에 생긴 일들이라 한다면 지나친 해석일까.

지방선거를 정화할 수 있는 특별한 대책 없이 이대로 가도 되는 것일까. 요새 대학교수들에게는 여러 종류의 '트랙'이란 게 있다. 강의를 주로 전담하는 트랙, 연구나 산학협력을 주로 하는 트랙 등이 그것이다. 같은 교수라도 각자의 여건과 능력에 따라 구별된 역할을 맡자는 취지이다. 말이 될지 모르겠지만, 선거 출마자들에게 이런 트랙 개념을 부여할 수는 없을까. 지자체장이 되고 싶어 하는 출마자들에게는 '지방선거 트랙'을 지정하고, 그와 관련된 공천에서는 가점을 주는 것이다. 그저 자리가 필요해 출마하는 정치인들을 배제하는 도구가 될 수 있지 않을까. 지자체장이 정치판을 벗어난 하나의 전문영역으로 인식되지 못한다면, 임박한 지방위기의 파고를 넘는 것은 점점 더 어려워져 갈 것이다.

자족도시의 재발견

팬데믹 영향으로 도시 간 단절이 심해져가는 상황에

지역 개발 정책들은 시류에 매우 민감하다. 주로 등장하는 키워드는 시기별 유행을 극심하게 타기 마련이다. 최근 빼놓을 수 없는 키워드라면 역시 '재생', '스마트', 그리고 '주민참여'와 같은 표현들이다. 정책 보고서 한 편에도 이런 표현들은 수십, 수백 번 등장한다. 그런데 최근 팬데믹 상황이 이 키워드 하나하나를 박살(?) 내고 있다. 특히 재생정책은 피해가 막심한 상황이다. 외지인의 방문을 막기 위해 지역마다 벚꽃축제를 없애고, 있는 유채꽃밭도 갈아 없애는 상황이다 보니, 사람의 왕래를 토대로 하는 재생정책이 정상적으로 진행될 리 없기 때문이다. 스마트 정책의 허점도 드러났다. 위기 상황에서 절실한 것은 첨단 IT 도시가 아닌 고작 마스크의 생산과 공급일 수 있다는 점을 느끼게 된 것이다. 주민참여와 같은 키워드도 그렇다. 만남과 접촉을 자제해야 하는 시기에 주민들의 참여 활동은 언감생심인 경우가 많다. 물론, 이런 키워드들이 담고 있는 가치 자체가 틀린 것은 아닐 것이다. 하지만 팬데믹 세상의 도래는 그동안 유행하던 정책의 의미를 뒤흔들고, 지역의 생존과 직결되는 보다 근본적인 정책 방향은 무엇일까 하는 고민을 안겨주고 있다.

지난 두 달여를 되도록 지역 테두리를 벗어나지 않으며 생활하다 보니, 지금은 잊힌 '자족도시'라는 표현이 문득 떠올랐다. 사실 '자족성', '자족도시'는 90년대에서 2000년대 초반까지는 가장 핫한(?) 정책 키워드였다. 신도시나 혁신도시, 기업도시 같은 정책들이 이 개념에서 출발했을 만큼 당시 그 영향은 적지 않았다. 어느 도시이건 자립적인 생활여건, 생활기반을 갖추고 있어야 한다는 의미이다. 좋은 직장과 고급 서비스 기능을 갖추지 못해 계속 인구가 유출되어가는 지방도시에 더욱 절실한 개념이다.

그런데 이런 키워드가 2000년대 이후에는 급격히 실종되어갔다. 무엇보다도 세계화, 정보화의 거센 물결이 그 원인일 것이다. 반나절이면 지역을 벗어나 세계 어느 곳이라도 갈 수 있는 시점에 자족도시라는 말은 왠지 고립적인 느낌을 준다. 몇 번의 터치면 해외 상품도 살 수 있는 여건에 자족성은 심지어 원시적인 개념 같기도 하다. 자족성 개념은 세계화, 정보화에 모순되거나 대립하는 것이 아니다. 그럼에도 개방성을 우선하는 정책 풍토 속에 억울하게 무릎을 꿇고 만 것이다.

하지만 팬데믹 사태 이후 각 지역과 나라는 마치 세계화 이전의 시대로 돌아간 것만 같다. 지난 20년간 추구하던 개방성이란 가치가 불과 두 달만에 뒤집히고 고립성이 다시금 자리 잡은 느낌이다. 하지만 고립은 어차피 지방도시의 갈 길이 될 수는 없다. 언제까지고 축제를 없애고 유채꽃밭을 갈아엎을 수는 없다. 장기화되어 가는 팬데믹 시대에 맞는 새로운 정책 방향을 찾아야 하고, 이를 규정해 줄 키워드를 모색해야 한다.

한동안 잊혔던 '자족성', '자족도시'의 의미를 되새겨볼 필요가 있지 않을까. 자족성은 한 지역 내에서 생활과 생존에 필요한 기본적 여건을 모두 갖추고 있다는 의미이다. 개방성의 반대말이 아니다. 개방과 고립, 그 어느 상황이라도 유연하게 대처할 수 있는 도시를 만든다는 생태학적 개념이다. 자족성의 개념을 산업경제뿐 아니라 사회문화적인 차원까지 확장해서 지역의 갈 길로 삼았으면 한다. 지역의 청년들이 지역에서 고용 기회를 가질 수 있게 하는 정책은 물론, 재난의 시대에 필요한 제품과 서비스들이 지역 내에서 자체적으로 공급될 수 있게 하는 정책이 필요하다. 마트건 재래시장이건 간에, 일단은 대도시 의존을 줄이고 지역의 상권이 자립할 수 있게 하는 전략도 필요하다. 무엇보다도 문화적인 자족성을 강조하고 싶다. 젊은 층이 대도시로 유출되는 가장 큰 요인이 바로 문화서비스에 대한 갈증이기 때문이다. 그래서 갈증을 없애 줄 문화생태계를 지역에 조성하는 것은 단지 문화정책 차원을 넘어 지역의 생존과도 직결된다.

도시학자인 제인 제이콥스는 창조적 도시를 '외부에서 수입하는 재화와 서비스를 자체적으로 대체해갈 수 있는 능력을 갖춘 도시'로 정의했다. 개방과 세계화의 시대에 이런 정의는 일견 무의미해 보였지만, 팬데믹 시대에 다시금 그 의미가 진하게 다가온다. 자족성이라는 가치관을 다시금 꺼내어 먼지를 닦아줄 때가 된 것이 아닐까. 따지고 보면 도시재생도 타 지역의 사람을 끌어오기 이전에, 지역민 스스로가 지역의 자원을 충분히 활용할 수 있을 때 자연스럽게 나타나는 결과일 것이다. 이미 진행 중이던 위기 상황에 팬데믹까지 덮치면서 지방도시들은 한층 더 위축되고 있는 느낌이다. 하지만 그저 문을 걸어 잠근 채 가만히 있을 수만은 없는 일, 아무쪼록 이 위기를 자족적인 창조도시로의 전환기회로 삼으며 넘어갈 수 있기를 기원할 뿐이다.

중력을 거스르는 해양도시

해양수산연구원 주최 해양도시 세미나 참석 이후

국토의 중앙 집중, 그에 따른 불균형이 21세기에 들어선 지금 더 심화되는 양상이다. 올해에는 수도권 인구가 총인구의 절반을 넘어서기까지 했다. 이런 불균형의 문제는 그럼 우리나라만의 것일까. 다른 선진국들이라고 해서 대도시 집중이 없는 것은 물론 아니다. 하지만 대부분은 우리나라에 비해서는 분산되고 균형적인 국토를 가지고 있기 마련이다. 복잡한 분석 없이, 지도만 보아도 알 수 있다. 수도를 포함한 대도시 대부분이 해안에 위치하고 있기 때문이다. 이는 우리가 알 만한 세계적 도시들이 바다를 낀 해양도시라는 사실만 떠올려도 알 수 있다. 대도시가 국토의 외곽, 육지와 해양의 경계에 위치하고 있으니, 자연 국토는 고르게 발달하게 된다. 해양도시의 발전이야말로 균형발전의 궁극적인 해결책이 아닐까 하는 이유이다.

국토는 수천만 명의 사람들과 기반시설들이 복잡하게 얽혀 있는 거대한 시스템이다. 이런 거대하고 복잡한 시스템을 제대로 이해하고 계획해나가기는 쉽지 않은 일이다. 도시학자들은 이런 어려운 작업에 다소나마 힌트를 얻어 보기 위해 다른 분야의 이론들을 가져오곤 했다. 그러던 중 지역 간 인구 이동과 관련해서는 다소 뜬금없게, '중력이론'이 아주 잘 들어맞는다는 것을 알게 된다.

중력이론은 간단하다. 큰 질량을 가지는 덩어리가 더 강한 힘으로 끌어당긴다는 것이다. 또 거리가 가까울수록 당기는 힘은 더 커진다. 중력이론에 따르면 국토는 하나의 천체와 같고, 각 지역들은 크고 작은 별들에 다름 아니다. 각 지역들은 그 규모에 맞는 중력을 가지게 되고, 이 중력에 따라 인구를 흡수하게 된다. 결국, 강력한 대도시들이 인구를 빨아들이며 주변 지역을 위성도시로 만드는 것도 중력이론으로 봐서는 당연한 귀결이다.

문제는, 지금의 우리 국토를 중력이론으로 해석하다 보면 균형발전의 희망이 잘 보이지 않는다는 것이다. 올해로 수도권은 2500만이 넘는 인구가 집중된, 극히 무거운 별이 되어버렸다. 모든 것을 삼키고도 남을 무시무시한 질량이다. 하나의 별을 넘어, 가히 '블랙홀'의 탄생이라고 할 만하다. 게다가 전 국토가 두 시간여 거리의 생활권에 이미 진입해버렸다. 수도권의 질량은 커져만 가고, 그로부터의 거리는 줄어만 간다. 중력을 저항할 방법이 잘 보이지 않는다는 것이다.

고속철도가 연결되면 지방의 주민들은 많은 기대를 품곤 한다. 수도권으로부터 많은 인적, 물적 자원들이 지역으로 흘러오지 않겠는가 하는 기대이다. 하지만 중력이론은 그 반대를 예상한다. 가까워질수록 작은 별은 큰 별에 오히려 흡수될 가능성이 크다는 것이다. 실제 결과도 그랬다. 고속철도가 지방의 활기를 서울로 빼가는 '빨대'가 아니냐는 푸념이 나왔을 정도이다. 중력이론은 이렇게 얄밉도록 정확하게 우리가 처한 현실을 알려준다.

여러 정권에 걸쳐서 지속되고 있는 균형발전 정책들도 따지고 보면 중력이론을 극복하지 못해 고전 중이다. 혁신도시만 해도 그렇다. 공공기관 등 고급의 일자리를 지방으로 가져오기 위해 애썼다. 하지만 그렇게 가져온 조각들은 여전히 서울의 중력권을 벗어나지 못하고 있다. 금요일 오후만 되면 혁신도시에 생기는 사라지고, 서울로 돌아가는 게이트가 북적거린다고 한다. 지역에 적은 옮겨 놨다지만, 여전히 수도권의 중력 안에서 떠돌고 있는 양상에 다름아니다.

다시 말하지만, 균형 잡힌 국토를 가진 나라들에서는 해양도시에 더 무게를 두고 있다. 해양도시가 곧 수도이자 산업과 문화, 경제의 거점이 되고 있다는 것이다. 해양이 거점이 되고 내륙이 이들을 연결함으로써, 자연스레 균형적인 국토를 형성하고 있다. 해양도시를 재생해야 할 이유를 이처럼 균형발전에서도 찾을 수 있어야 한다는 것이다.

과거 성장기 우리나라의 경우도 사실 그랬다. 저 멀리 바닷가에 포진한 산업 도시들이 수많은 젊은이들을 서울로부터 끌어당겨 오면서 지역 성장의 거점이 되었었다. 그렇게 중력의 균형추를 잡아주었기에 지방도 성장할 근거를 찾을 수 있었다. 하지만 지금 상황은 그때와는 사뭇 다르다. 제조업은 예전 같지 않고, 해양도시들은 비어가는 항만과 해안의 쓰임새를 찾지 못해 헤매고 있다. 해양도시들이 힘을 잃으면서, 다시금 중력은 내륙 중심부 수도권으로만 집중되고 있는 양상이다. 국토 균형은 결국 중력 분포를 조정하는 데 있다. 다시금 국토 외곽 해양도시의 힘을 늘려야 할 때인 것이다. 바다와 결합된 거점을 지역마다 성장시킬 때 국토가 제대로 된 중력의 균형추를 잡을 수 있다. 항만과 해안을 다시금 신산업과 해양비즈니스의 거점으로, 그리고 바다 경관과 어우러진 문화, 경제, 관광, 국제기능으로 정비해간다면 서울의 중력을 극복하는 것도 꿈은 아닐 것으로 생각한다. 재생의 시대에 해양도시가 더욱 중요해지는 이유이다.

중소도시인가 강소도시인가

지방도시 소멸 위기 세미나 참여를 준비하면서

　지방소멸 위기 세미나를 준비하다가 특이한 사실을 발견했다. 우리나라 도시의 면적 규모 순위가 인구 순위와는 전혀 관계가 없었다는 것이었다. 인구가 많은 도시가 면적도 클 것으로 생각하지만 전혀 그렇지 않았다. 알다시피, 우리나라 도시의 인구 순위는 1위 서울, 2위 부산, 3위 인천, 4위 대구의 순서로 내려간다. 경북의 경우 가장 큰 도시인 포항이 최근에는 50만을 턱걸이 하는 처지가 되면서 23위까지 내려가 있다. 그 외에 경주나 안동 등을 순위에서 찾자면 한참이나 밑으로 내려가야 한다. 경주가 26만으로 45위, 안동이 16만으로 58위로 나타난다. 타 지역의 수위 도시들에 비해서 낮고 또 계속 하락하는 경향을 보인다.

　그런데 인구가 아닌 면적 규모의 순위를 보면 의외의 결과가 나타난다. 1위에 안동, 2위에 경주, 3위에 상주시 등, 금·은·동메달을 모두 경상북도가 휩쓸고 있다는 것이다. 그뿐 아니다. 포항이 5위, 김천이 10위에 올라 있어 10위권 중 무려 5개 도시가 경북 지역 도시들이다. 소멸 위기가 가장 심하다는 경상북도 지역의 도시들이 면적 규모로는 오히려 가장 높은 순위들을 차지하고 있다는 것이다. 이러다 보니, 도시의 인구 순위와 면적 규모 순위가 오히려 반대 관계가 아닌가 하는 생각마저 든다.

물론 이렇게 된 이유는 어렵지 않게 짐작할 수 있다. 전국 도시들을 비슷한 규모로 구분하기 시작한 1990년대의 행정구역 개편 때문이다. 도시와 농촌을 통합한 새로운 행정구역을 만들기 시작하면서, 가능한 한 서로 대등한 구역으로 나누려 했던 것이다. 그러다 보니 도시권이 듬성듬성하게 분포하는 경상북도의 경우에는 오히려 더 큰 단위로 행정구역을 자를 수밖에 없었던 것 같다.

문제는, 인구는 작고 면적은 큰 이러한 유형의 도시구조가 지방소멸 위기와 관련해 어떤 의미를 가지는가 하는 부분이다. 중소도시를 살리고 발전시키기 위한 국내외의 많은 정책 대안들이 소개되고 있지만, 거기에는 하나의 공통점이 있다. 그것은 지방 중소도시가 살길은 '강소도시'가 되는 데 있다는 것이다. 작지만 단단하고 안정된 도시, 즉 강소도시를 지향해야 한다는 것이다. 작은 덩치를 장점으로 살려 창조적으로 발전시키면서 서로 연계된 네트워크 도시를 만들어가야 한다고들 말한다.

하지만 앞서 보았듯이, 경북의 도시들은 덩치가 작지 않다. 오히려 서울보다 더 크다. 거대한 면적에 생활권은 골짜기를 따라 드문드문 분포해 있다. 그러다 보니 같은 도시 내의 생활권들이라고는 해도 서로 연계가 없는 경우가 많다. 경주만 해도 북쪽으로는 안강읍에서 남쪽으로는 외동에 이르기까지, 남북으로 가장 긴 형상을 하고 있다. 불과 26만 인구의 도시가 이런 형상을 하고 있다 보니, 하나의 긴밀한 도시권으로 형성되고 있지 못하다. 남쪽 외동의 경우 울산 공업단지와 더 가까운 지역이라는 느낌을 피할 수 없다. 북쪽의 안강도 여러모로 보아 포항과 더 밀접한 관련을 가지는 지역이다. 이렇게 행정구역과 실제 생활권 연결이 일치하지 않는다. 우리나라의 많은 중소도시들이 유사한 형편에 처해 있다. 화학을 빌어 비유하자면 단단하고 안정된 '분자'라기보다는 크고 성긴 '중합체'와 같은 처지랄까.

각 지자체가 도시구조를 계획하는 방식을 보면, 이런 '성긴 거대도시'의 문제는 더욱 심해진다. 대부분의 중소도시들이 마치 거대도시와 같은 방식으로 계획되어 있다. 서울의 경우 종로·중구를 1도심으로, 그리고 강남과 영등포를 2부도심으로 하는 1도심-2부도심 체계로 계획되어 있다. 그런데 인구가 30만이 되지 않는 중소도시들도 이와 유사한 계획을 차용하고 있다. 심지어 3개의 부도심을 지정하고 있는 사례도 본다. 이러다 보니 읍내 정도에 불과한 지역이 졸지에 부도심으로 지정될 정도이다.

이런 '거대도시 지향성'은 엉뚱하게 가용 토지의 부족으로도 이어진다. 인구는 적고 면적은 큰 도시들임에도 불구하고 웬만한 토지에는 이미 각종 산업단지, 도시개발지라는 팻말이 다 붙어있다. 인구 백만, 백오십만의 거대도시를 가정한 도시계획으로 온갖 토지에 이미 개발 계획을 수립해

버렸기 때문이다. 이런 상황에서 인구가 정체하게 되면 상황에 따라 유연하게 이용할 수 있는 토지는 부족하고, 미래적인 혁신은 먼 이야기가 되고 만다. 거대도시의 꿈이 현재를 좀먹는 결과가 되는 것이다.

중소도시가 강소도시를 지향하면서 지방소멸의 위기를 돌파하려 한다면 먼저 이런 '거대도시 지향성'의 문제부터 해결해야 한다. 모든 정책과 공간구조가 거대도시를 지향하고 있는 마당에 무슨 강소도시 논의가 있을 수 있을까? 중소도시가 거대도시의 틀에 갇혀 중소도시의 길을 걷지도 못하게 될까 우려된다. 중소도시에 만연한 거대도시 지향성을 한번 점검하고 그 거품을 뺄 때가 되었다고 생각한다.

제6장

지방도시, 그 답답한 속사정

위기의 시대, 길 잃은 지방도시는 속이 탄다.

개발과 성장만이 갈 길인 줄 알고 뒤도 안 보고 달려왔지만,

어느새 경주는 끝나 버렸고, 준비도 없는 재생의 시대로 돌입해야만 했다.

지역 간 격차는 높아져만 가는 때에 어떤 공간 전략이 필요할지도 모호하기만 하다.

연계하고 통합하려 하다가 다 뺏겨버릴 것 같고,

독립하고 자족하려 하다간 고립되어버릴 것만 같다.

경험도 대비도 없었던 축소와 감소의 시기, 그들의 고민은 이제 시작일 뿐이다.

복제와 모방의 도시

지역의 거대 조형물 조성 논란과 관련하여

　포항에 살게 되면서 가장 만족한 것은 역시 동해안 바다 경치이다. 영일만과 호미반도가 서로를 침범하면서 만들어주는 해안 경관은 태고부터 주어진 이 지역의 고유한 자산이라 할 수 있겠다. 그런데 이 지역의 바다 경관에 또 큰 변화가 예고되어 있다. 해맞이 공원 언덕 위에 '클라우드'라는 이름의 거대 조형물이 들어선다고 한다. 산 정상에 구불구불한 모양을 하고 있는 것이, 마치 구름이 머무는 형상이라고 해서 그런 이름을 붙였다 한다. '연오랑세오녀'를 상징하는 구조물이라는 이야기도 있다. 솔직히, 쉽게 마음에 와닿는 상황은 아니다. 주변 지인들도 대부분 우려 섞인 견해를 가지고 있는 것 같다. 경관 훼손이나 구조물의 안전성도 걱정되지만, 우선 그 구조물이 어떤 의미와 가치를 담고 있는지가 판단이 잘 안 된다고들 한다.

　물론 사람들의 의견이 이 조형물의 성패를 결정하는 것은 아니다. 수십 년 후 지역을 상징하는 굴지의 랜드마크가 되어 있을지 모를 일이다. 실제로 역사적으로도 그런 경우가 있었다. 파리의 에펠탑이 바로 그랬다. 1889년 파리의 아담하고 고풍스러운 도시 경관 속에 뜬금없이 우뚝 세워진 철골 구조물이 바로 에펠탑이다. 이 새롭고 이질적인 구조물에 당시 파리의 지식인들 상당수는 극도의 비판을 보인 것으로 알려졌다. 그중에서도 모파상의 일화가 가장 유명하다. 모파상은 파리와 어울리지 않는 이 구조물을 극도로 반대했고, 그 꼴이 보기 싫은 나머지 심지어 에펠탑 내부 레스토랑을 늘 이용했다는 이야기가 있다. 하지만 결과적으로 에펠탑은 파리와 뗄 수 없는, 상징과 같은 랜드마크가 되어버렸다. 모파상의 소설을 못 읽은 사람은 많아도 에펠탑을 못 본 사람은 거의 없을 정도이다. 모파상이 살아 있으면 민망해할 만한 일이다. 당대 최고 소설가도 에펠탑의 가치를 다 들여다볼 수는 없었다.

이제 와서 보면, 에펠탑은 그저 쇠로 만든 탑이 아니었다. 시대의 전환을 알리는 고유한 상징물이었다. 혼란했던 시민혁명 시대를 마무리하는 사회적 진보의 상징인 동시에, 현대 도시의 경관을 송두리째 바꿔줄 '철골구조'라는 기술적 진보의 서막이기도 했다. 또 통신타워로도 활용되면서 정보통신 시대의 도래를 알리기도 했다. 파리의 중심부에서 역사와 문화, 기술의 진보가 서로 만나며 나타난 교점에 바로 에펠탑이 세워졌다. 많은 비판에도 불구하고 세계적인 랜드마크가 되지 않을 수 없던 이유가 바로 에펠탑의 이런 '고유성'에 있다고 하겠다.

결국, 클라우드가 포항의 랜드마크가 되기 위해서는 결국 그것이 얼마나 고유성을 담고 있는가 하는 부분이 중요하다는 것이다. 하지만 의문은 바로 여기에 있다. 클라우드는 지역의 고유한 작품이라 보기는 어렵다. 작가인 독일 함부르크 출신의 부부는 이미 뒤스부르크에 클라우드의 원작에 해당하는 '호랑이와 거북이'를 설치한 바 있다고 한다. 언뜻 보아도 클라우드와 구분이 되지 않을 정도로 유사한 작품이다. '연작'이라는 명칭으로 유사작품을 만들기도 한다지만, 한 도시를 대표해야 할 랜드마크가 연작으로 만들어졌다는 말은 들어본 적이 없다. 독일에서 '호랑이와 거북이'인 것이 왜 포항에서는 '연오랑과 세오녀'가 되는지도 의문이다. 여건도 장소성도 다른 도시의 작품이 그저 유명세를 타고 '복제'되는 것이 아닌가 하는 생각이 들지 않을 수 없다.

그저 노파심이 아닌 것은 이미 포항에 많은 모방품들이 존재하고 있기 때문이다. 경회루를 축소한 영일대 누각이 그렇고, 청계천을 뒤따른 포항 운하가 그렇다. 파리 빌레뜨 공원의 '폴리'를 본뜬 '워터폴리'가 그렇고, 창원의 창동예술촌을 모델로 한 꿈틀로가 그렇다. 서울 경의선숲길은 포항의 철길숲이 되고, 전주 남부시장 청년몰은 중앙상가의 야시장이 되었다. 최근 건설되는 케이블카도 여수와 사천을 벤치마킹하지 않았다 할 수 없다. 솔직히, 복제나 모방이 아닌, 지역의 고유성에 대한 고민이 들어간 것으로 보이는 사업을 찾기 쉽지 않을 지경이다.

물론 잘된 사업을 모방하는 것이 꼭 나쁠 것은 없다. 장 보드리야르의 '시뮬라크르 시뮬라시옹'에 따르면, 어차피 원본과 복제본이 구분되지 않을 정도로 뒤섞여 있는 곳이 현대사회이기도 하다. 모방하고 복제하더라도 지역에서 잘 소화해 정착시키면 그 또한 창조가 아니냐고 말할 수도 있다. 하지만 지금 포항의 현실은 창조적인 모방이라기보다 '잘 나가는 것'들을 수입하기에 급급한 것 같다는 것이다. 구상은 짧고 개발은 빠르기만 한 것이 그 증거이다.

산과 바다의 모습을 바꿀 사업들이 마구 진행되어 가는데, 그것들이 만들어갈 포항이 어떤 것일지에 대해서는 누구도 속 시원히 정리해주지 못하고 있다. 좋은 조각들을 가져와 맞춘다고 좋은 작품이 되지는 않는다. 도시는 더욱 그러하다. 좋은 사업들을 가져와서 뿌려놓는다 해서 자동으로 좋은 도시가 될 수는 없다. 복제와 모방도 모두 녹여 지역에 자리 잡게 해 줄, 그런 지역의 정체성과 고유성에 대한 큰 그림은 있는지 묻고 싶다.

지방 소멸위기와 대학

지역의 대학 정원미달 사태를 접하며

소문으로 들어왔지만 아직은 설마 했었던 '정원 미달'이라는 파도가 실제로 대학들을 때리기 시작했다. 작년에만도 여러 지방대학에서 수백 명에 달하는 정원 미달이 일어났다. 예견되지 않은 건 아니지만 현실화된 충격은 작지 않다. 애써 외면해오던 대학들도 이젠 이 떨어진 발등의 불 앞에 발을 동동 구르는 형편이다. 하기야, '소멸', '붕괴'와 같은 무시무시한 단어들이 흔히 언급되는 것이 작금의 지방도시 현실인데, 대학 위기라 해서 더 특별할 것이 있을까. 하지만 그렇지 않다. 대학은 단순한 교육기관이 아니다. 지역사회의 경계를 넘는 다양한 기능을 가지고 있다. 이러한 기능들이 멈추게 될 때 지방소멸은 정말로 고착된 현실이 될 수 있다.

우선 대학은 지역으로 인구를 유입하는 통로와 같은 역할을 한다. 지역 사이를 이동하는 인구는 주로 젊은 계층들일 수밖에 없다. 이들이 지방으로 이주한다면 그 이유는 지금에는 결국 딱 두 가지로 요약된다. 제조업에 고용되거나 대학에 입학하는 것이다. 하지만 제조업 고용이 예전 같지 않은 현실에서 대학은 이제 유일하게 남은 통로이다. 젊은이들이 수도권을 벗어나 지방으로 내려가 살아가는 경험을 할 수 있는 유일한 계기다.

대학의 통로 역할은 20대 대학생에게만 한정되지 않는다. 30~40대의 경제활동 인구 전반의 이주에서도 대학의 영향은 크다. 누구라도 연고 없는 지역에 자리를 잡고 살 결심을 하기는 쉽지 않다. 억양부터가 다른 지역에 내려가 새 보금자리를 펼치는 것은 매우 부담스러운 일인 것이다. 바로 이때 대학과 대학촌의 존재는 이 이방인들이 지역에 안착할 수 있는 일종의 베이스캠프가 되어준다. 대학촌은 지역에 있으면서도 지역을 넘어서는 글로벌 타운이기 때문이다. 어떤 언어나 사투리를 쓰는 사람이라도 그리 어색하지 않게 지역으로 들어갈 수 있는 통로가 바로 대학을 중심으로 만들어지는 것이다.

말하자면 대학은 인구이동에 있어 한 지역의 허브와 같은 역할을 한다는 것이다. 이러한 허브가 넓게 잘 발달해 있는 지역과 그렇지 않은 지역 간의 차이는 커질 수밖에 없다는 것이다.

이른바 '창조도시'의 형성에서도 대학의 역할은 상상 이상이다. 대학교수들이 지역 정책 수립에 참여하는 것과 같은 직접적인 영향도 있겠지만, 대학의 존재는 훨씬 더 근본적인 수준에서 지역의 혁신에 작용한다. 2018년 세계적 베스트셀러였던 '모두가 거짓말을 한다'라는 책에서 이런 근거를 볼 수 있다. 저자는 다양한 통계를 바탕으로 해서 중소도시임에도 불구하고 혁신적인 인재가 많이 배출되는 도시들은 하나같이 대학도시였다는 점을 보여준다. 대학이 살아 있고 활성화된 도시에서 성장하는 아이들은 미래와 세계를 바라보는 능력에 있어 지역의 한계를 뛰어넘을 수 있다는 것이다.

하지만 이러한 점들은 지역과 대학 모두에 제대로 인식되지 못하는 것 같다. 지역민들은 대학촌을 부동산 시세나 상권 활성화의 재료 정도로 보는 경향이 강하다. 대학 또한 지역과별로 어울리고 싶지 않은 듯 마치 성곽처럼 존재하는 경향이 있다. 지역과 대학, 대학과 지역이 형식적인 파트너십만을 보여줄 뿐, 각자도생하고 있다는 생각이 든다. 엄연히 공공시설이자 지역 자산인 대학이 100% 활용되지 못하고 있다.

그러면 지방과 대학이 모두 위기에 돌입한 이 시기에 필요한 것은 무엇일까. 한번 대학과 지역을 경계 없이 결합하는 방향을 생각해 보았으면 한다. 우리나라 대학들은 마치 귀양 가듯 외곽에 동떨어져 자리 잡는 경향이 있다. 대학이 지역과 분리되는 가장 근본적인 원인이다. 하지만 오랜 역사를 지닌 서구의 대학들은 그렇지 않다. 도시 속에 스며들어 자리 잡고 있다. 심지어 대학 도서관이 도심부 한가운데 자리 잡는 경우도 있다. 대학생들이 자연스럽게 도심부의 활력을 형성하고, 시민들은 대학의 정신과 시설을 공유하면서 살아간다. 학생들은 대학촌을 새로운 고향으로 여기고 졸업 후에도 머무르며 인생의 또 다른 막을 진행하곤 한다.

하지만 우리나라의 지방도시에서 이러한 모습은 보기는 어렵다. 작은 지방도시일수록 오히려 대학과 도시의 분리는 더 심한 것을 본다. 대학과 지역민들은 마치 서로에게 이방인과 같이 되어 버린다. 대학생들은 4년이 지나면 요요가 제자리로 돌아가듯 다시 수도권으로 돌아가 버린다. 지역과 대학이 잘 결합되어 있지 않다는 증거이다.

대학과 지역이 화학적인 차원에서 결합될 수 있는 방안을 찾아보았으면 한다. 소멸을 염려하는 도시일수록 대학을 중심부로 끌어낼 필요가 있다. 도시 전체가 대학촌이라는 생각으로 혁신을 시도해 보았으면 한다. 지역과 대학이 경계를 두지 않는 '합병전략'으로 새로운 도시의 틀을 만들어 보았으면 한다. 위기에는 내적인 연합만큼 좋은 전략은 없다. 지역과 대학이 소멸을 걱정하는 시기에 바로 그런 전략이 필요한 것이 아닐까 한다.

KTX와 지방소멸

지역의 인구감소 뉴스를 접하고 나서

영호남을 비롯한 여러 지방도시에 KTX가 지역에 들어온 지도 꽤 오랜 시간이 지났다. 포항의 경우 지난 2015년 개통되었으니 벌써 7년이다. 이 귀한 KTX 님(?)을 모시기 위해 당시 30만 명도 넘는 지역민들이 서명운동에 참여하는 열기를 보였던 기억도 있다. '서울로부터 두 시간 반'이라는 거리 단축 효과에 대한 기대가 엄청났다. 수도권의 활력이 KTX라는 굵은 핏줄을 통해 지역으로 쑥쑥 들어와 주길 바랐다고나 할까.

지역의 숙원사업에 딴지를 거는 것은 터부시되는 분위기라 드러나지는 않았지만 우려도 없지 않았다. 당장의 편의는 늘어나지만, 궁극적으로는 수도권으로 역류하는 통로가 되지는 않을까 하는 것이었다. 과연 그러면 KTX가 들어온 지난 7년간 지역에는 어떤 변화가 있었나. 한 번쯤은 점검해봐야 하지 않을까 한다.

거두절미하고, 가장 분명한 지표인 인구추세를 살펴보자. KTX가 건설되기 전의 10년간 포항의 인구는 여전히 증가 중이었다. 2005년에서 2015년까지 2만 명 정도가 증가해 4.5%의 증가율을 나타냈다. 이때만 해도 포항은 전국에서 성장동력이 가장 강한 도시로 평가되곤 했다. 하지만 어쩐 일인지, KTX가 들어온 2015년 추세는 오히려 마이너스로 바뀐다. 이후 감소는 이어졌고, 결국 총인구로는 5년 동안 1만 명 이상이 사라져 버린다. 그러다 보니 작년에는 50만 인구 붕괴를 막기 위한 '주소 옮기기 운동'까지 펼쳐야 했다.

KTX 도입 이후 인구추세가 꺾여 버렸다니, 대체 이걸 어떻게 봐야 하나. 인구감소에는 여러 원인이 있을 수 있으니 KTX가 원흉이라 단정할 수만은 없다. 하지만 숙원사업이던 KTX의 효과가 기대에는 영 못 미쳤다는 점은 인정할 수밖에 없겠다. 수도권의 활력을 지역으로 가져와 주는 장치가 아니었다는 것이다. 아니, 오히려 그 반대로 작용했을 가능성도 농후하다.

이런 결과는 충분히 예상할 수 있는 것이었다. 도시 간 교통 시간이 줄어들면 소도시의 활성화에는 오히려 부정적으로 작용한다는 것이 도시의 역사에서 드러나고 있기 때문이다. 과거 영국의 사례가 이를 잘 보여준다. 수도 런던으로의 과도한 집중에 시달리던 영국은 1944년에 이를 해결하기 위한 '런던 광역계획'을 수립한다. 이 계획은 누구나 아는 두 개의 키워드로 요약된다. 바로 그린벨트와 신도시이다. 런던이 더는 팽창하지 못하도록 아예 그린벨트를 둘러 개발을 제한해 버린다. 그리고는 그린벨트 외곽에 8개의 자족적인 신도시를 개발한다. 대도시 집중을 막고 인구는 분산하기 위한 최초의 계획이었다.

　결과는 어땠을까? 그럴듯한 형식과는 달리 내용상으로는 완전한 실패였다. 신도시 거주민들은 그린벨트를 넘어 런던으로 출근하고 쇼핑을 갔다. 기껏 만든 도시들이 결국 런던의 부속품에 불과하게 되어버린 것이다. 그야말로 잠만 자는 곳이 되다 보니 '베드타운'이라는 신조어까지 탄생한다. 정책가들은 깨달을 수밖에 없었다. 대도시에 근접해서는 독립적인 소도시가 형성될 수 없다는 사실을 말이다. 런던과는 충분한 거리를 두어야만 자립적인 도시가 가능하다는 것이 결론이었다.

　그래서 도시학에서는 도시 간의 관계를 '중력이론'으로 설명하기도 한다. 달은 지구 주변의 정해진 궤도를 늘 지킨다. 하지만 만약 조금이라도 달이 지구에 가까워진다면 그 존재는 오히려 사라져 버릴 수 있다. 중력의 균형이 깨져서 달은 궤도를 잃고 결국은 지구로 끌려가 흡수되어버리기 때문이다. 이처럼 냉정한 중력이론은 도시들의 관계에도 적용된다. 자기의 궤도를 잘 지키던 도시라 해도 엄청난 덩치를 가진 대도시의 영향권에 들어가고 나면 결국은 흡수를 피하기 어렵다는 이야기가 된다.

　포항은 광역시나 도청소재지가 아니면서도 50만 인구로 성장한 우리나라의 대표 중소도시이다. 자기의 궤도를 잘 지키며 자리 잡은 별과 같다. 하지만 중력이론은 이런 도시들에 더 파괴적일 수 있다. 수도권과의 고속철도를 놓는 것만으로도 눈에 보이지 않던 중력의 균형이 결국은 깨질 수 있기 때문이다.

최근 포항제철의 서울 이주 문제로 지역이 들썩인다. 관련된 논쟁의 사실 여부를 넘어 지역민들의 위기감이 팽배하다. 이럴 때일수록 다시 한번 '지역 소멸 방어'라는 차원에서 지역의 정책들을 돌아봤으면 한다. 보기에 좋은 정책, 누구나 기대하는 사업이라 해도 그 속에는 숨겨진 지역 소멸의 바이러스가 있을 수 있다. 그에 대한 날카로운 점검과 대비가 없이 그저 좋은 것이 좋다고만 생각한다면 지역 소멸은 어느새 중증 질환으로 발전할 수밖에 없다. 지방소멸의 시대에 가장 필요한 것은 숙원사업 추진이 아니라 지역의 독자성에 대한 깊은 이해, 그리고 그에 기인한 바르고 고유한 정책 철학이 아닐까 한다.

고층주상복합, 도시재생 효과는?

지역의 고층주상복합 개발 뉴스를 접하고 나서

광역시급 이상의 도시에서만 볼 수 있을 것 같았던 고층 주상복합아파트가 포항지역에도 들어선다고 한다. 높다 하는 기존의 초고층 아파트에 비해서도 두 배에 가까운, 무려 69층 높이이다. 10층 정도가 최고인 원도심 지역의 형상에 대격변이 일어나는 셈이다. 고층 주상복합아파트들은 대도시, 그중에서도 주로 고소득층이 거주하는 서울 강남이나 부산 해운대 같은 지역에나 등장하는 양식으로 생각되어 왔다. 그런데 쇠락해가던 포항 원도심, 그것도 중심부에 등장하게 되었다니 지역으로서는 엄청난 변화가 아닐 수 없다.

그에 대한 전망에도 기대와 우려가 엇갈린다. 가장 큰 기대는 줄어만 가는 도심부 인구를 크게 늘려줄 것이란 점이다. 게다가 구매력 수준도 높은 고소득 계층 위주로 입주할 것이 명백해서, 도심 상권에 이전과는 다른 큰 활력이 나타날 것을 기대한다. 하지만 우려도 적지 않다. 기존 도심부와는 너무도 이질적인 경관의 형성이나 바로 근처 홍등가의 처리 등이 당장 문제로 제기되고 있다. 시민들이 잘 활용해오던 그린웨이 중간에 갑자기 고층건물이 들어서게 되는 데 대한 불만도 적지 않다. 하지만 기대하던 재생 효과만 충분하게 나타나 준다면야, 이 모든 우려쯤은 아무것도 아닐 것이다. 하지만 그게 그리 쉽지 않을 수 있다. 주상복합아파트에서 나타날 수 있는 '도시 안의 도시' 현상 때문이다.

'도시 안의 도시' 현상이란 도시의 한 부분이 마치 별도의 도시인 것처럼 작동하는 현상을 의미한다. 대기업이 건설한 ××몰, ××필드니 하는 대형 쇼핑몰들이 이런 현상을 보여주는 대표적인 사례들이다. 이들 대형 쇼핑몰은 보통 도시에서 뚝 떨어진 외곽에 자리 잡곤 한다. 그렇지만 들어가 보면 쇼핑몰은 놀랍게도 도시와 같은 모습을 하고 있다. 잘 닦인 골목길과 길모퉁이는 물론, 아기자기한 가로등과 벤치가 소비자들을 맞이하는 것이다. 이곳을 다정히 걸어가는 가족이나 연인의 모습을 보자면, 마치 지중해 인근의 한 도시 경관을 가져다 놓은 것 같다.

하지만 당연하게도 이 모든 것은 다 연출된 경관에 불과하다. 대기업이 인위적으로 디자인하고 배치한 상점들일 뿐이다. 이처럼 쇼핑몰이 마치 하나의 도시인 양 디자인되어 실제 도시를 대체해가는 것, 이것이 전형적인 '도시 안의 도시' 현상이다. 현실의 도심부는 버려지고, 연출된 도시가 그 자리를 차지하는 현상이다. 실제 도심 상권은 인적이 끊기고 공동화되어 가는데, 도시를 흉내 낸 쇼핑몰은 사람들로 넘쳐난다니, 정말 현대 도시의 아이러니가 아닐 수 없다. 이처럼 도시가 아닌 것이 도시를 대체하게 되는 현상이야말로 도시재생 최대의 적이라 할 수 있다.

문제는 이런 현상들이 상업에서만이 아니라 주거에서도 마찬가지로 나타나고 있다는 것이다. 지역에 입지한다지만, 주변과는 소통도 교류도 하지 않고 마치 하나의 독립적인 도시처럼 작동하는 '그들만의 도시'가 점점 더 많아지고 있다. 바로 초고층 주상복합아파트가 그런 사례들이다.

주상복합아파트는 하나의 독립된 도시와 같다. 그 안에는 필요한 모든 것이 다 갖춰져 있다. 주상복합이 애초에 주거와 상업의 결합이다 보니, 그들의 생활 수준에 맞는 상점들은 기본적으로 아파트 내에 다 입지해 있기 마련이다. 어딜 가도 찾기 어려운 고급의 운동시설이나 휴게시설 등을 자체로 보유하고 있음은 물론이다. 굳이 골목길을 한참 걷거나 버스를 타고 돌아다니지 않아도, 단지 엘리베이터 버튼을 누른 것만으로도 필요한 모든 것을 찾을 수 있다. 지역에 위치하기만 할 뿐, 지역에 의존하지는 않는다.

주상복합아파트는 또한 굳게 닫힌 요새와 같다. 같은 동네에 있다 해도 결코 함부로 들어갈 수 없는 곳으로 인식된다. 외부인이 굳이 들어간다 해도 CCTV가 따라붙는 것은 물론, 관리자에게 '무슨 일로 오셨습니까'라는 질문을 어김없이 받기 마련이다. 보이지 않는 성벽으로 단단히 둘러싸인 도시 속의 요새나 다름없는 것이다. 동네가 서로 연결되고 활발히 소통하는 것을 도시재생이라고 한다면 일단 주상복합은 그와는 거리가 먼 대안이다.

초고층 건물이 원도심부에 들어선다는 것은 형식상으로는 환영할 만한 변화이다. 하지만 아무리 멋진 형식이 들어선다 해도 내용이 결국은 지역과 결합되지 못한다면 무슨 소용일까. 단지 스카이라인의 변화로 그칠 뿐, 실질적인 재생으로 이어지긴 쉽지 않을 것이다. 어차피 결정된 사안이라 한다면 주상복합아파트의 이러한 단점들을 보완할 수 있는 후속 조치라도 다양하게 강구되어야 하지 않을까 한다. 포항역사 부지는 중심성과 상징성을 모두 갖춘 지역의 가장 중요한 장소이다. 그런 장소를 소비하는 결정에 산고와 진통을 마다해서는 안 될 것이다.

관광용 도시는 이제 그만

휴가 중 여러 지방도시를 돌아보고 나서

초등학교 시절, 일 년에 한 번 정도 장학관 방문 행사가 있었다. 그들이 수업을 참관하는 날이 다가오면 학교는 전혀 다르게 바뀌곤 했다. 완벽한 청소는 물론, 평소 없던 장식들까지 동원되어 교실이 꾸며지곤 했다. 학생들 외모, 옷차림도 예외는 아니었다. 심지어는 수업시간에 누가 책을 읽고 누가 질문을 한다는 식의 시나리오도 정해질 정도였다. 이런 경험은 군 시절에도 데자뷰처럼 나타난다. 어쩌다 별이 달린 분들이 뜨는 날이면 부대는 청소상태에서부터 식사 메뉴에 이르기까지, 귀한 방문객 한 사람을 위해 모든 면에서 달라져야 했다. 우습지만, 지금에서야 생각해 본다. 학교와 군부대를 시찰했던 장학관, 장군들은 그런 교실과 막사를 살펴보고 과연 어떤 느낌을 받았을까? 모르긴 해도, 꾸며진 전시용 학교, 시찰용 군대에 감동을 받았을 리는 없다. 제대로 된 현실과 급조된 보여주기 쇼는 절대 같을 수가 없기 때문에.

문제는, 많은 도시들이 이런 보여주기 쇼에 잠식되어 가고 있다는 것이다. 이해가 가지 않는다면 서울의 명동을 떠올려 보면 된다. 수많은 브랜드, 상점들이 들어서 현란한 광고판과 미모의 젊은이들을 앞세워 손님을 부른다. 한국에 왔다면 이건 꼭 사야 해라고 외치는 것 같다. 뒷골목으로 들어가도 마찬가지이다. 한국에 왔으니, 이건 꼭 먹고 가야 해라고 외치는 것 같은 음식점들이 즐비하다. 관광버스에서 내린 외국인들은 마치 컨베이어벨트처럼 줄을 서서 들어와 사고 먹고 또 출발하곤 한다. 이처럼 수백만 관광객이 몰리는 명소지만, 한국인들은 모두 안다. 거기서 경험하는 모든 것은 진짜 한국이 아닌 '관광용 세팅'에 불과하다는 것을 말이다. 과거 한때 명동은 패션, 음악, 연극영화 등 한국 문화의 메카와 같았다. 하지만, 지금의 명동은 한국의 현실과는 구분된 '관광용 도시'에 가깝다.

언젠가부터 관광이 강조되면서, 지방 도시들도 이런 관광용 도시의 전철을 따르고 있는 듯하다. 쇠락하는 지역일수록 관광만이 살길이라는 식의 인식이 정책가와 주민들 모두에게 팽배하다. 그러다 보니, 관광에 유리하다는 사업은 앞뒤 안 보고 따라 하게 되고, 종국에는 팔도 어디를 가도 차별 없는 유사한 광경이 펼쳐진다. 도시를 들어서면 으레 보게 되는 한 쌍의 남녀 캐릭터 ─ 보통은 윙크에 한 손 엄지손가락 척! ─ 는 물론, 영어와 지역명이 조합되는 식의 브랜드는 이젠 식상하고 구별도 안 된다. 지역의 몇 대 명소, 몇 가지 코스니 하는 식의 관광 안내를 따라가 보지만, 최근에 조성된 창백한 시설물, 조형물들이 뜬금없기만 하다. 무슨 기념관, 전시관에서 무표정한 사무원에게 표를 받고 들어가 보면 규모에 비해 턱없이 빈약한 전시물에 실망하곤 한다. 그래도 지역의 본 모습을 보고 싶어 맛집, 재래시장, 야시장 등을 찾아보지만, 역시 어디서 본 듯한 관광용 세팅이 기다리고 있을 뿐이다.

어느 도시나 이런 관광용 클리셰가 가득하다 보니, 관광객으로서도 질리지 않을 도리가 없다. 그래서 '국내에는 갈 만한 곳이 없다'라는 말이 나오고, 웬만해선 해외로 휴가를 가려는 사람이 많아질 수밖에. 관광객들을 계속 이끄는 힘은 결국은 그 지역만의 독특한 향취이다. 그 지역에 오랫동안 쌓여 온 삶과 문화의 흔적들인 것이다. 오직 관광 활성화를 위해 급조한 세팅이 일회용 관광을 양산할 뿐, 지역의 근본적 매력으로 자리 잡지 못하고 있다.

이토록 많은 도시들이 관광용 세팅에 목숨을 걸고 있는데, 그러면 진짜로 그럴 만큼 관광이 지역발전에 중요한 요소일까에 대해서도 한 번쯤은 확인해볼 필요가 있다. 사실 특별한 경우를 제외하면 관광이 지역 경제에 차지하는 비중은 생각만큼 높지 않다. 우리나라의 경우 3%에도 못 미치는 수준이다. 세계를 봐도 이집트, 그리스처럼 관광 그 자체인 나라를 제외하면 유수의 관광대국들도 7% 정도에 불과하다. 오히려 후진국일수록 관광산업의 비중이 극도로 높다. 관광으로 도시가 발전한다기보다는, 발전한 도시가 관광에도 유리하다는 결론이 더 타당한 게 아닐까.

세계적 관광도시를 돌아보아도 그저 '우리가 살아온 도시를 그대로 보여줄 뿐'이란 느낌을 받을 때가 많다. 관광을 위해 온갖 캐릭터, 브랜드, 코스를 만드는 데 집중하지 않는다. 도시 본연의 역사와 문화에 충실하면서,

시민들이 살기 좋은 도시를 만드는 데 우선순위를 두고 있음을 본다. 하지만 이런 자세가 결국은 관광객을 끌어들이는 요인이 된다. 관광객들이 진정으로 보고 싶어 하는 것은 그곳의 진짜배기(authentic) 모습이기 때문이다. 결국, 도시를 살리는 것은 관광객이 아니라, 그곳에 사는 시민들이다. 시민이 즐거운 도시라면 관광객도 즐거울 것이고, 시민들이 행복한 도시라면 관광객들도 행복하다. 마찬가지로, 시민의 얼굴이 찌푸려진 도시에 관광객이 유독 넘쳐날 리도 없는 것이다.

지역 주소 이전 운동

포항의 주소 이전 시민운동 분위기를 접하고

위기란 것은 보통은 갑자기 닥치는 것이 아니다. 모르는 동안 조금씩 다가오는 것이기 마련이다. 그러다 어떤 가시적인 시점을 지날 때가 되어서야 모두를 화들짝 놀라게 하곤 한다. 내가 사는 포항시에서는 최근 인구 50만 붕괴가 가시화되면서 주소 이전 운동이 진행되고 있다. 50만에서 불과 1~2천 명을 넘기고 있는 상황이니 위기가 아닐 수 없다. 인구 10만이 깨지는 바람에 공직자들이 상복을 입고 출근한 도시도 있었다고 하지만, 사실 50만 붕괴는 그에 비할 수 없는 더 큰 위기상황이다.

솔직히, 시민 입장에서야 49만인들 뭐가 그리 대수인가 하는 반응도 있다. 사실 그렇다. 어차피 인구 몇천 명에 따라 도시의 여건이 왔다 갔다 하는 것은 아니기 때문이다. 인구 20만만 되어도 좋은 계획과 혁신적인 생산 기반만 있다면 얼마든지 좋은 도시가 될 수 있다.

하지만 행정의 입장에서는 그렇지 않다. 인구 50만을 경계로 많은 것이 차이가 나게 된다. 우리나라의 지방자치, 국토계획과 관련된 법이 다 그러하다. 우선 인구 50만 이상의 도시는 명칭부터가 다르다. 관련법에서는 인구 50만 이상의 도시를 콕 집어서 '대도시'라 칭한다. 지방자치법 17조에서 인구 50만 이상의 도시를 '대도시'라 하여, 특별시, 광역시 및 특별자치시와 같은 수준의 행정구역임을 규정하고 있기 때문이다.

그러다 보니 도시계획 관련해서도 50만을 경계로 하여 많은 차이가 나타날 수밖에 없다. 예를 들어 용도지역 변경이 그러하다. 대도시라면 용도지역 변경을 시장이 직접 결정할 수 있지만, 그 이하 도시에서는 도지사가 그 권한을 가져가게 된다. 지방자치라는 것이 결국 중앙의 권한이 지방도시로 옮겨지는 것이라 할 때, 결국 그 종착역은 각 지역의 대도시들일 수밖에 없다. 대도시에 이르지 못한 도시들은 장래에도 지방자치권을 온전히 확보하기는 어려운 처지가 되는 것이다.

행정구역 구분도 차이가 크다. 북구니, 남구니 하는 행정구의 구분도 대도시에만 있는 것이다. 50만 미만의 도시는 통째로 하나의 시일뿐, 구의 구분이 없기 때문이다. 구청 두 개가 없는 상태에서 시청이 그 역할을 다해야 한다고 생각하면, 주민들로서도 체감되는 큰 변화가 아닐 수 없다.

발등에 불이 떨어진 격이지만, 뾰족한 수는 없는 상황에서 두 가지 방안이 언급되고 있는 것 같다. 첫째는 주소 이전 운동이다. 주소 이전 시민에게 30만 원 상당을 지급하는 정책이다. 절박한 여건을 모르는 바는 아니나, 이렇게 수천 명을 늘린다 한들 언제 빠질지 모르는 위태로운 숫자일 수밖에 없다. 두 번째는 주변 도시들과 행정구역을 통합하는 것이다. 당장 경주시와의 통합이 유력하다. 하지만 별도로 존재하던 두 도시를 서투르게 묶는 것이 장차 어떤 파장을 불러올지는 알 수 없다.

결국, 인구감소라는 거대한 흐름 앞에서 모든 것은 불투명하다. 하지만 그럼에도 불구하고 이런 정책들이 나름대로의 의미와 효과를 지니기 위해서는 방향성이 있어야 할 것이다.

첫째로, 주소 이전을 위해서는 인구 증가의 잠재력 있는 지역에 대한 정책이 달라져야 한다. 포항의 경우 양덕과 오천이 그러하다. 평균 연령이 가장 젊은 1, 2위 지역이다. 당연하게도, 외부인이 이주하는 경우 이 두 지역에 자리 잡을 가능성은 매우 크다. 그래서 이 지역에 좋은 생활환경을 마련하는 것은 포항시의 인구 흡수능력에 지대한 영향을 끼친다.

하지만 현실은 어떠한가? 양덕은 제대로 된 중심상권도 형성하지 못하고 있다. 중심부의 대형마트 건물은 한때 8만 인구를 배후로 거느렸지만 제대로 된 운영 주체를 만나지 못해 아직도 폐업과 개업을 오가고 있다. 젊은 층들이 선호하는 편의시설이 부족한 것은 말할 것도 없다. 오천지역도 그러하다. 해결되지 못한 오랜 환경문제로 인해 쇠락으로 돌입하는 양상이다. 인구 유입의 접속로라 할 수 있는 두 지역의 입구가 꽉 막혀있는 처지에 무슨 인구 증가를 기대하겠으며, 주소 이전을 요청하겠는가. 시가지는 떡하니 개발해 놓고도 필요한 시설은 주지 않으려는 가학적(?)인 정책으로는 인구감소를 피하기 어렵다.

둘째로, 주변 도시와의 통합에 있어 새로운 방향성을 찾아야 한다. 이에 주목할 만한 것은 미국의 방식이다. 미국의 경우 서로 독립된 도시들이지만 그들을 통과하는 강을 중심으로 하나의 협력권을 이루며 성장하곤 한다. 도시 중심부가 고층빌딩이어야만 할 필요는 없다. 오히려 유려한 자연환경을 중심으로 하여 도시가 형성될 수도 있다는 것이다. 포항과 경주는 태생도 성장 과정도 완전히 다른 도시들이다. 하지만 형산강이라는 거대한 협력선이 가운데 놓여 있다. 전통과 현대를 상징하는 두 도시의 시가지를 형산강이라는 자연 권역이 연결하고 있는 양상이다. 형산강이라는 자연자원의 보존적 활용에 중점을 두면서 협력권을 형성해간다면 상생발전의 길도 그리 멀지 않을 것이다.

개인적으로도 주소지가 없는 주변 지인들을 만나면 이전해줄 것을 부지런히 설득하고 있다. 도시계획을 조금 아는 처지라서 그렇기도 하지만, 당연한 시민의 역할이라고 생각하기 때문이다. 하지만 이렇게 시민들의 인정에 호소하는 방법이 궁극적인 대책일 수는 없다. 주소 이전은 시민들에게 맡기고, 시정 측에서는 그 뒤의 방향성과 전략을 넓고 크게 준비해가기를 바라는 바이다.

재난, 그리고 사회적 자본

경북지역 코로나 감염 급증에 대한 지역민들의 대처를 보고

재난을 맞은 도시의 모습을 우리는 전혀 모르는 바는 아니다. 2년 반 전 지진은 두 번의 큰 흔들림으로 찾아왔고, 이후에도 잦은 진동을 유발하면서 지역민들을 오랫동안 잠 못 들게 한 바 있다. 우리가 늘 밟고 사는 땅, 그 든든한 땅도 흔들릴 수도 있구나 하는 사실에 새삼 많은 지역민들이 놀랐었고, 그 뒤에도 정신적 어려움을 겪기까지 한 분들이 많았다.

다행히 지진의 불행은 잘 극복되어 갔다. 아직도 손상된 집을 제대로 복구하지 못한 안타까운 분들도 적지 않지만, 대부분 이전의 모습으로 회복할 수 있었다. 오히려 그 전보다도 나아진 측면도 있다. 내가 재직하는 학교만 해도 그랬다. 외벽이 떨어져 나가는 장면이 방송을 탔을 만큼 당시 피해가 큰 곳이었다. 하지만 이후 여러 도움의 손길로 놀랍게 회복될 수 있었다. 원상 복구는 물론, 고급철강을 지원받아 더 튼튼하게 업그레이드

하기까지 했다. 이처럼, 지역민들의 노력과 협동이 이어지면서 피해 복구는 생각보다 훨씬 빠르게 진행되었다. 잠시 주저앉았었지만, 이내 일어나 다들 힘을 내었다. 결국, 우리는 빠른 재건에 성공할 수 있었다. 하지만 이 과정의 진정한 수확은 따로 있었다. 서로를 걱정하고 도와주는 과정에서, 지역민들이 전에 없던 신뢰와 협동의 관계를 만들어갈 수 있었기 때문이다. '물리적 인프라'는 다소 손상되었지만, 이를 재건하는 과정을 통해 보다 더 중요한 '사회적 자본'을 쌓아갈 수 있었다.

흔히 도시는 도로, 건물 같은 '물리적 인프라'로 이루어진다고 생각한다. 하지만 이보다 더 본질적인 것이 '사회적 자본'이다. 사회적 자본이란 일종의 '보이지 않는 인프라'이다. 지역민들 간의 공감대, 상호 신뢰, 협조 같은 것이 바로 그것이다. 경제학자들은 사회적 자본이야말로 지속적 경제 발전의 핵심이라고 말한다. 아무리 현란하게 인프라를 쌓아 올린 도시라 해도, 사회적 자본이 천박한 수준이라면 결국 사상누각이 될 수밖에 없다는 것이다. 지진이 지역의 인프라를 허물었어도 다시 재건할 수 있었던 것은 결국 지역이 가진 사회적 자본의 힘이었다고 할 수 있겠다.

하지만, 이번의 재난은 지역을 또 다른 위기로 몰아가고 있는 것 같다. 지진이 건물을 흔들었다면, 이번 역병은 건물은 그대로 둔 채 사람을 흔들어대고 있다. 사람들이 흔들리면서 사람들 간의 관계는 축소되어 가고 있다. 약속은 사라지고, 모임과 회의도 없어졌다. 만남과 접촉이란 단어는 어느새 꺼림칙한 의미가 되어버렸다. 불과 한 달 만에, 아예 딴 세상이 되어버린 것만 같다. 이대로 오랫동안 방치된다면, 아, 상상하고 싶지도 않다.

역병이 무서운 것은 단지 사람을 해치기 때문만은 아니다. 두려움과 의심으로 사람 간의 관계를 파괴해가고, 결국은 지역의 사회적 자본을 고갈시켜 버린다. 카뮈가 페스트라는 소설을 통해 그런 장면들을 일찍이 묘사해 놓지 않았는가. 상상할수록 커가는 걱정에 지역민들로서는 잠을 설칠 수밖에 없는 나날들이다.

하지만 지난주에 보도되기 시작한 대구·경북인들의 모습이 슬픔 속에서도 우리 가슴을 뜨겁게 만들어주고 있다. 지역민 스스로 이용을 멈추어 버린 터미널의 모습이, 외지에 있는 자식에게 '얼씬도 마래이, 나도 안 간데이'라며 매정할 정도로 만류하는 모심이, 그리고 추운 새벽 기약 없는 마스크 줄을 서면서도 불평 없이 그저 묵묵히 버티는 모습이 말이다.

'지역 봉쇄'라는 말이 정치권에서 나오면서 다소 분노는 했지만, 워낙 유명한 지역민 자존심에 '자발적 봉쇄'라는 신조어를 만들어내고야 말았다. 민폐 끼치기 싫고 신세 지기도 싫다, 봉쇄를 해도 우리가 스스로 하겠다는, 그런 메시지였다. 고통 속에서도 가족에게 앓는 모습 보이기는 싫은 아버지마냥, 방에 들어가 문을 잠가 버렸다. 어찌나 문을 꼭 닫고 있는지, 신음소리조차 들리지 않는다.

봉쇄 전에 도시를 집단으로 탈출하는 난리가 벌어진 이탈리아의 상황을 오늘 접하면서, 대구·경북인들의 이런 고집에 새삼 놀라게 된다. '명예로운 고립'이라는 말이 역사 속에 있었다지만, 지금 대구·경북인이 하는 것과 같은 명예로운 고립이 정말 있었을까. 혼자 앓을지언정 함께 고생하지는 않겠다는 오롯한 고집이 역병의 시대에 지역민을 또 하나로 뭉치게 하고 있다. 뜬금없이 찾아온 수천의 확진자 명단을 보고 울부짖으며 남 탓을 할 수도 있었다. 하지만 떠넘기는 것은 그들의 스타일이 아니었다. 속으로만 신음하면서, 그렇게 고통을 다 끌어안고 참아가기를 선택한 것이다. 누가 알아주건, 그렇지 않건 간에 말이다. 그렇게 대구·경북인이 바이러스에도 쉽게 무너지지 않는, 사회적 자본의 또 다른 차원을 보여주고 있다.

팬데믹, 글로벌리즘, 그리고 지방도시

팬데믹으로 인한 글로벌리즘 퇴조 전망을 접하고

글로벌리즘, 세계화라는 말은 이제 무덤덤하다 못해 식상한 단어가 되었다. 이미, 저 미국 시애틀의 한 시장에서 시작했다는 커피 브랜드가 세계를 돌고 돌아 우리나라 구석구석에도 하나씩 자리 잡고 있는 지경이다. 명절이면 공항을 가득 채우는 해외여행의 모습도 이제 새롭지 않다. 하지만 돌이켜보면 정말 경악할 정도의 변화이다. '세계화'라는 표현이 처음 나타나기 시작한 것은 90년대 초중반이었다. 관세협정이니, 우루과이 라운드니 생소한 말이 들리기 시작하더니, '신토불이'라는 노래가 거리마다 울려 퍼지고 농민단체의 시위가 이어지던 것을 기억한다. 목에 핏대를 올리며 시위대 연설자는 '외국 물건들이 쏟아져 들어오면 우리나라 농민 서민 다 죽는다'라고 소리쳤다. 그렇게 거칠게 시작되었던 세계화가 이제 이렇게 일상적으로 자리 잡고 있다.

처음에 거세게 거부하던 세계화였지만, 우리나라의 입장에서는 오히려 달콤한 변화일 수 있다는 것을 국민들은 이내 깨닫게 된다. 그리고 이후 20여 년간, 이 나라는 글로벌리즘에 아주 푹 빠져 버렸다. 길지 않은 시간 내에 사회, 교육, 문화 전반의 가치를 바꿔온 것이다. 당장 기업이나 대학의 광고, 각 지역의 로고나 모토만 보아도 그렇다. 도대체 '글로벌'이라는 표현과 관련되지 않는 경우가 더 드물 정도이다. 내가 사는 포항의 경우도 마찬가지이다. '글로벌 포항'이라는 모토가 관공서 입구마다 자리 잡고 있다. 그뿐인가. 널찍한 땅이 있는 곳마다 테크노파크, 경제자유구역이니 하는 글로벌리즘에서 유래한 팻말들이 세워져 갔다.

하지만 최근 세계의 분위기는 급격히 변하고 있다. 글로벌 경제의 최대 수혜자이면서도 여전히 폐쇄적 시스템을 가동하는 중국이 먼저 분위기를 깼다. 세계화의 철학은 받아들이지 않은 채 그 이득만 취한다는 비난이 이어진다. 글로벌리즘의 심장인 유럽연합에서도 분위기는 나빠지고 있다. 경제는 물론 국경까지 개방하는 무리 끝에 역풍이 발생하는 분위기이다. 글로벌리즘 반대 성향의 정당들이 득세하고 브렉시트도 이어졌다. 이를 지켜보던 미국은 최근 '글로벌리즘보다는 애국주의를 택하겠다'라는 선언까지 주저하지 않고 해버렸다.

사실 그동안도 글로벌리즘에 대한 막연한 불만이 없었던 것은 아니다. 특히 글로벌 중심에서 소외된 지방도시로서는 글로벌리즘이 빛 좋은 개살구가 아닐까 하는 의심도 할 법했다. 그럴듯한 모토이지만, 지역에서 글로벌리즘의 진짜 덕을 본 사람이 얼마나 있나. 그런데 문제는 따로 있다. 잘 나갈 때 별 도움 안 주던 글로벌리즘이, 망할 때는 또 같이 끌고 내려간다는 점이다. 그 대표적인 것이 금융과 부동산에 낀 글로벌한 거품이다. 거품이 꺼지면 그 피해는 오히려 중심부보다도 주변부에서 더 크게 나타난다. 생전 듣도 보도 못한 리먼브러더스가 망했다고 지방의 자영업자들이 같이 망하는 건 대체 무슨 이치란 말인가.

이번 바이러스 사태는 이런 경향을 더 극적으로 보여주고 있다. 대체 중국 박쥐의 바이러스가 왜 대구·경북에 와서 최악의 피해를 주고 있는가 말이다. 점심에 우한에서 박쥐를 먹고 저녁에 뉴욕에서 커피를 마실 수 있게 해주는 이 시대가 원인이라면 원인이겠다. 문제는 박쥐 맛도, 뉴욕 커피 맛도 모르는 대구·경북인이 쓰러지고, 실업자가 되고 있다는 점이다.

글로벌리즘에 대한 지역의 입장이 '막연한 추종' 내지 '짝사랑'이었다면, 이제는 분위기를 바꿀 때가 되지 않았을까. 앞에서 말했듯 이미 세계의 분위기가 달라지고 있다. 이번 바이러스 팬데믹이 글로벌리즘의 종언을 더욱 앞당길 것이라는 예측마저 나오고 있다. 물론, 글로벌리즘이 끝난다는 것이 물류도 여행도 사라진 폐쇄사회를 의미하는 것은 아니다. 산업화가 끝났다고 해서 산업이 멈추는 것이 아닌 것과 마찬가지이다. 다만, 글로벌리즘의 현실을 이제는 제대로 들여다봐야 할 때가 되었다는 것이다. 그 허와 실을 정확히 해부해내고 대안을 찾는 노력들이 필요하다는 것이다. 무조건 글로벌리즘을 흉내 낼 것이 아니라 지역의 상황과 여건에 맞는 '대안적인 글로벌리즘'을 찾아야 한다는 것이다.

숨 가쁘게 달려온 지역의 글로벌리즘도 이제 빨리 돌아보아야 한다. 관청 주도로 글로벌 프로토타입을 무작정 따라가는 식의 개발 방식도 반성해야 한다. 포항의 경제자유구역만 해도 그렇다. '의혹의 개발'이라는 성토와 '지역 발전의 신동력'이라는 찬사 가운데 과연 그 실체가 무엇인지는 궁금하기만 하다. 글로벌리즘은 냉정한 위계와 랭킹의 세계이다. 따라 하는 순간 유사품이 되고 오히려 뒤로 처지고 만다. 무작정 '올라타고 보는 글로벌리즘'에서 이제는 스스로 '만들어가는 글로벌리즘'으로 바뀌어 가야 한다. 그것이 이번의 글로벌 바이러스 사태가 로컬에 주는 교훈이라면 교훈일 것이다.

팬데믹, 적응과 회복 사이에서

마스크를 벗기면 울음을 터뜨린다는 아기들 뉴스를 접하고

분야를 막론하고 최근 학계에서 가장 많이 언급되는 개념은 '회복력 (Resilience)'이다. 자연재해와 같이 예측하기 어려운 충격을 겪은 사회가 다시 원래 모습으로 돌아갈 수 있기 위해 필요한 요건과 역량을 의미한다. 그렇게 보면, 한 사회가 지속되기 위해서 필요한 역량은 두 가지인 것 같다. 하나는 적응력이요, 나머지는 지금 말한 회복력이다. 적응력이란 어떤 변화의 흐름이 다가올 때 이를 큰 탈 없이 받아들이면서 사회체계를 그에 맞추어 조정해갈 수 있는 능력이다. 한편, 회복력이란 부정적인 변화가 찾아왔을 때 그 충격을 때로는 받아들이고 때로는 저항해가면서 다시금 원 상태로 돌아갈 수 있는 능력이다. 이렇게 보면 팬데믹의 극복도 결국 한 사회가 적응력과 회복력을 얼마나 적절히 발휘할 수 있는가에 달려있다 하겠다.

팬데믹 초기 한국사회는 놀라운 수준의 적응력을 보여주었다. 지역을 자발적으로 셧다운했던 대구·경북민의 결단, 몇 시간씩 줄을 서서라도 마스크를 쓰려 노력하던 전 국민의 모습에서 이를 충분히 볼 수 있었다. 뉴노멀, 즉 새로운 일상에 놀라울 정도로 빨리 적응해간 것이다. 사람의 숫자까지 세어서 규제하는, 다소 무리해 보이는 정부규제에도 국민들은 잘 따라 주었다. 심지어 규제를 따르지 않는 사람들을 시민들 스스로가 제압(?)했다는 뉴스도 흘러나올 정도였다. 그렇게 1년여의 시간이 흐르다 보니, 그 어느 곳보다도 팬데믹을 잘 흡수한 사회로 변모해 버렸다.

그에 비해서 외국, 특히 미국과 유럽 사회의 모습은 사뭇 달랐다. 적응보다는 저항이 더 많았다. 방역을 위한 정부규제를 개인 자유에 대한 침해로 규정하고 투쟁하는 시위가 거리를 덮을 지경이었다. 수십만 명이 감염되는 와중에도 마스크는 쓸 수 없다며 버티는 사람이 적지 않았고, 행정명령 앞에서 종교와 집회 자유가 더 중요하다며 저항하는 이들도 있었다. 그 어떤 위협이라 해도 개인의 자유에 우선할 수는 없다는 의식의 단면이 드러난 장면들이다. 우리 사회와는 달리 뉴노멀에 대한 적응보다는 일상의 회복에 더 큰 가치를 두는 그들 사회의 모습인 것이다. 이 과정에서 나타난 혼란상은 안정적으로 진행된 한국의 방역과는 무척이나 대조적이었고, 그래서 K-방역의 우수성을 자랑하는 근거로 활용되기도 했다.

하지만 백신 접종과 함께 이제 세계가 회복으로 방향을 틀고 있는 시점에서 그 평가는 또 달라지고 있다. 한때 뉴노멀을 인정하지 못해 혼란을 겪던 그들이 이제는 빠르게 회복 단계로 진입하고 있다. 엄청난 수준의 자원을 퍼부어 단기간에 백신을 개발해내더니, 곧이어 빠른 접종을 통해 성큼성큼 큰 걸음으로 원래의 일상으로 돌아가고 있다. 미국 프로야구 개막전에서는 4만 2천여 관중이 운집하며 다시 찾은 일상을 뽐냈고, 영국에서는 국민의 70% 이상이 항체를 가지게 되면서 석 달 만에 도시를 전면적으로 개방하는 기쁨을 누리고 있다.

한편, 적응력을 바탕으로 잘 버텨오던 한국은 여전히 팬데믹 속을 헤매는 느낌이다. 백신 접종은 계속 연기되고 있고, 방역 통제는 더 강화될 기미마저 보이고 있다. 팬데믹은 이제 완전히 생활문화(?)로 자리 잡아 가고 있다. 어린아이들 입에서 마스크를 벗기면 오히려 울음을 터뜨린다고 하고, 학교에서는 현장수업을 한다고 하면 교사나 학생이 모두 불편해한다고 한다. 그뿐이 아니다. 예배와 같은 종교행사는 아예 온라인 문화가 되어버렸고, 제사 문화도 팬데믹을 틈타 급속히 정리되고 있다고 한다. 이쯤되면 단지 적응이 아니라 사회의 일부가 돌이키기 어려울 정도로 해체 내지 변형되어가는 것은 아닐까 하는 의구심이 든다.

이쯤에서 우리가 다시 상기했으면 하는 것은 뉴노멀이 결코 우리의 본모습일 수는 없다는 것이다. 뉴노멀은 분리와 해체, 통제를 사회 가운데 은근슬쩍 가져오면서, 힘들게 쌓아 온 사회적 자본과 공동체 문화를 순식간에 뒤흔들 위험성을 가지고 있다. 말이 좋아 '뉴노멀'이지, 위기시대에 필요한 비상대책일 뿐, 거기에는 우리가 지향해야 할 그 어떤 가치나 문화도 담겨 있지 않다는 것이다. 그러기에 어쩔 수 없이 뉴노멀에 적응한다 하더라도 우리 사회 저변에는 '회복'에 대한 변함없는 갈구가 있어야 한다. 적응을 잘하는 스스로의 모습에 취해 아예 원래의 모습을 망각해 버리게 된다면, 이야말로 바이러스보다 더 지독한 사회적 재앙이 아닐 수 없다. 회복력을 잃은 사회야말로 진정한 재앙인 것이다.

보이지도 않는 작은 벼룩이 무려 1m 가까이를 뛰어오를 수 있다고 한다. 하지만 이들을 작은 병 안에 가둬 놓고 기르다 보면 밖으로 나와서도 병 높이 이상은 뛰어오르지 못하도록 퇴화되어 버린다고 한다. 잘 적응했을지는 모르지만, 그러다가 가진 잠재력마저 다 잃어버린 꼴이 된 것이다. 적응과 통제만을 능사로 생각하다가 자칫 사회의 탄성과 회복력이 아주 사라져 버리지는 않을까 걱정되는 시기이다.

송도는 항구다

쇠락한 포항의 송도 재생사업에 대한 뉴스를 접하고

어떤 탐험가가 아프리카 오지의 한 원주민 마을을 방문하였다. 원주민 아이들이 놀고 있는 것을 보았는데, 그들이 아무렇게나 가지고 노는 돌맹이를 자세히 살펴보니 사실은 엄청난 값어치의 보석 덩어리여서 그는 깜짝 놀랐다고 한다. 서구에서는 수억 원을 호가할 보석이지만 그 동네 사람들에게는 뒷동산을 캐다 보면 흔히 떨어지는 돌덩어리일 뿐이었다. 고귀한 자원임에도 불구하고 곁에서 늘 보고 지내는 사람들은 정작 그 가치를 몰라보는 경우가 있다. 마찬가지로 한 지역이 가지는 고유한 정체성과 그 가치도 정작 지역 사람들에게는 어필하지 못하는 경우도 많다. 포항의 해양 환경, 그 중심의 송도, 그리고 동빈내항, 어디에서도 재현될 수 없는 지역의 중요한 환경자원이다. 하지만 그 가치에 걸맞게 대접받고 있는 것일까.

지금 사는 도시, 포항의 송도는 사실 꽤 유명한 편이다. 영화에도 여러 번 출연한 적이 있는 장소이기 때문이다. 하지만 멋진 주인공으로서는 아니었다. 오래되어 허름한 집들이 다닥다닥 붙어 있는 가장 희망 없어 보이는 동네, 어둠이 깔리고 가난과 일탈이 일상화된 것 같은 동네를 묘사하기 위해서 송도의 빈집과 빈 창고가 배경으로 쓰이곤 한 것이다. 그래서 영화로만 송도를 접한 사람들은 이곳이 인적도 드문, 시 외곽의 변두리 어디쯤일 것으로 생각하기 마련이다.

하지만 예상과는 달리 송도는 포항 시가지 안에 있으며, 그것도 아예 한가운데다. 그뿐인가. 어둡기는커녕 한반도에서 하루의 해를 제일 빨리 만나는 동네의 하나이고, 바다로 열린 탁 트인 전망까지도 가진 곳이다. 그것만으로도 아쉬워서 키 큰 소나무로 이루어진 숲과 산책로도 가지고 있다. 그런데도 어둡고 쓸쓸한 장소의 대명사처럼 쓰이다니, 정말 아이러니함을 넘어 슬프기까지 한 사실이다. 물론 이렇게 되어야 했던 이유는 분명하다. 영일만이라는 아름다운 바다를 산업발전을 위해 내놓아야 했기 때문이다. 포항 시민들은 경제를 얻는 대신, 그 대가로 해양환경은 양보해야했다. 육지와 바다를 연결해 주던 송도는 이젠 멀어진 바다를 바라만 보는, 포항의 쓸쓸한 뒤안길이 되어 버린 것이다.

지난해에 한국해양수산개발원의 지원을 받아 우리나라 내항 지역을 비교하는 연구를 진행했었다. 군산, 목포, 부산북항 등 대표적인 8개 내항이 가진 잠재력을 분석하는 연구였다. 결과는 놀랍게도 포항 송도, 그러니까 동빈내항이 단연 우수한 것으로 나타났다. 도시적인 활용 가능성은 물론, 해양문화적 잠재력에서도 인천, 부산과 같은 대도시 내항을 넘는 수준으로 나타난 것이다. 굳이 숫자로 따져서 분석하지 않아도 분명한 사실이기도 하다. 포항만큼 바다와 극적으로 결합되어 있는 도시는 많지 않다. 맑고 깊은 영일만이 도심 지척까지 들어와 있고, 다섯 개의 섬이었던 흔적이 아직 남아 있어 강인 듯 바다인 듯 동빈내항이 육지를 가르고 지나간다. 천연의 해양환경을 지닌 도시, 그 중심에 바로 송도가 있다.

다행히 송도가 다시 돌아오고 있다. 일찌감치 항만 재개발 대상으로 지정되었고, 도시재생 뉴딜에서도 이른바 경제기반형 사업에 포함되었다. 하지만 이런 외생적인 사업에만 맡겨놓고 있기에 송도는 너무나 중요한 지역의 자산이다. 지역의 정체성과 본질을 함축한 공간이요, 장차 다시 바다를 되찾기 위한 교두보 같은 장소이다. 잠시 빛이 바래있던 이 보석을 다시 다듬어가는 작업을 하나의 사업이나 정책에만 맡겨놓을 수는 없다. 산업시대를 넘어 새로 열릴 해양문화 시대를 바라보면서 조금 더 긴 호흡으로, 전략적으로 다가가야 할 것이다. 다소의 이득을 얻을 개발대상지가 아닌 새로운 포항 그 자체가 되도록 차근차근 단계를 밟아갈 필요가 있다. 잊고 있었지만, 송도는 항구다. 그것도 한반도에서 가장 친수성이 높은 항구이다. 단 하나밖에 없는 포항만의 보석으로 가꿔 가야 할 책임이 바로 지금 우리 세대에게 주어졌다.

꿈틀로 살리기

지역의 문화거리 조성사업지구를 돌아보고 나서

팬데믹을 지나며 문화 활동들은 마치 동면 상태에 접어든 것만 같다. 작품 하나에 수백만 관객이 들던 영화조차도 이제 개봉을 꺼리고 있을 지경이다. 대중문화가 이런 지경이니, 지역의 소소한 문화 활동은 말할 필요도 없을 지경이다. 그럼에도 포항의 지역 문화는 의미가 큰 시기를 지나가고 있다. '꿈틀로'라 부르는 문화예술창작지구 사업의 첫 단계가 끝나가고 있기 때문이다. 시내 여천동 일대에 자리 잡은 꿈틀로는 문화 창작, 교육, 기획 등과 관련된 종사자들을 도심부에 유치하여 특별한 문화적 장소성을 형성하겠다는 취지로 조성된 거리이다.

공공사업으로 시작되었다고는 하지만, 생각만큼 여유 있는 여건은 아니다. 이제 4년이 되었다고는 하지만, 긴 호흡이 필요한 문화사업의 특성상, 아직도 태동기, 성장기를 지나고 있을 뿐, 안정단계와는 거리가 멀다. 공공의 지원금이 있다고는 하지만, 사실 다른 재생사업에 비교할 때에는 그저 미미한 수준일 뿐이다. 안 그래도 발걸음이 끊긴 도심부, 그것도 뒷골목에 숨은 이 거리를 시민들이 알아서 찾아와주는 것도 아니다. 게다가 팬데믹까지, 이 작은 거리의 운명이 자못 안쓰럽게 느껴질 수밖에.

그런데도 사정을 깊이 들여다보면 이 작은 거리에서 나타난 '꿈틀거림'이 결코 무시할 만한 것이 아님을 알게 된다. 출범 4년 차까지 갖가지 활동을 위해 이곳을 방문한 숫자가 2만 명을 훌쩍 넘어섰다. 각종 체험과 교육을 위해 찾아온 수강생의 숫자도 3천 명 이상으로 나타났다. 소매업만이 남아 있던 도심부에 이처럼 문화예술과 관련된 발걸음이 나타났다는 것 자체가 일견 놀라운 일이다. 하지만 이 작은 거리에 있어 2020년은 쉽게 지나기 어려운 고난인 듯하다. 팬데믹이라는 예기치 못한 재난이 그러하고, 아직 공공 지원에 의존해야만 하는 불확실한 상황이 또 그러하다.

게다가 지역 여건을 보면 꿈틀로는 마치 황무지에 가까운 땅에 심어놓은 꽃과 같다는 생각이다. 물론, 꿈틀로가 위치한 여천동 일대는 과거 지역의 문화적 자산이 집중되었던 곳이기는 하다. 당시 문화예술인, 지식인들이 모여들던 찻집과 음악실, 그리고 지역의 랜드마크였던 아카데미 극장이 있었던 곳이다. 하지만 이는 과거의 기억일 뿐, 이제는 공간도 시간도 완연히 다른 맥락에 놓여 버렸다. 예전의 문화자산들은 이미 모두 사라지거나 이전했다. 그리고 이제 그 빈자리를 채우는 것은 주로 유흥주점과 숙박업들일 뿐이다. 문화를 느껴줄 소비자들도 이제 그때와는 전혀 다르다. 과거의 '추억 팔이'에 적합한 장소일지는 모르지만, 문화를 소비해 줄 새로운 세대들에게 있어 이곳은 더 이상 특별한 의미를 가지지 못한다. 그저 심어놓았다고 해서 낙관하며 두고 볼 상황이 아닌 것이다. 꽃을 계속 볼 수 있으려면 적어도 황무지가 옥토가 되어갈 정도로 부지런히 관리하는 노력이 있어야만 한다는 것이다.

도시가 하나의 생태계라 할 때, 문화예술이란 것은 그중에서도 가장 민감하고도 섬세한 개체들이다. 마치 희귀한 동식물들처럼, 가져다가 기르고 싶다 해도 쉽사리 성공할 수 없는 그런 개체들이다. 말하자면, 쉽게 '양식'될 수 없는 개체들이다. 뒷골목에 자리 잡은 작은 소극장, 전시관, 갤러리 같은 소소한 시설들이 별 것 아닌 것 같지만, 지역에 이런 시설들이 자생하여 군락을 이루기는 결코 쉽지 않다.

그러면, 지역에 이처럼 민감한 개체들이 자리 잡게 하려면 어떡해야 할까? 특별한 지름길은 없다. 성실하고도 지속적으로 이들이 뿌리내릴 수 있게 도와주는 수밖에. 가끔씩 농민들이 부단한 노력 끝에 희귀 생물을 양식하는 데 성공했다는 뉴스를 본다. 어쩌면 지역이 문화예술을 다루는 방법도 이와 같지 않을까 한다. 문화예술을 그저 씨앗만 뿌려놓으면 조만간 추수할 수 있는 것으로 본다면 이는 큰 착각이다. 오랜 동안 인내를 발휘하면서 그들이 뿌리를 내리고 성장할 수 있는 시간을 충분히 주어야만 한다. 심지어 돌 섞인 황무지마저도 풍화되어 그들에게 맞는 토양이 되어갈 때까지 말이다. 이런 정도의 각오와 인내가 없이 문화지역을 꿈꿀 수는 없다.

그럼에도 불구하고, 문화예술지구가 도시재생을 위한 약방의 감초 정도로 여겨지는 경향이 안타깝다. 꽃이 피어나는 긴 과정은 무시된 채, 성과와 결과만 평가되는 것도 안타깝다. 문화예술은 특효약이 아니고, 측정하고 평가하면서 입을 벌리고 기다릴 수 있는 대상도 아니다. '어리고 성긴 가지, 널 믿지 아녔더니, 눈 기약 능히 지켜 두세 송이 피었구나'라는 시구처럼, 잘 가꾸고 키우며 넌지시 사랑하는 가운데 어느덧 피어나는 대상인 것이다. 꿈틀로를 대하는 정책가, 시민들의 시각도 그랬으면 한다. 대단한 볼거리나 지역 발전 효과를 당장 기대하기 이전에, 과연 나는 이곳에 얼마나 물을 주고 있는가 하는 자각의 질문이 먼저 있었으면 한다. 지역마다 쇠락 기운이 역력한 현실에서, 그런 자각이 없이 되살릴 수 있는 것은 아무것도 없기 때문이다.

◆

문화도시라는 기회

지역의 문화도시 사업 성과를 심의하고 나서

최근에 많은 지자체가 공을 들이는 사업 중의 하나로 문화도시 사업이 있다. 도시재생사업처럼 눈에 보이는 시설을 세우거나 하는 사업이 아니다 보니, 아무래도 시민들이 직접 체감하는 바는 약한 것 같다. 하지만 지방 위기가 현실화하는 이 시점에 문화도시 사업은 쓸모가 많고도 요긴한 사업이다. 특히 물리적인 쇠락에 대처하느라 도시 문화는 돌볼 여력조차 없던 지방 도시들 입장에서는 가뭄에 단비와 같은 기회이다. 도시재생 뉴딜 사업으로 그릇을 만들고, 문화도시 사업으로는 그 위에 근사한 음식을 올릴 수 있다면 더할 나위 없는 조화일 것이다.

물론, 정부의 심사를 통과해야만 진행할 수 있는 공모사업이다. 문화체육부가 주관하는 심사에 선정된 도시는 5년간 200억까지 지원받아 지역의 문화적 활력을 북돋는 데 사용할 수 있게 된다. 작지 않은 지원이다 보니 지자체 간 경쟁은 자못 치열하다. 선정된다 해도 1년간은 자체 예산으로 '예비 문화도시' 단계를 진행하며 성과를 보여주어야 비로소 본 사업으로 들어갈 수 있다. 그야말로 첩첩산중이라, 도시마다 사업을 위한 인력 확보, 콘텐츠 구상에 애가 타는 지경이다. 3차에 걸쳐 선정이 이루어졌지만, 문화도시로 확정된 도시는 200개가 넘는 지자체 중 아직 18개에 불과하다. 경북에서는 포항이 1차 문화도시부터 선정되어 앞서 달려가고 있고, 뒤를 이어 칠곡, 안동, 경주 등도 선정을 위해 애쓰고 있다.

포항에 살면서 최근 3년간 진행된 문화도시 사업을 가까이서 살펴볼 수 있었다. 본보기도 없던 첫걸음에서 시작해 많은 성과를 일구어 가고 있음을 알 수 있었다. 하지만 오직 '문화'라는 취지로 지역에 주어진 초유의 기회, 문화도시 사업의 성격을 인식하고 동참하는 지역민은 기대만큼 많지는 않은 것 같다. 지역 문화라 하면 으레 문화시설을 짓고 행사를 열고 하는 정도로 이해하는 경향도 있다. 하지만 문화도시 사업의 목표는 보이는 시설이 아니라 보이지 않는 시민들의 문화 역량을 높이는 데 있다. 그럴듯한 공연장, 전시관을 갖춘 도시는 이제 흔한 편이다. 하지만 지역에 문화적인 내용을 채우고 향기를 발하기까지 하는 도시는 많지 않다. 그 차이는 결국 시민들의 삶 속에서 문화가 어떤 위치를 차지하고 있는가에서 나타난다. 그래서 문화도시 사업은 시민들의 생활로부터 출발해야 한다. 문화의 작은 꽃들을 지역의 생활공간 곳곳에서부터 피워가는 것이다. 큰 건물과 대규모 축제로 '대박'을 노리는 접근은 그래서 문화도시와는 거리가 멀다. 이런 점에서 문화도시는 '구경용'이 아니라 '참여용'이다. 우리 각자가 알고 보면 주인공이었고, 우리 삶터가 무대였음을 인식하는 것이 진정한 문화도시인 것이다.

때로 문화도시 사업에 대한 과도한 기대도 문제가 되는 것 같다. 주로 지역문화를 이끄는 전문가, 오피니언 리더들이 가지는 오해이다. 따지고 보면, 문화도시는 5년이라는 한정된 기간에 정해진 기준에 따라 진행되는 공공사업일 뿐이다. 지역문화를 그 뿌리부터 열매까지 다룰 수 있는 만능 정책이 될 리 없거니와, 그런 시도를 한다 해도 그 자체가 문화적으로 무모한 접근일 뿐이다. 문화도시는 지역의 문화를 일구어 가는 긴 여정에서 잠시 활용하는 도구라는 것이다. 지역문화의 기승전결을 모두 여기서 찾으려 한다면 문화도시 사업을 말만 많은 공허한 잔치로 전락시킬 수 있다.

어쨌든, 포항은 사실 기대를 뛰어넘는 선전을 보여주고 있다. 등위가 중요한 것은 아니지만 문화자산을 창고 가득히 쌓아놓은 것 같은 도시들 틈에서도 전체 2위에 해당하는 평가를 받기도 했다. 이제 중견 문화도시로 인식되면서 다른 도시들의 모본이 되고 있다. 포항은 특히 '문화안전망'이라는 모토로 많은 공감을 얻은 것으로 알려졌다. 숙명처럼 제철산업 도시로 성장해 오면서, 그간 포항으로서는 문화도시의 길과는 거리를 둘 수밖에 없었던 것이 사실이다. 게다가 전에 없던 지진피해를 겪으며 지역민들의 문화정서는 기반 없이 흔들릴 수밖에 없었다. 이런 시점에 다시 차분히 지역을 돌아보면서, 공백으로 두어왔던 지역민들의 문화정서를 꼼꼼히 챙기겠다는 것, 그것이 바로 문화안전망의 개념이다.

문화 혜택의 경계선 밖에 있는 지역민들을 찾아내 '문화 돌봄'의 영역으로 끌고 오기 위한 활동들이 지금도 계속되고 있다. 많은 시민들이 문화 검침원, 모니터링 등 다양한 역할로 참여하고 있고, 문화재단 직원들은 한 해에 수만 킬로 이상의 이동 거리를 기록할 정도로 지역의 구석구석을 다니며 안전망을 널리 펼치려 노력하고 있다. 문화도시라고 하니 무대 위로 화려하게 드러나는 활동들일 것 같지만, 실제로는 이렇게 무대 뒤의 보이지 않는 수고로 진행되고 있는 것이다. 쉽게 드러나지 않기에 찾아서 살펴보는 시민들의 관심이 더욱 필요하다. '기회는 왔을 때 잡아야 한다'라는 말은 그리 문화적인 표현 같지는 않다. 그럼에도 지금 찾아온 문화도시는 지역으로서는 꼭 잡아서 제대로 활용해야 할 중요한 기회라고 해야 할 것 같다.

백년손님 그린웨이

지역 그린웨이 포럼에 참여하고 나서

지난주 시내 도서관에서 시민 대상 강의를 진행했었다. 참여하신 분 중에 꽤 멀리서 오셨다는 분이 있었다. 습관적으로 주차는 어디 하셨냐고 물었더니, '그린웨이를 따라 자전거를 타고 왔다'라고 대답하신다. 그렇다. 이게 바로 우리가 바라던 그린웨이 사용법이다. 시민들이 자전거로, 보행으로 도심을 찾아와 활동할 수 있게 하는 것, 그게 그린웨이의 기능이다. 내가 사는 포항지역에 최근 조성된 그린웨이는 '백 년 만에 찾아온 손님'이라고 표현하고 싶다. 철도 역사 백 년 만에 처음으로 철로를 다른 용도로 쓸 기회가 열렸기 때문이다. 게다가 포항의 철도 노선은 보다 특별하다. 노선이 도심부를 제대로 관통하고 있다. 그래서 도심 공동화가 문제되는 시기에 찾아온 철도 부지는 그야말로 하늘의 도움에 다름 아니다. 백년손님이 타이밍도 적절하게 찾아준 격이라고나 할까.

사실 그린웨이는 단순한 산책로나 숲길이 아닌, 시민사회에 대한 오랜 철학을 담고 있는 개념이다. 그린웨이 개념은 '공원의 아버지'로도 불리는 프레더릭 옴스테드에 의해 1800년대 중반에 제안된 것으로 알려져 있다. 그는 복잡다단한 현대도시에서 '시민 공간(civic place)'이 반드시 필요하다고 보았다. 시민 공간이란 민주공화국의 시민들 모두가 공유하는 공공장소를 의미한다. 서로 계층과 인종이 다를지라도, 시민 공간에 나와 쾌적한 환경을 즐기면서 개인들은 비로소 하나의 시민 공동체를 이룰 수 있다고 그는 믿은 것이다. 시민 공간은 이런 점에서 하나의 사회적 용광로이다. 이 용광로를 통해 지역의 공동체가 형성되며, 이질적인 개인들이 하나의 시민 사회 국가로 변모해갈 수 있다는 것이다. 그린웨이는 시민 공간 중에서도 가장 발전된 형태이다. 시민들의 접근을 기다리는 장소가 아니라, 여기저기 흩어진 시민들의 삶터를 직접 찾아가는 형태의 시민 공간이기 때문이다. 공원보다도 스타벅스에 더 많은 사람이 몰리는 시대에 시민 공간이 무슨 의미가 있느냐고 말할 수도 있겠다. 하지만 양극화의 시대, 도심 공동화의 시대에 시민 공간 개념에 담긴 철학은 오히려 더 의미심장하다.

　그린웨이 1구간이 개설되었다지만, 아직은 가야 할 길이 멀다. 주변 지역이나 대중교통과 잘 연계되어 있지 못하다. 그린웨이가 도시와 결합하지 못한 채 다소 겉돌고 있는 상황인 것이다. 도시와 그린웨이를 점차 결합해가는 과정이 필요하다. 또한, 1구간으로만 만족할 것이 아니라 장차 2구간, 3구간으로 확장하여 장차 포항시 전체를 감싸는 순환형 그린웨이를 이룰 수 있어야 한다.

하지만 벌써 위기가 찾아온 것 같다. 위기의 진원지는 그린웨이 중심부에 놓인 철도역 부지이다. 역사 건물의 급작스러운 철거와 도로 개설도 아쉬웠지만, 지금 진행되는 철도역 부지의 개발 방향은 더 큰 우려를 자아낸다. 지금 상황으로는 이곳에 판매시설과 고층주상복합 아파트가 들어설 가능성이 크다고 한다. 비어가는 도심부에 인구 유입을 시도한다는 점에서 긍정적인 측면이 없지는 않다. 하지만 그 대상지가 백 년 만에 한 번 찾아온 그린웨이, 그것도 그 한가운데라면 이야기는 달라진다. 좀 더 신중하게 큰 그림으로 접근했으면 한다.

보스턴의 그린웨이 계획은 이런 점에서 우리에게 시사하는 바가 크다. 보스턴 그린웨이는 1800년대 후반에 계획되었지만, 지금도 여전히 진행 중이다. 처음에 도시 외곽의 숲길과 바닷길을 연결하면서 시작된 그린웨이는 오랜 과정 끝에 1990년대에는 마침내 도심부까지 들어오기에 이른다. 그야말로 도시 전체를 엮어주는 그린웨이 체계가 완성된 것이다. 그린웨이가 단기적 개발사업이 아니라 중장기적인 프로젝트로 진행되어야 함을 잘 보여주는 사례이다.

포항은 여러모로 보스턴과 유사하다. 하지만 적어도 그린웨이 체계에 있어서 포항은 보스턴보다 훨씬 나은 점을 가진다. 바로 도심부를 관통하는 철길이다. 보스턴이 오랜 기간 동안 애써 조성한 도심부 그린웨이가 포항에는 처음부터 주어졌기 때문이다. 그러기에 끈질긴 전략을 가지고 긴 호흡으로 만들어간다면 포항 그린웨이는 세계적인 성공사례가 될 만한 잠재력을 이미 가지고 있다. 다시 말하지만 그린웨이는 백년손님이다. 다시 반복되지 않을 단 한 번의 기회이다. 이렇게 귀한 손님을 마치 아무 때나 오는 옆집 친구처럼 대접해서는 안 될 것이다. 그저 흔한 가용지 중의 하나처럼 개발하고 마무리한다면 또 다른 백 년은 후회의 시간이 될지도 모른다.

상생 협력의 통로로서의 형산강

지방도시 간 협력권 조성사업을 제안하고 나서

아직 언감생심이지만 나중에라도 파리를 여행할 기회가 생긴다면 추천하고 싶은 곳이 하나 있다. 몽나파르스역 남쪽에 있는 '서울광장(Place de Seoul)'이다. 에펠탑과 루브르박물관만 돌아보아도 시간이 빠듯하겠지만, 그래도 한국 사람이라면 놓치지 말아야 할 곳이 바로 여기라고 생각한다.

서울 목동 한가운데 있는 '파리공원'을 가본 사람이라면 왜 파리에 이런 곳이 있는지를 짐작해볼 수 있다. 한국과 프랑스가 수교한 지 100주년이 되던 해에 각각 서로의 수도를 상징하는 장소를 조성하기로 했다. 이에 한국은 '파리공원'을, 프랑스는 '서울광장'을 조성한 것이다. 한국에서 프랑스의 삼색기를 형상화한 파리공원을, 프랑스에서는 한국의 전통문화를 맛볼 수 있는 서울광장을 거닐 수 있다니 멋진 일이 아닐 수 없다. 두 도시가 국경을 넘어 상징적인 장소들을 공유하고 있는 것이다.

최근 들어 지역 간 협력 선언이 부쩍 많아졌다. 'XX동맹'과 같은 명칭을 붙이며 도시 간의 상생 협력 협약을 맺었다는 뉴스들을 자주 보게 된다. 하지만 그런 협약과 선언을 통해 과연 무엇이 달라졌는지는 시민들로서는 여전히 체감하기 어렵다. 당장 경주와 포항을 보아도 그렇다. 민간과 공공을 불문하고 여러 협력 시도들이 있었지만 달라진 것은 과연 무엇인지 의아하기만 하다. 형산강을 따라 긴밀히 연결된 두 도시이지만 그 연계성은 의외로 미약한 수준이다. 경주와 포항을 별개의 여행지로 생각하는 관광객들이 적지 않을 지경이다.

이 두 도시는 사실 매우 긴밀하게 연결되어 있다. 형산강 물길을 따라 예전부터 하나의 생활권으로 형성된 지역들이기 때문이다. 역사적으로 보면 더욱 그러하다. 연오랑세오녀로 상징되는 영일만 고대문명의 씨앗은 바로 이 형산강을 따라 내륙으로 옮아갔고, 거기서 최초의 통일왕국으로 열매를 맺었다. 그리고 역사의 휘몰이 가운데 문명은 돌고 돌아 제철산업이란 양태로 다시금 영일만 바닷가로 돌아오기에 이른다. 이렇게 보면 한반도 문명이란 어쩌면 형산강을 따라서 오고 간 순환의 역사인지도 모른다. 형산강이 그저 하나의 '지방 하천'이 아닌 이유이고, 또 그 양단에 자리 잡은 경주와 포항의 관계가 범상하지 않은 이유이다.

약 십 년 전, 정부에서 '형산강 프로젝트'를 대규모로 추진하는 와중에 '형산강 상생공원' 사업을 동료 연구자들과 함께 제안한 적이 있었다. 형산강 물줄기의 연속성을 살리면서 경주와 포항 간의 상생 협력 관계를 도모하는 데 있어 괜찮은 사업으로 보았기 때문이다.

대안으로 먼저는 파리공원과 서울광장처럼 서로의 명칭과 상징을 담은 두 개의 공원을 조성하는 것을 생각했었다. 하지만 그보다 더 나은 대안으로, 하나의 공원을 만들되 두 도시의 경계에 걸치도록 하는 방안을 택하였다. 경계지역은 자연경관은 물론 생태계 보전 상태도 좋아 강변의 생태공원을 조성하기에 좋은 장소이다. 이곳에 지역 경계를 넘나드는 기다란 생태공원을 만듦으로써 형산강 생태계를 강화하는 동시에 지역 간 상생 협력의 물꼬도 트자는 의도였다.

　　정부로부터 좋은 사업으로 선정은 되었지만 결국 실현되지는 못했다. 아이러니하게도 '경계에 걸친' 공원을 조성할 만한 행정체계가 없다는 것이 이유였다. 소요되는 재정을 지역 간에 분담하고 공동으로 업무를 추진할 수 있어야 하는데 그럴 근거 규정이 없다는 것이었다. 지역 협력이라는 말은 좋지만, 이를 실현하기 위한 경험과 제도는 물론 의지도 부족한 것이 지방도시가 처한 현실임을 인식할 수밖에 없었다.

　　거의 십 년이 지난 지금 그 부근에 갑자기 공원이 하나 만들어져 있는 것을 본다. '상생 협력'과는 무관하게 경주시 단독으로 조성된, 포항으로는 한 치도 넘어오지 않고 경주 쪽으로만 조성된 공원이다. 애초에 제안된 상생 협력이나 형산강의 생태와는 무관한, 다만 트럭 기사들의 쉼터(?)가 아닐까 하는 공원이 되어 버린 것이다. 상생공원이 아니라 '상생 협력이 왜 어려운가'를 몸소 보여주는 사례가 되어버린 것 같아 씁쓸하기만 하다.

　　이처럼 지구 반대편의 서울과 파리도 가능한 수준의 상생 협력이 정작 경계를 맞댄 경주와 포항 사이에서는 쉽지 않은 것이 현실이다. 역사적으로 얽히고 강으로 연결된 두 지역 사이에도 그렇다면 문제는 자못 심각하다. 지방자치가 지역별로 딴살림(?)을 잘 차리라는 차원에서 만들어진 것은 아닐 것이다. 행정구역의 경계를 넘어 지역에 주어진 본연의 연결성을 살리면서 상생의 관계를 만들어내는 것, 거기에 지방소멸 위기를 지나는 열쇠가 있지 않을까 한다. 도시재생, 행정통합, 그린뉴딜 등 지역의 변화를 위한 많은 키워드들이 있지만, 경주와 포항, 포항과 경주의 경우에는 그 모든 키워드의 중심에 형산강이 흐르고 있음을 인식했으면 한다.

◆

야시장과 도시재생

지역의 청년 야시장 사업이 무산되었다는 뉴스를 접하고

내가 사는 포항을 찾은 지인이 이곳의 포장마차를 가보고 싶다고 한 적이 있었다. 지역 해산물이 나오는 근사한 포장마차를 기대했던 것 같다. 하지만 아무리 생각해봐도 포항에서 포장마차를 본 기억이 없어 그냥 돌려보낼 수밖에 없었다. 그러던 중 포항 도심부에 '야시장'이라는 이름으로 일종의 포장마차촌이 만들어졌다. 도심재생 사업의 일환으로 지자체에서 상당한 공을 들인 것 같았지만, 초반에만 반짝하더니 이내 사라져 버렸다. 번듯한 상가가 즐비한 시점에 이제 포장마차가 살아남기 어려운 여건이 아닐까 하는 생각도 할 법하다.

하지만 2000년 하고도 22년이나 지난 지금에도 여전히 포장마차가 성업 중인 곳들도 있다. 대표적인 곳이 서울의 종로3가 뒷골목이다. 탑골공원 뒤편으로 들어가 보면 포장마차 수십 대와 족히 일이백 명은 되어 보이는 사람들이 거리를 통으로 메우고 있는 모습을 볼 수 있다. 상가가 문 닫은 시간에도 잠들지 않는 도심 밤 풍경을 만들면서 명소가 되었다. 다른 '먹자골목'들과는 달리 젊은 층, 노년층이 모두 즐겨 찾는 특이한 장소이기도 하다.

말 나온 김에 포장마차 이야기를 좀 더 해보자. 우리나라에서 포장마차는 드라마나 소설에서 서민의 삶을 표현하기 위해 단골로 등장하는 배경이다. 이런 고달픈 서민을 위한 식당 겸 술집으로서의 이미지는 이미 1950년대에 만들어졌다고 한다. 리어카 위에 합판을 얹고 광목천을 대충 둘러 만든 조악한 노점이었다. 하지만 먹을 것 변변찮던 전후 시절에 참새구이나 닭똥집 같은, 요새 같아서는 별미로나 먹을 안주를 팔면서 자리 잡아 갔다.

60~70년대 도시화의 물결 속에서 포장마차는 '최후의 생계수단'이라는 이미지도 가지게 된다. 지방에서 무턱대고 상경한 저소득층이 먹고살기 위한 마지막 선택이었기 때문이다. 탄광촌에 '막장'이 있다면 도시에는 포장마차가 있었다. 도시로 사람이 몰려들수록 포장마차와 노점상들은 더욱더 늘어났고, 시장과 골목길 어디를 가도 볼 수 있는 광경으로 자리 잡는다.

하지만 풍요의 80년대가 열리면서 포장마차는 위기를 맞는다. 소득증가와 '소주보다는 맥주'라는 취향 변화로 서민들도 포장마차를 떠나기 시작한 것이다. 엎친 데 덮친 격으로 88올림픽 유치로 시작된 도시미화 작업으로 포장마차의 설 곳은 더욱 줄어든다. 그렇다고 포장마차가 완전히 사라진 것은 아니었다. 경제성장과 수출증대 속에 야근은 기본이던 시절, 직장인들이 퇴근하는 늦은 밤 골목에서 어스름한 조명으로 자리 잡고 꼼장어나 닭꼬치 같은 새로운 안줏거리를 제공하면서 여전히 남아 있었다.

이렇게 보면 포장마차는 그냥 살아남은 것이 아니다. 시대별로 나타난 도시 생활의 틈새를 알게 모르게 메꿔 주면서 그 존재 이유를 찾아왔던 것이다. 그러면 2022년 현재의 포장마차들은 어떤 이유로 남아 있고 또 더러는 성업 중인 것일까. 술집, 식당이 없어서는 아니고 가격이 싸서는 더더욱 아니다. 하지만 포장마차만이 메울 수 있는 틈새가 도시에는 여전히 남아 있기 때문일 게다.

이 틈새를 만드는 첫 번째 키워드는 '업무지구'이다. 기업들이 잔뜩 밀집한 업무지구, 그 뒷골목에는 여전히 포장마차가 성업 중이다. 당연히 주 고객은 회사원들이다. 업무지구가 발달한 도시는 '주야간 인구비율'이 높다. 낮 시간에 활동하는 인구가 밤에 비해 훨씬 많다는 것이다. 이런 도시에는 예외 없이 포장마차도 활발하다. 일시에 거리로 쏟아져 나오는 회사원들은 오가는 길에 언제라도 동료를 붙잡고 들릴 수 있는 간편한 장소가 필요하기 때문이다. 제대로 된 식당과는 다른, 포장마차만의 분위기와 역할이 분명히 있다.

더 중요한 두 번째 키워드는 '대중교통'이다. 대중교통이 편리한 도시라야 포장마차도 살아남는다. 대중교통이 잘 발달한 도시에는 사람들이 오가는 길목이 생긴다. 버스나 지하철에서 나와 각자 사는 아파트로 흩어지기 전, 거기서 친구나 이웃을 마주쳐 잠시 들릴 수 있는 장소가 바로 포장마차가 자리 잡는 곳이다. 자가용으로 건물과 건물 사이를 오가야 하는 도시에서는 포장마차가 자리 잡으려 해도 그럴 만한 목이 생기기 어렵다.

　업무지구나 대중교통이 발달한 도시라야 포장마차가 살아남는다니, 노점에 불과한 업종을 살리는 조건치고는 너무 과분한 것 같다. 하지만 미약해 보이는 이끼도 공기와 물이 좋은 환경에서만 나타나듯, 포장마차도 활성화된 도시라야 비로소 나타날 수 있다. 이렇게 보면 포항 야시장의 성공이 어려웠던 이유도 알 만하다. 업무기능이 떠나고 소매업만 남아 주야간 인구비율이 낮은 편인 포항 도심부 여건에서, 포장마차가 뿌리내릴 틈은 없었던 것이다. 대중교통도 부족한 여건에서, 밤 시간에 자가용을 타고 멀리 도심의 야시장을 찾는 모습도 기대하긴 쉽지 않다. 아쉽지만 현재로서는 이렇게 결론 내릴 수밖에 없을 것 같다. 야시장이 도심을 살리는 게 아니라 도심이 살아나야 비로소 야시장도 성공할 수 있다고 말이다. 도시재생에 쉽고 빠른 지름길은 없는 것 같다.

갯마을 재생, 차차차

지역의 드라마 촬영지로 유명해진 장소를 돌아보고 나서

작년 이맘때 근처에서 어떤 드라마가 촬영 중이라는 소문을 들었었다. 구룡포, 청하시장이나 곤륜산도 등장한다고들 했다. 내가 사는 곳이 텔레비전에 나와 멋진 주인공들의 배경이 된다는 것은 겪어보지 않은 사람은 모를 근사한 재미이다. 당시 챙겨보지 못했던 이 드라마를 이번에야 뒤늦게 보게 되었다. 묵혀 둔 호기심에 단숨에 정주행해 버린다. 좀 아쉽기도 했다. 배경은 포항, 영덕인데 드라마 설정은 강원도 어딘가로 되어 있었다. 듣기로는 지역으로서도 상당한 제작 지원을 했다는 것 같은데…. 아무튼, 그건 본론이 아니니 그렇다 치고.

줄거리야 단순하다. 서울 생활을 하던 자존심 센 치과의사인 그녀. 경쟁에 치이고 방황하다 도착한 어딘지도 모를 한 어촌마을. 우연히 들린 그곳에서 인간적인 만남을 경험하면서 삶의 보람을 찾게 된다는 내용이다. 멋진 배경의 사진 한 컷만으로도 많은 것을 담아내곤 하는 그녀들의 감성, 말하자면 2~30대 여성의 취향을 잘 반영하는 트렌디 드라마랄까. 그런데 이 드라마를 보는 내내 지방도시의 현실과 겹쳐 보이는 것은 왜일까.

일종의 직업병인지, 드라마가 도시재생의 관점으로 보인다. 갯마을은 '지방도시', 주인공은 '유입된 인구'를 상징하는 것 같다. 그렇게 보면 30대 전문직 여성이 지방으로 내려와 정착한다는 설정, 비록 드라마일지라도 뭔가 시사하는 바가 있다. 게다가 이 드라마는 주인공 입장에 몰입하는, 젊은 2~30대 여성의 인식을 담고 있지 않은가. '지방에 사는 것'에 대한 '그녀'들의 인식을 한번 들여다볼 필요가 있다.

우리보다 먼저 지방소멸 위기를 연구해 온 일본의 학자들은 지방도시의 운명은 결국 20~30대 여성에 달려있다고 결론 내린 바 있다. 도시를 죽이고 살리는 열쇠가 그녀들 손에 있다는 것이다. 자연적인 인구 증가에는 출산이 필요하니, 당연히 그녀들의 결심과 노력이 차지하는 비중은 절대적이다. 더 중요한 이유는 따로 있다. 도시의 활력도 2~30대 여성들로부터 시작된다는 것이다. 의식주의 모든 스타일뿐 아니라, 장소의 유행도 이들이 먼저 불을 붙인다. 경리단길이니 황리단길이니 하는 '핫플레이스'도 먼저 젊은 여성들이 밟기 시작하며 만들어지곤 한다. 그녀들이 점을 찍고 나면 그제야 남성들도 뒤를 따르는 패턴이다.

그렇게 보면 도시재생이란 것도 의외로 간단하다. 2~30대 여성이 좋아하고 머물고 싶은 도시만 만들면 된다. 반면, 이들이 피하는 지역이라면 그만큼 소멸 위기가 가깝다. 지방소멸에 있어 리트머스와 같은 존재들이다. 그럼 우리 지역의 현실은 어떨까. 경북의 2~30대 여성 인구비율은 9.2%에 불과하다. 15%를 넘는 서울은 고사하고, 17개의 광역시도 중에서 꼴찌만 간신히 면한 16위이다. 이쯤 되면 '소멸'이 이미 깊숙이 들어와 있는 것과 다름없다. 그래서 지방의 정책가라면 젊은 그녀들의 선택을 결코 허투루 볼 수 없다. 드라마 속에 투영된 그녀들의 취향마저도 다 되씹어 볼 만한 재료일 수밖에.

안타깝게도, 드라마에 나타난 주인공의 심리는 현실을 그대로 보여준다. 지독한 '서울 중심형'인 것이다. 갯마을의 경치와 편안함에 반해 잠시 정착한다. 하지만 그것은 잠시의 '힐링'을 위한 것일 뿐, 마음은 여전히 서울로 컴백할 날만을 고대하고 있다. 바다 경치가 아무리 아름답다 한들, 서울로 향하는 목마름을 해결할 방법은 없는 것이다. 숨 막히는 경쟁에 질려 잠시 떠났을 뿐, 그래도 영원히 떠날 수는 없는 서울이다. 이것이 서울과 지방도시 사이에 낀 그녀들의 솔직한 현실이다.

하지만 다행히 결말은 해피엔딩이었다. 바로 '만남' 때문이었다. 갯마을에서의 만남이 서울로 향하는 발걸음도 결국 이겨낸 것이다. 이 '만남'도 우리는 상징적으로 볼 필요가 있다. '도시의 승리'의 저자인 글레이저 교수는 도시의 매력은 '만남의 기회'에 있다는 점을 강조한다. 만남이야말로 고용이나 경제적 기회보다도 더 중요한 도시의 본질이라는 것이다. 여기서 만남은 친구나 연인과의 인연만을 말하는 것이 아니다. 우연과 필연 가운데 그 지역에서 엮이게 되는 모든 관계들을 말한다. 언제라도 누구와도 만나 새로운 꿈을 펼칠 가능성, 그것이 만남의 의미이다. 창조도시니, 포용도시니 하는 거창한 표현을 달지 않더라도 만남의 기회가 풍성한 도시라면 미래도 열려 있다. 만남은 친구, 연인만이 아니라 공동체와 도시문화를 만드는 힘이 되고, 더 나아가서 애플이나 구글과 같은 기술혁신의 씨앗이기도 하기 때문이다.

하지만 많은 지방도시들이 반대 측면만 보며 달리고 있는 건 아닐까. 혈연 지연의 껍질에 단단히 싸여 있어 누구도 들어가기 어려운 도시, 거대한 기반시설에만 공을 들이다가 시민의 삶은 공허해진 도시들이 그렇다. 재생과 활력을 논하면서도 도시를 도시되게 하는 근본적인 매력은 잃어가는 곳들이 적지 않다. 때로는 도시를 그랜드 플랜이 아닌 디테일에서도 볼 수 있어야 한다. '그녀'들의 선택을 눈여겨보면서 도시의 근본적인 매력이 무엇인지 고민해보아야 할 때이다. 이것이 오늘날 갯마을의 처지에 놓인 지방도시들에 필요한 처방이 아닐까 한다.

김주일 ----------------------------------○

한동대학교 교수

도시계획 박사(서울대학교), 건축사

대전광역시 상임기획단, 미국 UIUC 초빙연구원 등 역임

대통령직속 균형발전위원회, 지방자치위원회 위원 등 역임

유튜브 채널: www.youtube.com/@Urban-Explorer

현재 포항시에서 지방도시 재생을 위한 연구, 교육, 집필 활동 중

지방도시 도시공감

초판인쇄 2023년 5월 31일
초판발행 2023년 5월 31일

지은이 김주일
펴낸이 채종준
펴낸곳 한국학술정보(주)
주 소 경기도 파주시 회동길 230(문발동)
전 화 031-908-3181(대표)
팩 스 031-908-3189
홈페이지 http://ebook.kstudy.com
E-mail 출판사업부 publish@kstudy.com
등 록 제일산-115호(2000. 6. 19)

ISBN 979-11-6983-393-6 03330